fiches des

Modes alternatifs de règlement des différends

fiches des
Modes alternatifs de règlement des différends

Rappels de cours et exercices corrigés

Romain Dumas

Maître de conférences-HDR en Droit privé
Université de Limoges

ellipses

Retrouvez tous les titres de la collection « fiches »
sur http://www.editions-ellipses.fr

ISBN 9782340-075337

8/10 rue la Quintinie 75015 Paris

www.editions-ellipses.fr

Table des matières

Introduction

Fiche 1

Quelques précisions terminologiques par rapport aux MARD

DÉFINITIONS

- **Déjudiciarisation** : Retrait du traitement de certaines affaires aux juridictions étatiques en vue de confier à des tiers, autres que des magistrats, voire aux parties elles-mêmes, le soin de tenter préalablement et obligatoirement leur règlement amiable.
- **Pouvoir de *juris-dictio*** : Pouvoir détenu par un juge étatique lui permettant de dire le droit pour trancher un litige et ce, par le biais d'une décision de justice.

Dans la préface du célèbre *Vocabulaire juridique*, publié en 1936, Capitant affirmait que : « *De même qu'il faut d'abord apprendre sa langue pour connaître un peuple étranger, pour comprendre ses mœurs et pénétrer son génie, de même la langue juridique est la première enveloppe du droit, qu'il faut nécessairement traverser pour aborder l'étude de son contenu* ».

Dans le droit fil de la remarque de ce grand juriste, quelques précisions terminologiques quant aux MARD seront apportées et ce, avant d'étudier leur contenu. Ainsi, il convient d'indiquer le sens de chaque terme dont l'initiale forme l'acronyme MARD. Partant, les MARD seront appréhendés tels les Modes alternatifs de règlement des différends, conformément au titre 2 de la loi n° 2016-1547 du 18 nov. 2016, dite loi J-21, modifiée à plusieurs reprises, intitulé : « Favoriser les **modes alternatifs** de **règlement** des **différends** ».

Nous définirons ainsi chacun des quatre termes surlignés en évoquant les avantages et inconvénients de ces choix sémantiques (**I**). Ensuite, les MARD devront être distingués de plusieurs notions voisines, lesquelles pourraient se confondre avec eux (**II**).

I. La signification de chaque terme composant l'acronyme MARD

A. « M » comme *Modes*

Même si la période contemporaine développe les MARD, de telle sorte qu'ils pourraient constituer une sorte de mode ou de tendance juridique, les modes étudiés ici constituent les modalités, c'est-à-dire les moyens, autres que la saisine d'une juridiction étatique par lesquels des parties qui s'opposent tenteront, voire parviendront, à aplanir leur différend.

Deux autres termes auraient pu recevoir les faveurs du législateur pour qualifier ces modes de règlement des différends, à savoir des techniques ou procédures.

Or, même si les MARD constituent des techniques de règlement des différends, ce terme présente un caractère trop restrictif pour les caractériser. En effet, au-delà de la pure technique, les MARD renvoient également à un état d'esprit partagé par les parties, lequel se traduit en un accord de volonté en vue de tenter de renouer le dialogue et mettre fin à ce qui les oppose.

Quant au terme procédure, il présente une certaine légitimité. En effet, tous les MARD obéissent à des règles de procédure, respectivement quant à leur déclenchement, leur déroulement et leurs effets. En outre, une grande majorité de ces règles a été codifiée, donc incorporée au sein du code de procédure civile. Or, en dépit de son importance, présenter les MARD sous le seul angle procédural risquerait de trop les attacher aux procédures juridictionnelles classiques et d'amoindrir, voire gommer, certaines de leurs spécificités (ex. leur caractère alternatif à la justice étatique et leur origine souvent contractuelle).

B. « A » comme *Alternatifs*

Les MARD doivent être appréhendés comme tous les modes, autres que la saisine d'une juridiction étatique, en vue de tenter de remédier à un différend. Partant, ils constituent des alternatives au traitement d'un différend par la juridiction étatique compétente, qu'elle soit administrative ou judiciaire. Or, se pose la question de savoir si les MARD se cantonnent aux modes amiables ou s'ils incluent également des méthodes juridictionnelles de règlement des différends, alternatives à la saisine d'une juridiction étatique ?

Selon une approche restrictive des MARD, il faudrait appréhender le « A » de l'acronyme telle la première lettre de l'adjectif amiable. Partant, les MARD constitueraient uniquement des modes amiables de résolution des différends, donc non-juridictionnels, destinés à trouver une issue à des oppositions entre des personnes. Cette conception des MARD en exclut *de facto* l'arbitrage, lequel constitue une technique juridictionnelle de résolution des différends, même si les arbitres sont des juges privés. En effet, la juridiction arbitrale a la mission de trancher un litige entre des parties en disant le droit et ce, au moyen d'une décision qualifiée de sentence arbitrale.

À l'opposé, une conception extensive des MARD inclut l'arbitrage, en plus des modes purement amiables. Les MARD désignent ainsi toute autre méthode de résolution d'un différend que l'exercice d'une action en justice devant la juridiction étatique compétente.

La loi J-21 de 2016, a finalement répondu à cette interrogation en consacrant la conception extensive des MARD, lesquels doivent donc être appréhendés comme toute alternative à la saisine d'une juridiction étatique en vue de mettre fin à un différend et ce, que la technique mobilisée présente une nature amiable (ex. conciliation, médiation, procédure participative, transaction) ou juridictionnelle (arbitrage).

Par conséquent, si tout mode amiable de règlement d'un différend constitue un MARD, tout MARD n'est pas un mode amiable. Le « A » de MARD signifie donc « alternatifs ».

C. « R » comme *Règlement*

Deux termes peuvent être choisis en vue de matérialiser le « R » de l'acronyme MARD et sont employés par la doctrine : résolution ou règlement.

ATTENTION

Ces deux termes peuvent s'avérer source de confusion en ce qu'ils possèdent, hors du champ des MARD et antérieurement à leur développement, une signification juridique bien précise. En effet, en droit français des obligations, la résolution consiste en l'anéantissement d'un contrat bien formé au départ, mais inexécuté ou imparfaitement exécuté ensuite (exécution partielle ou mauvaise exécution) par la suite (art. 1217 C. civ. et 1224 et s. C. civ.).
Le règlement constitue quant à lui une norme juridique de portée générale et émanant du pouvoir exécutif (ex. Président de la République) ou de l'autorité administrative (ex. Préfet).

Or, dans le contexte des MARD, la résolution ou le règlement des différends doivent s'entendre respectivement comme la faculté de mettre un terme au différend (sa résolution) ou de lui trouver une issue favorable (régler le différend).

Il eut donc été préférable de choisir un terme évocateur de la faculté des MARD à apaiser un différend, sans pour autant que celui-ci n'apparaisse source de confusion avec d'autres termes juridiques. Par exemple, l'acronyme MARD aurait pu être conservé, mais avec un « R » constituant l'initiale du nom « remède » pour désigner les modes alternatifs de remède aux différends.

D. « D » comme *Différends*

Au cours des deux dernières décennies, la dernière lettre de l'acronyme MARD a été modifiée à plusieurs reprises. Se sont ainsi succédé des **MARL** (modes alternatifs de règlements des **LITIGES**), puis des **MARC** (modes alternatifs de règlement des **CONFLITS**), avant d'aboutir *in fine* aux **MARD** (modes alternatifs de résolution des **DIFFÉRENDS**).

La question se pose de savoir si une telle évolution est purement cosmétique ou se fonde au contraire sur des raisons précises. Un rapide passage en revue des avantages et inconvénients de l'emploi de chacun de ces noms incite à conclure que cette évolution sémantique a été sinon volontaire, du moins bienvenue.

Pour tout juriste, le terme de **litige** apparaît très évocateur. Issu du terme latin *litigium*, composé à partir du nom « *lis, litis* » qui signifie le procès et du verbe *agere* (conduire), le litige désigne littéralement la conduite d'un procès. Il s'agit donc d'une opposition entre des personnes sur une ou plusieurs questions de droit, susceptibles de trouver une issue par la saisine d'une juridiction. Or, ce terme s'avère restrictif car une opposition entre des personnes peut impliquer un désaccord, non seulement sur des questions juridiques, mais aussi comporter d'autres dimensions. Par exemple, si les parties qui s'affrontent sont issues d'une même famille, le différend qui les oppose peut présenter à la fois des aspects juridiques, sentimentaux, financiers ou psychologiques. Par conséquent, réduire leur opposition à sa seule dimension juridique peut générer l'un des deux risques suivants : ne pas prendre en compte la mésentente dans sa globalité ou passer à côté de ce qui pose réellement difficulté.

Quant au conflit, d'après le vocabulaire juridique, il s'agit d'une « *opposition de vue ou d'intérêts* », une « *mésentente pouvant dégénérer en litige ou en procès ou en affrontement de fait* ». Ainsi, le conflit apparaît non seulement préexistant au litige, mais il constitue aussi une approche plus large d'une opposition entre des personnes. Un conflit peut en effet être multidimensionnel : juridique, familial, financier, etc. Le terme conflit semble donc, de prime abord, plus proche de la philosophie véhiculée par les MARD. Or, il peut cependant apparaître de très forte intensité en fonction de l'adjectif qualificatif qui lui est associé.

Tel est le cas du conflit armé, notion notamment utilisée en droit international humanitaire, dans les Conventions de Genève de 1949 et leurs protocoles additionnels. Or, la finalité des MARD n'est pas de tenter d'aplanir tout ou partie de ce type de conflits.

Ils visent plus modestement à éradiquer certaines mésententes familiales, des litiges d'un montant modeste opposant un professionnel à un consommateur en droit de la consommation, des troubles de voisinage, des différends commerciaux ou encore ceux qui opposent un service public et un usager. Malgré tout, le terme de conflit continue de recevoir la préférence de certains auteurs en la matière.

Un différend consiste enfin, d'après le Littré, en une « *contestation sur quelque point déterminé* ». Autrement dit, des personnes s'affrontent sur une ou plusieurs questions auxquelles il leur appartiendra de trouver des réponses par elles-mêmes ou avec l'aide d'un tiers et ce, sans qu'une quelconque référence soit faite au juge. Par conséquent, le différend constitue un terme suffisamment large et neutre pour englober plusieurs dimensions (différend juridique, économique, familial) et relativement consensuel car il est employé dans des contextes, certes litigieux, mais de moindre intensité que certains conflits. En définitive, les pouvoirs publics ont donc retenu ce terme pour constituer le « D » de l'acronyme officiel de MARD.

II. La distinction des MARD d'avec des notions voisines

On peut ici opérer une distinction entre les MARD et deux mouvements contemporains impactant la justice, à savoir la déjudiciarisation (**A**) et la déjuridictionnalisation (**B**). De plus, on différenciera les MARD d'un auxiliaire de justice parfois confondu avec eux : l'expert-judiciaire (**C**).

A. Les MARD et la déjudiciarisation

La déjudiciarisation, développée depuis le début du XXIe siècle, poursuivrait un objectif essentiellement économique et ce, à un double titre. D'une part, elle viserait à remédier aux lenteurs de la justice étatique, régulièrement dénoncées, en désengorgeant les juridictions (économie de temps). D'autre part, elle permettrait à la justice d'effectuer une économie de moyens humains et financiers.

Partant, le développement des MARD constitue l'une des déclinaisons de la déjudiciarisation en confiant le règlement d'un différend à un tiers, différent d'un juge étatique (ex. un conciliateur de justice, un médiateur, un arbitre) ou en incitant les parties à négocier elles-mêmes pour trouver une issue à leur différend (ex. procédure participative, transaction).

Or, la déjudiciarisation peut également emprunter d'autres voies telles que le recours à un professionnel du droit n'exerçant aucune fonction juridictionnelle (ex. le divorce par consentement mutuel sans juge et déposé au rang des minutes du notaire). Elle peut résider également dans le mouvement consistant à confier la résolution de certains litiges spécifiques à des Autorités administratives indépendantes, bien qu'elles soient soumises, comme les juridictions, au respect des garanties du procès équitable, en vue d'assurer la régulation de certains secteurs (ex. l'AMF (autorité des marchés financiers) pour les délits boursiers).

B. Les MARD et la déjuridictionnalisation

Si, par le biais de la déjudiciarisation, le juge se voit retirer le traitement de certains litiges, la déjuridictionnalisation ne l'évince pas du règlement de certains différends. En effet, une transformation de son office s'opère. Il peut notamment s'agir de confier à un greffier des missions traditionnellement dévolues au juge (ex. l'apposition de la formule exécutoire sur l'accord issu d'une médiation, v. Fiche 27). De même, le juge lui-même peut, dans certains cas et par le biais de la déjuridictionnalisation, délaisser son pouvoir de *jurisdictio* sur certaines questions. Il aura alors mission de concilier les parties (art. 21 C. pr. civ.).

S'il y parvient, il dressera alors un procès-verbal de conciliation, décision non juridictionnelle et insusceptible de recours.

Par conséquent, si les MARD constituent l'une des principales illustrations concrètes de la déjudiciarisation, leur lien avec la déjuridictionnalisation est plus ténu. Celle-ci consiste en une réorganisation de la juridiction, laquelle pouvant se déployer vers des missions caractéristiques des MARD telles que la conciliation.

C. Les MARD et l'expertise judiciaire

L'expertise judiciaire (art. 263 et s. C. pr. civ.) est la situation dans laquelle le juge demande à un professionnel d'un secteur d'activité (ex. automobile, bâtiment, médecine, etc.), inscrit en principe sur une liste régionale d'expert près la cour d'appel de son ressort, de venir délivrer un avis de nature technique, sur une ou plusieurs questions, souvent complexes, soulevées lors d'un litige. En effet, le juge, n'étant pas un être omniscient, serait incapable de répondre à ces questions techniques ou scientifiques à l'aide de ses seuls savoirs et savoir-faire juridiques (ex. la question de savoir si un incendie présente une origine accidentelle ou intentionnelle).

L'expert judiciaire, comme tout technicien que le juge peut solliciter, est donc un auxiliaire de justice qui aide le juge à trancher juridiquement le litige en l'éclairant sur divers aspects techniques de celui-ci. De plus, le juge n'est jamais lié par les conclusions de l'expert et sera donc libre de ne pas suivre son avis (art. 246 C. pr. civ.).

En définitive, l'expert judiciaire qui répond à une question technique n'a pas vocation à se substituer à un juge en vue de trancher un différend entre les parties. En outre, le code de procédure civile énonce expressément qu'il n'entre pas dans sa mission de concilier les parties (art. 240 C. pr. civ.). Il n'est donc en principe pas assimilable aux MARD.

De même, le CMAP (Centre de médiation et d'arbitrage de Paris) propose une procédure qualifiée d'avis technique amiable. Concrètement, elle consiste en ce qu'un expert indépendant rende un avis confidentiel sur un différend opposant des parties au cours de l'exécution d'un contrat, d'une médiation ou d'un arbitrage. Cette procédure, visant à une reprise des négociations, fait également de l'expert un auxiliaire du médiateur ou de l'arbitre.

Cependant, et par exception, l'expert pourrait être considéré comme une sorte de médiateur technique si son intervention, au cours d'un différend entre les parties, leur permettait de se rapprocher et d'aboutir par elles-mêmes à un accord en vue d'aplanir leur différend.

À RETENIR

- En fonction des orientations du législateur contemporain, l'acronyme MARD désigne tous les modes alternatifs de règlement des différends par rapport à la saisine d'une juridiction étatique.
- Les MARD incluent donc non seulement des modes amiables (conciliation, médiation, procédure participative et transaction), mais aussi un mode juridictionnel de règlement des différends tel que l'arbitrage.
- Les MARD se distingue de notions telles que la déjudiciarisation (ils en constituent une modalité ou déclinaison), de la déjuridictionnalisation ou de l'expertise judiciaire.

POUR ALLER PLUS LOIN

- J.M. Albert et A. Sonnenberg, « Une nouveauté : l'expert médiateur ou initiateur de médiation », *Experts*, n° 136, févr. 2018, p. 1.
- S. Amrani-Mekki, « La déjudiciarisation », *Gaz. Pal.* 2008, n° 157, p. 2.
- L. Cadiet et Th. Clay, « Les modes alternatifs de règlement des conflits », Dalloz, coll. Connaissance du droit, 3e éd. 2019.
- S. Cimamonti et J.B. Perrier (dir.), « Les enjeux de la déjudiciarisation », Mission de recherche Droit et Justice (3 mars 2016-3 mars 2018), téléchargeable à l'adresse suivante : http://www.gip-recherche-justice.fr/.

POUR S'ENTRAÎNER : VRAI OU FAUX ?

Pour chacun des énoncés suivants, recherchez s'il est vrai ou faux (ex. 1. Vrai, 2. Faux). Vous réécrirez ensuite les énoncés qui, selon vous, seraient faux, de manière à ce qu'ils soient exacts.

1. Un litige préexiste à un conflit et constitue une approche plus large d'une opposition entre des personnes.
2. Une loi ou un décret prévoyant que le règlement de tel litige serait soustrait aux juridictions étatiques en vue d'être réglé par une tentative de médiation préalable et obligatoire constitue un exemple de déjudiciarisation.
3. L'expertise judiciaire n'est pas un MARD. En revanche, l'avis technique amiable rendu par un expert peut être rattaché à ceux-ci.

CORRIGÉ

1. Faux. **Un conflit préexiste à un litige** et constitue une approche plus large d'une opposition entre des personnes.
2. Vrai.
3. Vrai.

Fiche 2

Présentation des principaux MARD

I. Une présentation historique et synthétique des principaux MARD
II. L'incitation, voire la contrainte faite aux parties à utiliser les MARD

DÉFINITIONS

- **Irrecevabilité** : Sanction consistant à repousser une demande en justice, sans l'examiner, car elle ne respecte pas les conditions de forme, de fond ou de délai imposées pour son exercice.
- **Voie contentieuse** : Choix des parties de régler un désaccord les opposant, sur une ou plusieurs questions juridiques, par le biais d'un procès.

En France, le développement des MARD ne constitue pas un phénomène récent. En effet, au cours de l'histoire, des périodes de promotion de ceux-ci alternent avec des époques au cours desquelles ils sont quelque peu occultés.

Ainsi, la période comprise des années 90 à nos jours, apparaît très favorable aux MARD et ce, en dépit d'une doctrine parfois hostile à ces processus. Ainsi, Carbonnier les comparait à une « *sorte d'acharnement non pas thérapeutique mais conciliatoire, réconciliatoire, unanimiste qui voit le fin mot de la justice civile non plus dans un échange d'argumentations rationnelles et une pesée des argumentations, mais dans un échange de baisers de paix à tout prix* ».

Outre-Atlantique, la systématisation des ADR (*alternative dispute resolution*), aux États-Unis et au Canada, présentant certaines similitudes avec les MARD français, a constitué un facteur de redécouverte de ces outils tant en Europe qu'en France.

D'une part, un recensement des principaux MARD sera effectué au moyen d'une présentation historique et synthétique de ceux-ci (**I**). D'autre part, on verra que les pouvoirs publics incitent, voire contraignent, les parties à les utiliser (**II**).

I. Une présentation historique et synthétique des principaux MARD

À un tour d'horizon des principaux MARD amiables (**A**), succédera la présentation d'un MARD de type juridictionnel : l'arbitrage (**B**).

A. Les principaux MARD amiables

Les MARD amiables les plus couramment utilisés par les parties sont la conciliation (**1**), la médiation (**2**), la transaction (**3**), ainsi que la procédure participative (**4**). Si le dernier de ces MARD est d'apparition récente en droit français, les trois autres se pratiquaient déjà sous l'ancien droit, à la période révolutionnaire (droit intermédiaire) ou encore à l'époque napoléonienne.

1. La conciliation

La loi des 16 et 24 août 1790 relative à l'organisation judiciaire, avait instauré un préliminaire obligatoire de conciliation pour tout litige relevant de la compétence des tribunaux de district. Cette tentative de conciliation préalable s'est trouvée ensuite renforcée par diverses constitutions de la période post-révolutionnaire, en l'occurrence celles de 1791, 1793 et 1795.

À l'époque napoléonienne, l'article 48 du C. pr. civ. de 1806 a ensuite consacré un préliminaire obligatoire à toute action en justice déclenchée en première instance, en l'occurrence une tentative de conciliation entre les parties, dite « grande conciliation » et ce jusqu'à sa disparition en 1949. La conciliation s'est cependant maintenue en tant que préliminaire obligatoire au règlement judiciaire de certains contentieux tels que le divorce et la séparation de corps.

Parallèlement, une « petite conciliation », facultative, a subsisté jusqu'en 1958. Celle-ci était orchestrée par les juges de paix, magistrats non professionnels chargés de régler les petits litiges de la vie quotidienne. Or, les juges de paix ayant disparu en 1958, lors de l'institution des tribunaux d'instance, la pratique de la « petite conciliation » s'est alors éteinte.

L'avènement du Nouveau Code de procédure civile en 1975 a ensuite érigé la conciliation au rang des principes directeurs du procès civil (v. art. 21 C. pr. civ. selon lequel : « *il entre dans la mission du juge de concilier les parties* »).

Plus récemment, le décret du 11 mars 2015 en a fait à nouveau l'un des modes amiables de résolution d'un litige que les parties doivent, dans certains cas (v. II. de cette fiche), obligatoirement tenter d'utiliser avant la saisine éventuelle d'un juge.

La conciliation est aujourd'hui l'institution par laquelle des parties qui s'affrontent trouveront une solution amiable à celui-ci, non par le biais d'une décision de justice, mais d'un accord qui leur aura été suggéré par une personne physique, le conciliateur (v. thème n° 4 et 5). Cette personne physique peut, comme on l'a vu, être le juge lui-même ou un tiers.

La conciliation est judiciaire lorsqu'elle est conduite par le juge lui-même ou déléguée par ses soins à un conciliateur de justice, lequel intervient bénévolement pour régler le litige opposant les parties (art. 128 et s. C. pr. civ. ; v. Fiche 5). La conciliation est en revanche conventionnelle, lorsque le conciliateur de justice est mobilisé à l'initiative des seules parties (art. 1536 à 1541 C. pr. civ. ; v. Fiche 4).

2. La médiation

Applicable depuis la nuit des temps afin de résoudre des conflits économiques ou sociaux, la médiation a parfois été saisie par le Droit. Par exemple, sous l'ancien droit, deux rois de France, François II, puis son frère Charles IX, avaient promu un dispositif de médiation, mis au point par le chancelier du roi Michel de l'Hospital.

Cependant, contrairement à l'arbitrage et à la conciliation, la médiation n'a fait l'objet d'un véritable développement juridique qu'au cours de la période contemporaine (v. loi n° 95-125 du 8 févr. 1995, relative à l'organisation des juridictions et à la procédure civile, pénale et administrative).

Aujourd'hui, la médiation est l'institution par laquelle des parties en conflit aboutiront elle-même à une solution, sous l'égide d'une personne physique qualifiée de médiateur. Cette dernière pourra être un tiers choisi par les parties ou sera désigné par le juge.

On distingue ainsi la médiation conventionnelle, résultant d'une démarche volontaire des parties (art. 1532 à 1535 C. pr. civ. ; v. Fiche 4) et la médiation judiciaire, imposée ou conseillée par le juge (art. 131-1 et s. C. pr. civ. ; v. Fiche 5)

La médiation, de par sa souplesse et les avantages qu'elle présente pour les parties, a ensuite fait l'objet de multiples déclinaisons, qualifiées de médiations institutionnelles d'origine étatique ou privée (v. thèmes n° 6 et 7).

Contrairement aux décisions de justice et aux sentences arbitrales, la solution issue d'une médiation, comme d'une conciliation, est dépourvue de l'autorité de la chose jugée. Son respect dépendra donc uniquement du bon vouloir des parties.

3. La transaction

Ce MARD est ancien, comme l'illustre le célèbre adage selon lequel « une mauvaise transaction vaut mieux qu'un bon procès ». Ainsi, dès le XVIIIe siècle, le juriste Domat avait défini ce MARD comme « *une convention entre les parties, qui règlent par elles-mêmes ou par le conseil et l'entremise de leurs amis, les conditions d'un accommodement, et qui s'y soumettent par un traité, et c'est ce qu'on appelle transaction* ». La transaction a ensuite été consacrée par le Code Napoléon de 1804 (ancêtre de notre Code civil).

Aujourd'hui encadrée par les articles 2044 à 2052 C. civ., la transaction est la convention par laquelle des parties à un litige mettent un terme à celui-ci, en effectuant des concessions réciproques et ce, qu'elles aient déjà porté ce litige devant un tribunal ou qu'il soit tout juste né (v. Fiche 21).

L'exigence d'effectuer des concessions réciproques, imposées aux parties à une transaction, constitue la spécificité de ce mécanisme. Alors que la jurisprudence l'a consacrée depuis longtemps, elle n'a été codifiée qu'en 2016, par le biais de la loi J-21.

4. La procédure participative

À l'échelle historique, ce MARD est très récent car il est issu des travaux de la Commission Guinchard (2008) et de la loi n° 2010-1609 du 22 déc. 2010, relative à l'exécution des décisions de justice, aux conditions d'exercice de certaines professions réglementées et aux experts judiciaires.

La procédure participative doit permettre d'aboutir à la solution amiable d'un litige opposant des parties et ce, grâce à leur participation active à une négociation avec l'assistance obligatoire de leurs avocats respectifs (v. Fiche 20).

Il s'agit d'une technique contractuelle car les parties s'engagent à la mettre en œuvre par la rédaction d'une convention de procédure participative (art. 2062 à 2068 C. civ.). Les aspects procéduraux de ce MARD sont quant à eux encadrés par le c. pr. civ (art. 1542 à 1564-7).

La loi J-21 de 2016 a étendu le champ d'application de cette procédure aux parties souhaitant effectuer la mise en état de leur litige avant que celui-ci ne soit soumis au juge compétent pour le trancher (art. 2062 C. civ dans sa rédaction issue de la loi J-21).

Dans son versant amiable, cette procédure évite à la fois le règlement contentieux du litige et la mobilisation d'un tiers, jouant le rôle de pacificateur impartial entre les parties, à l'instar de la conciliation et de la médiation.

B. Un MARD de type juridictionnel : l'arbitrage

L'arbitrage constitue une forme de justice privée très ancienne car déjà présente dans l'ancien droit. Ainsi, dès le XVIe siècle, le roi François II et son chancelier Michel de l'Hospital avaient déjà mis au point, en 1560, un arbitrage destiné à trancher les litiges opposant des marchands entre eux ou les membres d'une même famille.

Plus de deux siècles plus tard, Domat a également évoqué la faculté de trancher un litige par le biais de l'arbitrage. Concrètement, cette forme de justice permettait de clore un différend au moyen d'*« un jugement d'arbitres dont on convient par un compromis »*.

De même, dans la période suivant la Révolution française, la loi des 16 et 24 août 1790 a consacré son titre I aux arbitres.

Enfin, le livre III du code de procédure civile de 1806 comportait un titre unique, entièrement consacré à l'arbitrage.

Dans la période contemporaine, l'arbitrage, qu'il soit interne ou international, a connu un réel essor en France à partir des années 80. Il était encadré par deux décrets, du 1er et 14 mai 1980 pour l'arbitrage interne et du 12 mai 1981 pour l'arbitrage international. Il a ensuite connu une réforme d'ampleur par le décret n° 2011-48 du 13 janvier 2011.

De nos jours, l'arbitrage constitue l'institution par laquelle un tribunal arbitral, composé d'un ou plusieurs arbitres, met fin à un litige opposant deux parties ou davantage en prononçant une décision qualifiée de sentence arbitrale. Cette sentence s'impose aux parties car elle est revêtue de l'autorité de la chose jugée. Le tribunal arbitral la prononce en exerçant la mission juridictionnelle que les parties lui ont confiée, en application d'une convention d'arbitrage qu'elles auront préalablement élaboré. Tout arbitre est donc tenu, comme le juge, de trancher le litige qui lui est soumis et de dire le droit.

L'arbitrage constitue donc le MARD cultivant la plus grande proximité avec l'office du juge.

Le droit français de l'arbitrage est aujourd'hui réparti entre 2 codes : le C. civ. et le C. pr. civ. Plus précisément, trois articles du C. civ (2059 à 2061) sont consacrés aux conventions d'arbitrage. L'essentiel des textes encadrant la procédure arbitrale proprement dite se situe donc dans le C. pr. civ. (articles 1442 à 1527).

II. L'incitation, voire la contrainte faite aux parties à utiliser les MARD

Lorsqu'éclatait un litige, le réflexe naturel d'un ou plusieurs de ses protagonistes a longtemps consisté à saisir la juridiction compétente pour le trancher (ex. saisine du JAF par une mère divorcée, en vue d'obtenir une pension alimentaire de son ex-mari pour l'entretien des enfants dont elle a la garde alors que leur convention initiale de divorce n'en prévoyait pas).

Or, les inconvénients du recours à la voie contentieuse sont régulièrement dénoncés depuis plusieurs décennies. Ils peuvent être résumés autour du triptyque suivant : une croissance exponentielle des litiges générant un encombrement des prétoires et entraînant, *in fine*, un allongement des délais de procédure.

Pour endiguer cette situation à moindre coût, les pouvoirs publics ont développé le recours aux MARD et ce, depuis 30 ans environ. Ainsi, la loi n° 95-125 du 8 févr. 1995, relative à l'organisation des juridictions et à la procédure civile, pénale et administrative, comportant plusieurs dispositions visant à développer la conciliation et la médiation, peut constituer le point de départ de ce mouvement contemporain.

Ensuite, un florilège de textes, de nature législative et/ou réglementaire, dont la plupart a été codifiée, ont contribué à la promotion des MARD. La volonté du législateur consiste à inciter, voire à contraindre les parties à recourir préalablement à un MARD pour un nombre croissant de litiges, notamment en raison du caractère modique des sommes en jeu et/ou de leurs spécificités.

On retracera les grandes étapes de ce mouvement, tant en matière judiciaire (**A**), qu'administrative (**B**).

A. En matière judiciaire

Dans le prolongement de la loi du 8 février 1995, peuvent être mentionnés le décret n° 2015-282 du 11 mars 2015 (JO 14 mars 2015), relatif à la simplification de la procédure civile, à la communication électronique et à la résolution amiable des différends et la loi n° 2016-1547 du 18 novembre 2016, relative à la modernisation de la justice du XXIe siècle, dite loi J-21. Cette dernière consacre une conception extensive des MARD. En effet, elle les appréhende comme toute alternative à la saisine d'une juridiction étatique et ce, qu'il s'agisse de techniques purement amiables de résolution des différends (conciliation, médiation, transaction, procédure participative) voire de modes juridictionnels tels que l'arbitrage.

Ensuite, la loi n° 2019-222 du 23 mars 2019 de programmation 2018-2022 et de réforme pour la justice (dite Loi PRPJ) a poursuivi ce mouvement. Elle a notamment ajouté une série de sept articles à la Loi J-21 (art. 4-1 à 4-7) visant à promouvoir et à encadrer l'utilisation de services en ligne de conciliation, médiation ou arbitrage par les parties qui s'opposent. Ces textes ont été complétés par plusieurs décrets instaurant notamment une procédure de certification des MARD numériques visant à garantir leur sérieux, le respect des données personnelles des parties et de leurs garanties processuelles (v. Fiche 18).

Enfin, un décret du 11 décembre 2019 (entré en vigueur au 1er janvier 2020 et applicable aux instances en cours à cette date) a introduit un nouvel article 750-1 au C. pr. civ., relatif à l'introduction de l'instance devant le tribunal judiciaire. Cette juridiction de première instance, issue de la fusion des anciens tribunaux d'instance et de grande instance, est en activité depuis le 1er janvier 2020. Cependant, l'article 750-1 a été récemment annulé par une décision du Conseil d'État en date du 22 septembre 2022 en raison de certaines imprécisions de rédaction. Or, il devrait être réintroduit sous peu dans le C. pr. civ. une fois sa rédaction améliorée (v. *infra*, 1.).

Ce texte crée une obligation à la charge des parties à un litige, consistant en une tentative de règlement amiable de celui-ci, préalablement à toute saisine du Tribunal judiciaire. La même règle figure à l'article 4 de la loi J-21.

Après avoir abordé le champ d'application de ces deux textes (**1**), on abordera la sanction encourue en cas de non-respect de l'obligation qu'ils contiennent (**2**).

1. Le champ d'application des articles 750-1 C. pr. civ. et 4 de la loi J-21

Le 1er al. de l'article 750-1 C. pr. civ. dans sa rédaction issue du décret n° 2022-245 du 25 février 2022, dispose ainsi que : « *à peine d'irrecevabilité que le juge peut prononcer d'office, la demande en justice doit être précédée, au choix des parties, d'une tentative de conciliation menée par un conciliateur de justice, d'une tentative de médiation ou d'une tentative de procédure participative, lorsqu'elle tend au paiement d'une somme n'excédant pas 5 000 € ou lorsqu'elle est relative à l'une des actions mentionnées aux articles R. 211-3-4 et R. 211-3-8 du Code de l'organisation judiciaire ou à un trouble anormal de voisinage* ». L'article 4 de la loi J-21 est rédigé en des termes assez similaires.

Ces deux textes offrent ainsi une option aux parties entre trois MARD amiables à mobiliser obligatoirement, à savoir la conciliation judiciaire, la médiation et la procédure participative avant de saisir le tribunal judiciaire, en cas d'échec de la tentative amiable.

Ensuite, ces textes s'appliquent à tout litige d'un montant inférieur à 5 000 € et tout conflit de voisinage, sans limitation de montant. En effet, l'article R. 211-3-4, auquel renvoie l'article 750-1 al. 1 C. pr. civ., encadre les actions en bornage et l'article R. 211-3-8 diverses actions quant aux distances de plantations à respecter entre deux fonds, ainsi que les servitudes. De plus, l'article 4 de la Loi J-21 et l'article 750-1 C. pr. civ. étendent l'obligation de tenter le règlement amiable d'un différend aux troubles anormaux de voisinage (ex. bruit excessif).

Or, l'obligation des parties d'opérer une tentative préalable de règlement amiable des litiges précités connaît plusieurs exceptions (articles 750-1 al. 2 C. pr. civ. et 4 Loi J-21).

L'une d'entre elles, énoncée à l'article 750-1 al. 2, 3 °C. pr. civ. , prévoit que l'absence de recours à l'un des MARD précités est autorisée si elle repose sur un motif légitime. Attention : par une décision du 22 septembre 2022 (CE, ch. réunies : 22 sept. 2022 ; n° 436939), le Conseil d'État a annulé l'article 750-1 du C. pr. civ. imposant une tentative amiable, préalable et obligatoire, à la saisine du tribunal judiciaire. Le motif d'annulation tient essentiellement à la rédaction imprécise de l'une des exceptions à l'application de ce texte. En effet, parmi celles-ci, figure le cas dans lequel les parties souhaitent se tourner vers un conciliateur de justice mais que le délai pour obtenir un rendez-vous avec celui-ci est manifestement excessif au regard de la nature et des enjeux de l'affaire. Or, la décision du Conseil d'État estime que ce motif légitime de dispense du préalable amiable et obligatoire est rédigé en des termes trop imprécis, d'où la censure du texte. Cependant, la décision valide rétroactivement les effets du texte jusqu'au 22 septembre 2022, jour où elle a été rendue. Partant, les tentatives amiables, préalables et obligatoires, de résolution d'un différend avant de saisir le Tribunal judiciaire ayant eu lieu jusqu'à cette date ne seront pas remises en cause. Enfin, si ce préalable obligatoire a disparu depuis le 22 septembre 2022, du fait de cette décision du Conseil d'État, un texte corrigé devrait assez rapidement être réintroduit au sein du code de procédure civile pour imposer de nouveau ce préalable obligatoire.

2. La sanction de la violation de l'obligation contenue dans ces articles

En cas de violation de l'obligation figurant aux articles 750-1 al. 1er C. pr. civ. et 4 de la loi J-21, une sanction similaire est édictée. En l'occurrence, toute demande en justice non précédée d'une tentative de règlement amiable pour les litiges concernés sera frappée d'irrecevabilité. Le juge dispose d'ailleurs du pouvoir de prononcer celle-ci d'office.

ILLUSTRATION : CIV. 2e : 15 AVRIL 2021, N° 20-14.106

En l'espèce, la Cour de cassation a admis qu'un courrier envoyé par une partie à son adversaire, en vue d'aboutir elles-mêmes à un accord sur le litige les opposant, constituait bien une démarche visant à parvenir à une résolution amiable du litige, préalable nécessaire à la saisine du tribunal d'instance. Doit donc être cassé et annulé, le jugement d'un tribunal d'instance ayant prononcé d'office l'irrecevabilité de l'acte par lequel il avait été saisi sans avoir procédé à l'examen des circonstances précitées.

B. En matière administrative

L'ordonnance n° 2015-61341 du 23 oct. 2015 a abouti à la création du code des relations entre le public et l'administration. Le Livre IV dudit code, intitulé « le règlement des différends avec l'administration » consacre l'intégralité de son titre II aux « modes non juridictionnels de résolution des différends » (art. L. 421-1 à L. 424-1 ; conciliation, médiation, transaction et saisine du Défenseur des droits).

En outre, la médiation administrative a également été consacrée par la loi J-21 (art. L. 114-1 et L. 213-1 à L. 213-14 du CJA). Les articles L. 213-1 et suivants du CJA la définissent et lui confèrent un régime juridique quasi-analogue à ceux des médiations judiciaires et conventionnelles dans le C. pr. civ.

Il s'agit ainsi de *« tout processus structuré, quelle qu'en soit la dénomination, par lequel deux ou plusieurs parties tentent de parvenir à un accord en vue de la résolution amiable de leurs différends, avec l'aide d'un tiers, le médiateur, choisi par elles ou désigné, avec leur accord, par la juridiction »* (art. 213-1 CJA).

À RETENIR

Tableau de synthèse sur les principaux MARD

	Principaux modes alternatifs de règlement des différends (MARD)				
	Mode juridictionnel	Modes amiables			
	Recours à un tribunal arbitral	Intervention d'un tiers entre les parties		Pas d'intervention d'un tiers entre les parties	
Nom du MARD	**Arbitrage interne ou international**	**Conciliation conventionnelle ou judiciaire**	**Médiation conventionnelle ou judiciaire**	**Procédure participative**	**Transaction**
Nom du/des intervenant(s) éventuel(s) entre les parties et statut	Arbitre unique ou tribunal arbitral de plusieurs arbitres (formation collégiale)/ rémunéré	Conciliateur de justice/ bénévolat	Médiateur rémunéré	Négociation directe entre les parties	Négociation directe entre les parties
Objet du MARD et acte le formalisant	Dire le droit pour trancher le litige par une sentence arbitrale revêtue de l'autorité de la chose jugée	Suggérer une solution au différend opposant les parties formalisé dans un accord amiable	Rapprocher les parties pour qu'elles aboutissent elles-mêmes à une solution formalisée dans un accord amiable	Aboutir à un accord amiable avec l'assistance de leurs avocats respectifs	Aboutir à un accord, chaque partie devant effectuer des concessions réciproques formalisées dans un contrat de transaction
Particularités notables de ces MARD	Mode de résolution des différends d'un montant assez conséquent	Obligation de tenter l'un de ces modes amiables avant la saisine du tribunal judiciaire pour tout litige d'un montant inférieur à 5 000 € et en matière de conflits de voisinage et de troubles anormaux de voisinage sans limitation de montant.			

POUR ALLER PLUS LOIN

- S. Amrani-Mekki, « Annulation du préalable amiable obligatoire et autres validations procédurales – À propos de la décision du Conseil d'État du 22 septembre 2022 », *JCP* éd. G, 2022, Act. 1186.
- Carbonnier, « Regard d'ensemble sur la codification de la procédure civile », *in* « Le nouveau Code de procédure civile, 20 ans après », La Documentation française, 1998, p. 15.
- Th. Clay, « Le modèle pour éviter le procès », *in* Th. Revet (dir.), « Code civil et Modèles – Des modèles du code au code comme modèle », *LGDJ*, 2004, p. 51.
- Th. Clay, « L'arbitrage, les modes alternatifs de règlement des différends et la transaction dans la loi "Justice du XXIe siècle" », *JCP* éd. G, 2016, doctr. 1295, spéc. n° 12 et s.
- Domat, « Les lois civiles dans leur ordre naturel ; le droit public et legum delectum », Paris, 1777, T. I, Livre I, Des transactions, Titre XIII, Préambule, p. 212.
- S. Guinchard, « L'ambition raisonnée d'une justice apaisée », La Documentation française, 2008.
- C. Jallamion, « Tradition et modernité de l'arbitrage et de la médiation au regard de l'histoire », *Gaz. Pal.* 17 janv. 2009, p. 3.

POUR S'ENTRAÎNER : QCM

Répondez au QCM suivant en choisissant la/les lettre(s) correspondant à la/les bonnes réponses (ex. selon les cas : 1. a. ou 1. a. et b.). Certaines questions ne comportent donc qu'une seule réponse, d'autres deux. Le nombre des réponses se déduit de l'énoncé de chaque question.

1. À quelle situation correspond la résolution amiable d'un différend opposant des parties par un tiers intervenant à titre bénévole et ce, à la demande d'un juge ?

a. Un arbitrage avec un arbitre unique siégeant dans le tribunal arbitral.
b. Une conciliation conventionnelle.
c. Une conciliation judiciaire.
d. Une médiation judiciaire.

2. À quelles situations correspond la résolution alternative d'un différend, donc en dehors de toute saisine du juge, opposant deux parties par un tiers rémunéré et choisi par celles-ci ?

a. Une médiation judiciaire.
b. Un arbitrage avec un arbitre unique siégeant dans le tribunal arbitral.
c. Une médiation conventionnelle.
d. Une conciliation conventionnelle.

3. **À quel type de contrat correspond la convention de procédure participative ?**
   a. Un contrat consensuel.
   b. Un contrat solennel.
   c. Un contrat de mariage.
   d. Un contrat de sociétés.

CORRIGÉ

1. c. car le conciliateur de justice intervient bénévolement et il le fait ici à la demande du juge.
2. b. et c. il s'agit de mécanismes extrajudiciaires et faisant intervenir un seul tiers rémunéré.
3. b.

Fiche 3

Approche qualitative et quantitative des MARD

DÉFINITIONS

- **Approche quantitative** : En sciences humaines et sociales, techniques reposant sur l'analyse de données chiffrables ou chiffrées permettant d'effectuer une sorte d'évaluation de la question étudiée (ex. degré de connaissance de telle notion, succès ou insuccès de tel mécanisme, mesure de l'efficacité de telle solution exprimée en pourcentage).
- **Approche qualitative** : Tout procédé permettant d'obtenir des données détaillées et précises (ex. analyse de réponses argumentées à un questionnaire, recensement de points de vue sur une problématique) de nature à définir le contexte de la question étudiée.

Appliquées aux MARD, les approches qualitative et quantitative permettent de cerner avec davantage de précision la question étudiée.

Autrement dit, l'approche quantitative (**I**) et qualitative (**II**) offrent quelques premières clés de compréhension du contexte général de l'émergence des MARD et des difficultés auxquelles ils sont confrontés, avant de se pencher sur leur étude plus détaillée dans les fiches suivantes.

I. L'approche quantitative des MARD

La principale difficulté inhérente à l'étude de chiffres est qu'il est très aisé de leur faire dire tout et son contraire, notamment s'ils sont fantaisistes ! Afin d'éviter cet écueil, ne seront mis en avant que des chiffres issus de quelques études menées par des professionnels des MARD. D'ailleurs, le rapport Sauvé, du 8 juillet 2022 sur les États généraux de la justice, prévoit, dans l'une des fiches de propositions qu'il établit, de créer un outil statistique des MARD dans le cadre du développement d'une véritable politique nationale de ces instruments.

Deux questions seront abordées, celles de savoir si les MARD sont suffisamment connus des parties auxquelles ils se destinent (**A**), et, lorsqu'ils sont connus de celles-ci et mis en œuvre, s'ils débouchent davantage sur un accord ou au contraire un échec (**B**).

A. La connaissance des MARD par leurs protagonistes

En 2016, la cour d'appel de Paris a mené une enquête sur la médiation judiciaire auprès d'un panel de 399 magistrats de l'ordre judiciaire, de tout niveau hiérarchique et intervenant dans les matières civile, familiale, commerciale et sociale. Près d'un sondé sur deux a répondu à cette enquête.

Celle-ci fait ressortir que le principal frein au développement de la médiation judiciaire, pour 92 % des répondants, réside dans la méconnaissance des parties quant à ce type de processus. La faible connaissance des MARD en général et de la médiation judiciaire en particulier par les avocats est également mise en exergue par 88 % des magistrats sondés.

En définitive, le recours limité à la médiation judiciaire résulte en grande partie du fait que les personnes auxquelles elle s'adresse, ainsi que leurs conseils, ne la connaissent pas et n'apparaissent donc pas enclins à la tenter. Ce type de constat explique en partie les réformes menées ces six dernières années en vue de communiquer davantage sur les MARD et d'accroître leur utilisation en les instaurant comme des préalables obligatoires à la résolution de litiges portant sur des sommes modiques ou portant sur des thématiques spécifiques (v. Fiche 2).

B. La mesure du taux de réussite des MARD

En premier lieu, une étude a été menée en 2018 par une magistrate administrative et une avocate honoraire au Conseil d'État et à la Cour de cassation au sujet de la médiation administrative.

Il en ressort qu'au cours de l'année 2018, sur 425 médiations administratives mises en œuvre à l'initiative d'un juge exerçant au sein d'un tribunal administratif, 313 ont abouti à un accord entre les parties, soit pratiquement les trois-quart (73,5 %). Le recours à ces mesures s'est donc révélé efficace.

En revanche, pour les médiations administratives menées à l'initiative des parties, au stade du tribunal administratif, le taux de réussite s'écroule littéralement, les résultats étant quasiment inversés. En effet, l'étude précitée révèle que, sur un total de 122 médiations administratives, seul un quart d'entre elles ont permis d'aboutir à un accord.

Une telle divergence des résultats dans les deux cas étudiés semble tenir au fait que, lorsque la médiation est prescrite par le juge administratif, les parties se sentent davantage en confiance et sont donc plus enclines à aboutir à un accord que lorsqu'elles s'engagent dans cette voie de leur propre initiative.

Dans le même ordre d'idées, le CMAP (Centre de Médiation et d'Arbitrage de Paris), institution privée spécialisée dans l'organisation des MARD (v. Fiche 7), publie régulièrement un baromètre de la médiation et de l'arbitrage (chiffres collectés chaque année pour la médiation et tous les deux ans pour l'arbitrage).

L'édition 2021 de ce baromètre porte sur les médiations réalisées en 2020 et les arbitrages des années 2019 et 2020. Au niveau des médiations, il ressort que sur 656 dossiers traités par le CMAP en 2020, une majorité d'entre eux a débouché sur un accord entre les parties (60 %), le taux d'échec demeurant ainsi minoritaire (40 %).

II. L'approche qualitative des MARD

Au moyen de cette approche, les avantages des MARD (**A**) et leurs inconvénients (**B**) peuvent être mis en évidence, grâce aux retours d'expérience de leurs protagonistes (pouvoirs publics, parties en conflit et tiers intervenant dans ces processus).

A. Leurs avantages

Seront abordés successivement leurs avantages tant du côté des pouvoirs publics (**1**), que de celui des parties (**2**).

1. Du côté des pouvoirs publics

Le développement des MARD par les pouvoirs publics s'explique en grande partie par la poursuite de deux objectifs complémentaires, à savoir la réalisation d'économies procédurales et la garantie d'une bonne administration de la justice.

En effet, on a déjà vu que la justice est confrontée à une triple difficulté : une croissance exponentielle du contentieux générant un encombrement des prétoires et un allongement des délais de procédure (cf. Fiche 2). Par conséquent, afin d'endiguer cette situation à moindres moyens humains et financiers, l'incitation à recourir aux MARD, voire l'obligation de les tenter pour certains litiges ou en deçà d'un certain montant, doivent permettre de désengorger en partie les juridictions.

De plus, les pouvoirs publics visent à assurer une bonne administration de la justice en mobilisant les juridictions sur les contentieux les plus importants. Les différends de moindre importance se trouvent dès lors délégués en tout ou partie à des conciliateurs de justice, des médiateurs ou encore peuvent être résolus directement par les parties, au moyen d'une procédure participative ou d'un accord transactionnel.

2. Du côté des parties

Les MARD présentent une série de quatre avantages pour les parties, lesquels peuvent se cumuler entre eux.

En premier lieu, leur développement coïncide avec la volonté des parties de jouer un rôle plus actif dans le règlement de leurs différends que devant la justice étatique.

À cette fin, les parties mobilisent régulièrement leur liberté contractuelle. Autrement dit, le recours à un MARD est de plus en plus anticipé contractuellement par les parties. Concrètement, un contrat principal liant les parties contiendra une clause dite de différend, obligeant les parties, en cas de litige les opposant quant à ce contrat, à tenter préalablement de le régler au moyen d'un MARD amiable avant de saisir la juridiction compétente en cas d'échec de la tentative (ex. clause de conciliation ou de médiation obligatoire et préalable à la saisine d'une juridiction ; v. Fiche 4).

Elles pourront également privilégier la voie arbitrale en cas de survenance d'un différend en insérant une clause compromissoire dans ce contrat principal qui les lie ou en rédigeant un compromis d'arbitrage, après la survenance d'un litige (v. Fiches 11 et 12). Dans ces deux hypothèses, les parties seront tenues de se tourner vers un tribunal arbitral afin qu'il tranche leur litige. De tels mécanismes prennent ainsi place dans un nombre croissant de contrats.

En second lieu, les MARD et leur déroulement, permettent de **répondre au mieux aux attentes des parties**, celles-ci pouvant choisir la procédure la plus adaptée à leurs besoins.

Ainsi, elles peuvent préférer déléguer à un tribunal arbitral, juridiction privée, le soin de trancher leur litige en disant le droit en fonction d'une législation qu'elles auront préalablement choisi ou en lui demandant de statuer en amiable composition, c'est-à-dire par référence à l'équité. En revanche, en choisissant la conciliation ou la médiation, les parties opteront pour la recherche d'un accord amiable, négocié et/ou co-construit lors d'entretiens orchestrés par un tiers neutre. Par la procédure participative et la transaction, elles négocieront directement entre elles, avec, dans le cas de la procédure participative, l'assistance obligatoire de leurs avocats respectifs. Pour faciliter la satisfaction de leurs intérêts, les parties peuvent également se tourner vers un MARD hybride (ex. le Méd-Arb en matière commerciale combinant médiation et arbitrage ; v. Fiche 19). La solution éventuelle issue de la mise en œuvre de ces diverses procédures sera donc sur-mesure.

Enfin, les MARD offrent une importante flexibilité et une grande adaptabilité à certains contextes, en raison de leur déclinaison par le biais du numérique (v. Fiche 18). Ainsi, face à la pandémie de Covid 19 et le confinement qu'elle a imposé, les outils numériques ont permis le déroulement de médiations ou d'arbitrage, évitant ainsi leur report.

En troisième lieu, un MARD aboutissant à un accord permet de restaurer la confiance entre les parties. Ainsi, en matière familiale, la prise en compte des diverses facettes d'un différend (juridique, psychologique, sentimentale) et l'émergence d'un accord peuvent jeter les bases de futures relations apaisées entre les parties, voire de leur éventuelle réconciliation.

De même, dans le domaine, commercial, l'aboutissement à un accord permet de restaurer la confiance entre les parties et la poursuite des relations contractuelles. À l'inverse, si la voie contentieuse avait été privilégiée, elle aurait certes permis de trancher le litige mais elle aurait en revanche hypothéqué tout espoir de réconciliation ou scellé définitivement la fin de la relation contractuelle.

Enfin, le régime juridique de la plupart des MARD repose sur le principe de la confidentialité, de nature à préserver les intérêts et la tranquillité des parties (v. Fiche 22). Celui-ci impose non seulement aux parties à un différend et à leurs conseils, mais aussi au tiers intervenant en vue de son règlement (arbitre, conciliateur, médiateur) de garder le silence sur l'existence du différend, la procédure conduite en vue de le résoudre, sur l'accord éventuel qui en résulterait ou bien son échec. Par conséquent, la confidentialité entourant le MARD garantit que les informations échangées, pouvant relever du secret des affaires en matière commerciale ou de la vie privée des protagonistes en matière familiale échapperont aux yeux et oreilles indiscrets des tiers (v. Fiche 25). Enfin et en cas d'échec du MARD, sauf accord des parties, les éléments échangés ou discutés ne pourront être transmis au juge.

B. Leurs inconvénients

Cinq inconvénients des MARD peuvent être mis en avant, tenant tant aux personnes auxquelles ils se destinent qu'à des facteurs intrinsèques.

Quant aux destinataires des MARD, ces processus pâtissent à la fois de leur acculturation en la matière, d'un réflexe contentieux tenace les conduisant à négliger les MARD et de diverses réticences à leur emploi. Intrinsèquement, les MARD, en raison des multiples réformes dont ils ont fait l'objet s'avèrent peu accessibles et peu intelligibles pour les profanes et professionnels du droit peu rompus à leur maniement. Enfin, leur coût peut également s'avérer prohibitif.

Ces inconvénients présentent parfois un caractère cumulatif (ex. une même partie à un différend peut à la fois apparaître réticente à l'emploi d'un MARD et craindre de devoir supporter un coût assez élevé). Ils peuvent également présenter un caractère alternatif (ex. telle personne ignore les MARD parce qu'elle ne les connaît pas ou bien elle les connaît mais les délaisse car elle s'en méfie). Cependant, la plupart de ces inconvénients ne semblent pas insurmontables.

On abordera donc les inconvénients tenant aux destinataires des MARD (**1**) et ceux apparaissant intrinsèques aux MARD (**2**).

1. Les inconvénients liés aux destinataires des MARD

Un déficit de la culture des MARD peut être constaté tant chez les parties que chez les professionnels du droit. Il peut s'agir d'une totale ignorance de leur existence ou d'un important déficit d'informations à leur sujet (v. I. de cette fiche). Or, comment se tourner vers des mécanismes dont l'existence est inconnue ou à peine connue ?

Un deuxième frein à l'utilisation des MARD réside dans le réflexe contentieux, assez persistant chez les parties, lequel illustre le caractère éminemment conflictuel de la société actuelle. Ainsi, des parties opposées par un différend, éprouvent les plus grandes difficultés à se départir du réflexe quasi-naturel consistant à saisir la juridiction compétente pour le résoudre pour s'orienter au contraire vers une tentative de résolution amiable de celui-ci.

En outre, certaines réticences, exprimées tant par les acteurs du droit et de la justice que par les parties, ne favorisent pas non plus l'usage des MARD.

D'une part, certains magistrats cultivent un sentiment de dessaisissement de leurs prérogatives au profit de la justice privée que constitue l'arbitrage ou des modes amiables de résolution des différends. Partant, ils s'avèrent peu enclins, voire hostiles à ce que tout ou partie du règlement de certains litiges échappe à leur emprise. Or, cet inconvénient doit être relativisé. Si le recours des parties à l'arbitrage ou à un mode amiable transforme indéniablement l'office du juge, celui-ci n'est pas totalement évincé. Il retrouvera ainsi tout pouvoir en cas d'échec du MARD.

En outre, un changement de paradigme se produit. Ainsi, la figure du juge-homologateur d'accords issus d'un mode amiable, car ils sont dénués de l'autorité de la chose jugée, ou du juge-contrôleur d'une sentence arbitrale en vue de lui accorder l'*exequatur* (force exécutoire), dont elle ne dispose pas, se substitue dans ces cas à celle du juge tranchant le litige (v. Fiches 27 et 28). En définitive, l'intervention du juge, malgré le recours à un MARD ne disparaît pas. Celle-ci change de nature et se trouve décalée dans le temps.

Une défiance similaire vis-à-vis des MARD se rencontre également chez certains avocats. Beaucoup d'entre eux s'inscrivent dans une vision exclusivement contentieuse de la résolution des litiges voyant les modes amiables comme des activités concurrentes de la leur. Or, ces réticences méritent d'être levées. En effet, les avocats peuvent trouver leur place dans les modes amiables. Ainsi, il leur est tout à fait possible de se former à la médiation pour intervenir en tant que médiateurs dans la résolution des différends. De même, le régime juridique de la procédure participative les désigne comme les seuls professionnels du droit en mesure d'assister les parties souhaitant tenter cette voie de résolution amiable de leur différend.

Enfin, parmi les parties ayant décidé de recourir à un MARD ou ayant pu y être incitées, domine parfois un sentiment d'inutilité ou de perte de temps. De même, les MARD, notamment amiables, dans certains contextes très conflictuels ne seront d'aucune utilité, les parties opposant un refus catégorique à leur usage.

2. Les inconvénients intrinsèques aux MARD

La large panoplie des MARD à la disposition des parties et ce, qu'ils soient juridictionnels ou amiables, animés ou non par un tiers, le foisonnement de textes tant législatifs que réglementaires destinés à les encadrer rendent leur pratique assez peu accessible et intelligible, tant pour les profanes que pour les juristes peu rompus à ces questions.

Enfin, le coût des MARD, supposé ou réel, peut également constituer un facteur de désintérêt des parties envers ceux-ci. Certes, l'arbitrage est réputé constituer une justice privée onéreuse. Or, la plupart des institutions d'arbitrage, conscientes de ces coûts prohibitifs ont créé des formules plus abordables financièrement. Au niveau des modes amiables, le conciliateur de justice est un tiers bénévole donc non rémunéré par les parties. De même, les parties souhaitant s'orienter vers la médiation et qui aboutiraient à un accord qu'elles souhaiteraient voir rédigé par un avocat puis homologué par le juge et rencontrant des difficultés financières sont éligibles, à certaines conditions à l'aide juridictionnelle.

À RETENIR

- L'approche quantitative des MARD a montré que le manque d'attrait dont ils souffrent relève en grande partie de leur méconnaissance par les parties et les acteurs du droit. Or, lorsqu'ils sont connus et utilisés, ceux-ci débouchent majoritairement sur des accords destinés à clore les différends opposant les parties.
- L'approche qualitative des MARD a permis de dégager leurs avantages et leurs inconvénients.
- Au rang des avantages, l'essor des MARD s'explique, du côté des pouvoirs publics, par leur volonté de réaliser des économies procédurales et de garantir une bonne administration de la justice. Pour les parties, les MARD leur permettent de jouer un rôle de plus actif dans le règlement de leurs différends et de répondre à leurs attentes en choisissant le processus le plus adapté à leurs attentes. Ils leur offrent également la possibilité de restaurer une confiance entre elles lorsqu'elles aboutissent à un accord et la confidentialité inhérente aux MARD préserve leur tranquillité.
- Quant aux inconvénients des MARD, lesquels ne sont pas indépassables, certains résultent de l'état d'esprit de leurs protagonistes (acculturation des MARD, réflexe contentieux des parties et de leurs conseils ou réticences à leur utilisation de la part des parties, des avocats et des magistrats). Intrinsèquement, la multitude de textes encadrant les MARD et de déclinaisons dont ils font l'objet les rendent peu accessibles. De même, leur coût peut s'avérer prohibitif.

POUR ALLER PLUS LOIN

- C. Arens et N. Fricero, « Médiation et conciliation : modes premiers de règlement des litiges », *Gaz. Pal.*, 25/04/2015, n° 115, p. 13.
- Baromètre médiation et arbitrage 2021, CMAP, consultable par le lien suivant : https://www.cmap.fr/barometre-de-la-mediation-2020/.
- E. Bellec de Ortiz Sotelo, « Le point sur la médiation judiciaire : l'enquête de la cour d'appel de Paris », *Gaz. Pal.* 11/07/2017, n° 26, p. 12.
- L. Cadiet, « Construire ensemble une médiation utile », concl. colloque du 19/05/2015, « La médiation judiciaire : déjà 20 ans », *Gaz. Pal.*, 18/07/2015, n° 199, p. 10.
- S. Henry et P. Charreton, « Modes alternatifs de règlement des différends (MARD) : la longue marche », *RLDC* n° 156, 1er févr. 2018.
- A. Leborgne, « La pratique de la médiation familiale judiciaire : étude menée dans le ressort de la cour d'appel d'Aix-en-Provence », *Gaz. Pal.*, 10/10/2015, n° 283, p. 14.
- Rapport Sauvé sur les États généraux de la justice, téléchargeable à l'adresse suivante : https://www.vie-publique.fr/rapport/285620-rapport-du-comite-des-etats-generaux-de-la-justice-oct-2021-avril-2022
- H. Masse-Dasse et E. Costa, « La médiation devant les juridictions administratives aujourd'hui. Regards croisés », *AJDA* 2019, p. 2158.
- F. Vert, « Vademecum de la médiation dans le domaine judiciaire », *Dr. Fam.*, n° 11, nov. 2018, dossier 30.
- G. Yildirim, I. Sauviat et R. Dumas (dir.), « Médiation et entreprises. Regards croisés Droit et Gestion », coll. Droit privé et Sc. criminelles, éd. L'Harmattan, 2019.

POUR S'ENTRAÎNER : QRD (QUESTION AVEC UNE RÉPONSE DÉVELOPPÉE)

Expliquer en quelques lignes en quoi le sentiment de dessaisissement de leurs pouvoirs, exprimés par certains magistrats, face aux MARD, se doit d'être relativisé.

CORRIGÉ

Certains magistrats cultivent un sentiment de dessaisissement de leurs prérogatives au profit de la justice privée que constitue l'arbitrage ou des modes amiables de résolution des différends. Ils sont donc réticents voire hostiles à ce que tout ou partie du règlement de certains litiges échappe à leur emprise.

Or, cet inconvénient doit être relativisé. Si le recours à l'arbitrage ou à un mode amiable transforme l'office du juge, celui-ci n'est pas totalement évincé. Il retrouvera ainsi tout pouvoir en cas d'échec du MARD. De même en cas d'accord entre les parties, l'intervention du juge ne disparaîtra pas forcément. Celle-ci changera de nature et se trouvera décalée dans le temps, ce qui témoigne d'un changement de paradigme. Ainsi, au juge ayant pour mission de trancher le litige, se substitue un juge-homologateur d'accords issus d'un mode amiable, car ils sont dénués de l'autorité de la chose jugée, ou d'un juge-contrôleur d'une sentence arbitrale en vue de lui accorder l'*exequatur* (force exécutoire) dont elle ne dispose pas.

Partie I
La diversité de nature juridique des MARD

Titre 1er

Les MARD reposant sur la mobilisation d'un tiers

Chapitre 1 Les modes amiables

Sous cet intitulé seront envisagés quatre types de MARD orchestrés par un tiers.

En premier lieu, existent une conciliation et une médiation, chacune d'origine conventionnelle. Autrement dit, il s'agit de processus choisis volontairement par les parties, en dehors de toute instance, en vue de régler un différend qui les oppose (ex. un différend opposant des voisins qu'ils souhaitent, de manière volontaire, régler directement par une conciliation ou une médiation). Ces types de conciliation et de médiation sont dits de droit commun en ce qu'ils sont encadrés par des règles générales insérées au C. pr. civ. (**Fiche 4**).

En deuxième lieu, la conciliation et la médiation seront judiciaires lorsqu'un juge, saisi par les parties, leur propose ou leur enjoint de régler tout ou partie de leur différend, par le biais d'une conciliation effectuée par le juge lui-même, voire déléguée à un conciliateur de justice, ou d'une médiation (ex. une médiation familiale pour régler un différend entre des ex-époux quant aux modalités de garde alternée de leurs enfants; **Fiche 5**).

En troisième et dernier lieu, des médiations dites institutionnelles se sont développées récemment. Certaines d'entre elles ont été créées à l'initiative de l'État dans des domaines spécifiques et lorsque les protagonistes ne sont pas sur un pied d'égalité (ex. médiation de la consommation; **Fiche 6**). D'autres médiations institutionnelles ont été mises en place par des institutions privées (ex. centres de médiation et d'arbitrage, médiations mises en œuvre par des ordres professionnels ou internes à une entreprise). Elles visent le règlement de litiges concernant des questions spécifiques ou relatives à une profession en particulier (**Fiche 7**).

Fiche 4

La conciliation et la médiation conventionnelles de droit commun

DÉFINITIONS

- **Impartialité** : Droit processuel fondamental en faveur des parties à un différend qui prend la forme d'une exigence que le juge doit avant tout respecter (art. 6 § 1 Conv. EDH, relatif au procès équitable). Ainsi, l'exigence d'impartialité doit l'inciter à accorder une égalité de traitement aux parties, en l'absence de tout préjugé quant à celles-ci et à l'issue de leur litige.
- **Fin de non-recevoir** : Décision prononcée par le juge visant à déclarer irrecevable une demande ou une prétention émise par une personne dépourvue du droit d'agir en justice.

Ces deux MARD reposent sur l'intervention d'un tiers tentant de régler un différend entre les parties de manière amiable. Il agira donc uniquement tel un pacificateur entre elles, sans rendre une décision porteuse de l'autorité de la chose jugée et de la force exécutoire.

La conciliation est la technique amiable par laquelle un conciliateur suggère un accord à des parties en conflit sur des droits dont elles ont la libre disposition ou les aide à trouver elles-mêmes une solution à celui-ci. La conciliation est qualifiée de conventionnelle lorsque le conciliateur est un tiers choisi par les parties et ce, en dehors de toute procédure juridictionnelle (art. 1536 et s. C. pr. civ.)

La médiation, est quant à elle une technique amiable par laquelle un médiateur tente de créer des conditions favorables afin que les parties trouvent elles-mêmes une solution à leur conflit (même si les pratiques sont très variables), portant sur des droits dont elles la libre disposition. La médiation conventionnelle (articles 1532 et s. C. pr. civ.) se déroule également hors de toute procédure juridictionnelle, le médiateur étant alors choisi librement par les parties.

Le Livre V du C. pr. civ. , consacré à la résolution amiable des différends (articles 1528 à 1571), institue un cadre général applicable à ces deux MARD. Ainsi, l'article 1530 C. pr. civ. en propose une définition unique et unitaire. Il énonce que « *la médiation et la conciliation conventionnelles régies par le présent titre s'entendent [...] de tout **processus structuré**, par lequel deux ou plusieurs parties tentent de parvenir à un **accord**, en dehors de toute procédure judiciaire en vue de la résolution **amiable** de leurs différends, **avec l'aide d'un tiers choisi** par elles qui accomplit sa mission avec impartialité, compétence et diligence* ».

L'utilisation de la conciliation et de la médiation est de plus en plus anticipée par les parties. En effet, celles-ci insèrent souvent, dans un contrat principal qui les lient, une clause de différend. Après avoir abordé cette clause (**I**), on étudiera la conciliation et la médiation conventionnelles par le biais des trois grands critères qui ressortent de la définition de l'article 1530 C. pr. civ. (termes surlignés). Ainsi, on verra que la conciliation et la médiation conventionnelles constituent des processus structurés (**II**), tendant à la recherche d'un accord amiable entre les parties (**III**), grâce à l'intervention d'un tiers qualifié, agissant tel un départiteur impartial (**IV**).

I. Des modes amiables anticipés dans une clause de différend

Après avoir précisé le contenu des clauses de différend (**A**), on verra que la jurisprudence leur a régulièrement conféré force obligatoire (**B**) et qu'elle a renforcé leur validité (**C**).

A. Le contenu des clauses de différend

Le recours à la conciliation ou à la médiation peut être anticipé par les parties en vue d'aplanir un futur différend qui les opposerait. À cette fin, elles peuvent insérer une clause, dans un contrat principal, préalablement formé entre elles (ex. contrat de vente, cession de parts sociales, etc.), qui sera qualifiée de manière générique de clause de différend.

Ici, il s'agira d'une clause de conciliation ou de médiation. Cette clause prévoit qu'en cas de survenance d'un litige, lié à l'exécution du contrat principal, les parties tenteront, de manière préalable et obligatoire, de le régler à l'amiable, par le biais d'une conciliation ou d'une médiation avant toute saisine éventuelle d'une juridiction en cas d'échec du MARD choisi. L'insertion d'une telle clause dans un contrat liant les parties illustre la liberté contractuelle dont elles disposent quant au règlement de leur litige et ce, sur le même modèle que la clause compromissoire pour l'arbitrage (v. Fiche 13).

Parfois, un professionnel du droit sera le prescripteur de l'insertion d'une telle clause dans un acte juridique liant les parties, si elles y consentent. Ainsi, un avocat ou le notaire des parties pourra insérer une clause de médiation ou de conciliation dans l'acte authentique qu'il aura rédigé pour elles (ex. insertion d'une clause de médiation dans un acte authentique de vente immobilière en cas de potentiel et futur différend entre les parties).

B. La force obligatoire des clauses de différend conférée par la jurisprudence

La reconnaissance de la force obligatoire aux clauses de différend présente un effet procédural très important. En effet, la partie se tournant vers le juge, en méconnaissance d'une clause de conciliation ou de médiation préalable et obligatoire, se verra opposer une fin de non-recevoir (Ch. mixte : 14 février 2003 ; n° 00-19.423 et 00-19.424). Ainsi, le juge rejettera l'action en justice, sans examiner l'affaire, car il a été saisi en violation d'une clause instituant un mode amiable règlement du différend, préalable et obligatoire.

La jurisprudence a ensuite précisé que le prononcé d'une fin de non-recevoir pour méconnaissance d'une telle clause ne constituait pas une situation susceptible d'être régularisée (Ch. mixte : 12 déc. 2014 ; n° 13-19.684).

En outre, le caractère obligatoire d'une telle clause implique qu'elle soit rédigée en termes clairs et précis. En revanche, si elle comporte des termes très généraux, la jurisprudence l'analyse en une simple « *clause de style* », n'instituant pas un mécanisme de conciliation ou de médiation préalable et obligatoire. Par conséquent, une action en justice déclenchée en méconnaissance d'une telle clause ne sera pas irrecevable (Civ. 3e : 11 juill. 2019 ; n° 18-13.460).

C. Le renforcement jurisprudentiel de la validité de telles clauses

En premier lieu, la jurisprudence a affirmé qu'une clause de conciliation préalable obligatoire, souvent imposée par des ordres professionnels pour la résolution de différends opposant les membres d'une même profession (ex. des médecins), n'est soumise à aucune condition spécifique pour produire ses effets (Civ. 3e : 19 mai 2016 ; n° 15-14.464).

En outre, le recours à une conciliation préalable obligatoire à la saisine du juge n'a pas forcément besoin d'être mentionné dans un contrat liant les membres d'une même profession en cas de litige entre eux (en l'espèce des architectes), dès lors que le code de déontologie de leur profession prévoit l'usage de ce mode amiable. Par conséquent, toute action en justice intentée en méconnaissance de cette obligation déontologique sera déclarée irrecevable (Civ. 1re : 29 mars 2017 ; n° 16-16.585).

Enfin, à la suite de l'arrêt de 2003 et de la réforme de la prescription en 2008, l'article 2238 al. 1er C. civ. prévoit que si les parties ont convenu, par une clause, de tenter préalablement de résoudre leur litige par une conciliation ou une médiation, cette stipulation neutralise toute action en justice et suspend la prescription de celle-ci, c'est-à-dire l'écoulement du délai pour l'exercer, à compter de la survenance du litige. La jurisprudence estime enfin qu'il serait contraire à l'article 6 § 1 Conv. EDH de prévoir la solution inverse. En effet, les parties pourraient être contraintes de finir par déclencher l'action en justice, afin d'éviter que celle-ci ne soit prescrite (Civ. 1re : 9 juin 2017 ; n° 16-12.457). Afin de renforcer encore davantage les clauses de médiation et de conciliation, le rapport Sauvé sur les États généraux de la justice a proposé d'intégrer, dans le C. pr. civ., une disposition de nature à renforcer leur régime. le texte proposé dispose que :

« *Sous réserve des cas où la loi interdit ou répute non écrite une telle clause, les parties à un contrat peuvent s'obliger à tenter de résoudre amiablement les litiges nés à propos de l'exécution de leurs obligations contractuelles préalablement à toute saisine du juge.*

La clause mentionnée à l'alinéa précédent est indépendante du contrat auquel elle se rapporte. Elle n'est pas affectée par l'inefficacité de celui-ci. Lorsqu'elle est nulle, cette clause est réputée non écrite » (rapport, p. 85).

Ce texte conférerait ainsi une force aux clauses de conciliation et de médiation équivalente à celle de la clause compromissoire en matière d'arbitrage (v. Fiche 13).

II. Des processus structurés

Qu'elles soient ou non anticipées dans une clause de différend, la conciliation et la médiation conventionnelles forment chacune un processus organisé en plusieurs étapes, orchestré par un tiers clairement identifié (**A**). Elles sont également encadrées par la confidentialité (**B**).

A. Un processus organisé en plusieurs étapes et orchestré par un tiers clairement identifié

La médiation et la conciliation conventionnelles s'organisent très souvent en **deux étapes**, chacune d'entre elles pouvant s'étaler sur plusieurs séances.

La première étape consiste pour les parties à cheminer du passé vers le présent. Il convient ainsi que chacune expose sa version des faits à l'origine du différend et qu'elles s'écoutent réciproquement afin de mieux cerner et de comprendre l'origine de leur désaccord.

La seconde étape permet ensuite au partie de se projeter du présent vers le futur.

Ainsi, à partir des demandes formulées par l'une et reconnues par l'autre, et inversement, les parties pourront alors tenter d'élaborer elles-mêmes un accord (médiation) ou celui-ci leur sera suggéré (conciliation), afin de clore leur différend.

Quant au tiers intervenant, l'article 1536 C. pr. civ. confie la mission de mener la conciliation conventionnelle à un conciliateur de justice (v. décr. du 20 mars 1978 relatif aux conciliateurs de justice). Il s'agit d'un bénévole pouvant régler de manière amiable les différends. Il sera nommé par le premier Président de la Cour d'appel dans le ressort de laquelle il exercera sa mission pour une durée d'un an, reconductible trois ans (art. 3 décr. préc., dans sa rédaction issue du décret du 30 août 2019).

En revanche, l'article 1532 C. pr. civ. prévoit que la médiation pourra être conduite par un médiateur personne physique ou personne morale, lequel sera quant à lui rémunéré. S'il s'agit d'une personne morale, celle-ci désignera, avec l'accord des parties, la personne physique chargée d'accomplir la médiation. Autrement dit, à l'instar de l'arbitrage (v. Fiche 8), la médiation pourra être *ad hoc*, donc confiée à une personne physique désignée par les parties exclusivement à cet effet ou bien institutionnelle (ex. une association de médiation familiale).

B. Des processus encadrés par la confidentialité

L'article 1531 C. pr. civ. soumet la conciliation et la médiation conventionnelles au respect de la confidentialité afin de favoriser des échanges reposant sur la confiance entre les parties et sans risque de fuites vers l'extérieur. En outre, la confidentialité induit qu'en cas d'échec de la conciliation ou de la médiation, les éléments échangés lors de celle-ci ne devront pas être transmis à un juge ultérieurement saisi, sauf accord des parties.

Or, la confidentialité n'est pas absolue. Elle connaît ainsi deux exceptions, mentionnées à l'article 21-3 de la loi du 8 févr. 1995, auquel renvoie l'article 1531 C. pr. civ.

D'une part, les éléments échangés lors de la conciliation ou de la médiation échapperont à la confidentialité pour trois motifs spécifiques : des raisons impérieuses d'ordre public, des motifs liés à la protection de l'intérêt supérieur de l'enfant ou à l'intégrité physique ou psychologique d'une personne (ex. la révélation de maltraitances au cours d'une médiation impose la rupture de la confidentialité et des mesures telles que la saisine d'une juridiction).

D'autre part, la confidentialité sera rompue si la révélation de l'existence d'une conciliation ou d'une médiation et du contenu de l'accord qui en découle, s'avèrent nécessaires. Tel sera le cas, si les parties souhaitent renforcer leur accord, en faisant procéder à son homologation judiciaire (art. 1534 C. pr. civ. pour la médiation et 1541 C. pr. civ. pour la conciliation ; v. Fiche 27).

Enfin, en cas de violation de la confidentialité pour des motifs illégitimes, donc différents des exceptions précitées, le législateur n'a instauré aucune sanction spécifique. La jurisprudence s'est essentiellement orientée vers l'octroi de dommages et intérêts à la victime de la violation de la confidentialité, sur le fondement d'un manquement à une obligation de ne pas faire, ici à une obligation de ne pas révéler (v. Fiche 22).

III. La recherche d'un accord amiable entre les parties

Ici, l'objectif sera de parvenir à une sorte d'accord sur mesure, prenant en considération les intérêts des parties, lequel pourra ensuite être formalisé.

Pour la conciliation, l'article 1540 al. 1er C. pr. civ. permet d'établir un constat écrit de l'accord trouvé par les parties, signé par chacune d'elles et le conciliateur. Ce constat écrit est en revanche obligatoire si l'accord issu de la conciliation conduit l'une des parties ou les deux à renoncer à un droit (ex. renonciation à exercer une action en justice ; v. Fiche 27). Les parties pourront en outre formaliser leur accord dans un contrat formé entre elles, telle qu'une transaction, dans laquelle elles feront des concessions réciproques (art. 2044 C. civ. ; v. Fiche 21). À ce stade, la force obligatoire de l'accord permet de pallier son absence de force exécutoire.

Or, une exception doit être relevée quant à l'absence de force exécutoire. En effet, si le médiateur désigné par les parties est un notaire et que les parties parviennent à un accord, le notaire-médiateur conférera alors l'authenticité à cet accord, lequel sera donc doté de la force exécutoire, ce qui évitera de devoir demander son homologation judiciaire. Par conséquent, si l'une des parties ne respectait pas l'accord, l'autre pourrait alors la contraindre à le faire. Enfin, dans ce cas, le notaire-médiateur entre les parties ne pourra pas être le notaire-rédacteur des actes notariés consécutifs à la signature de l'accord de médiation.

IV. L'encadrement de la procédure par un tiers qualifié

Qu'il soit conciliateur ou médiateur, le tiers chargé de rapprocher les parties doit présenter trois qualités juridiques, d'après l'article 1530 C. pr. civ. : être impartial, compétent et diligent (**A**). Il doit aussi posséder des qualités extra-juridiques nécessaires pour mener à bien sa mission (**B**).

A. Les qualités juridiques attendues du médiateur et du conciliateur

L'impartialité est un droit processuel fondamental applicable en premier lieu au juge (art. 6 § 1 Conv. EDH, relatif au procès équitable). Même si les conciliateurs et médiateurs n'exercent pas une mission juridictionnelle, l'exigence d'impartialité s'impose à eux en ce qu'elle permet de légitimer leur intervention. Ils doivent donc accorder une égalité de traitement aux parties, en l'absence de tout préjugé (v. Fiche 24).

La compétence attendue des conciliateurs et médiateurs n'est pas totalement identique. Ainsi, les conciliateurs doivent se conformer aux exigences de l'article 2 du décr. du 20 mars 1978, dans sa rédaction issue du décr. du 30 août 2019. Ils doivent notamment justifier « *d'une formation ou d'une expérience juridique et que leurs compétences qualifient particulièrement pour exercer ces fonctions* ». Par exemple, les juristes retraités sont qualifiés pour intervenir en tant que conciliateurs. En revanche, les officiers publics ne peuvent exercer cette fonction (ex. notaires, huissiers, avocats au conseil seuls habilités à plaider devant la C. cass ou le CE).

Quant aux médiateurs conventionnels, des qualités alternatives sont attendues d'eux (art. 1533, 2 °C. pr. civ.). Ainsi, ils devront, soit posséder « *par l'exercice présent ou passé d'une activité, la qualification requise eu égard à la nature du différend* », soit justifier « *d'une formation ou d'une expérience adaptée à la pratique de la médiation* ». De plus, la médiation peut être exercée par tout membre d'une profession réglementée. Ainsi, un notaire peut intervenir en tant que médiateur dans un différend opposant, par exemple, des enfants quant au partage de la succession d'un de leurs parents, à condition qu'il n'ait pas connu préalablement du différend.

Enfin, la diligence incombant aux conciliateurs et médiateurs, constitue une obligation de moyens, car il ne s'agira pour eux que de tenter de parvenir à un accord et non pas d'aboutir absolument à celui-ci (art. 1530 C. civ.). Par conséquent, si l'une des parties estime que le tiers, conciliateur ou médiateur, a méconnu son obligation de diligence, il lui appartiendra alors d'en rapporter la preuve selon le système probatoire classique de l'obligation de moyens.

B. Les qualités extra-juridiques du conciliateur et du médiateur

Comme il s'agit de tenter la résolution amiable d'un différend, conciliateurs et médiateurs devront, outre les qualités juridiques précitées, posséder aussi des qualités extra-juridiques. Il sera donc attendu du conciliateur ou du médiateur un certain nombre de qualités humaines telles que l'ouverture d'esprit, le discernement, la patience et parfois un peu de fermeté.

À RETENIR

- La conciliation et la médiation conventionnelles reposent sur l'intervention d'un tiers tentant de régler un différend entre les parties de manière amiable. Le Code de procédure civile institue un cadre général et unitaire applicable à ces deux MARD.
- L'utilisation de la conciliation et de la médiation conventionnelles est souvent anticipée par les parties. Celles-ci inséreront, dans un contrat principal qui les lient, une clause de conciliation et de médiation, obligatoire et préalable. La saisine du juge ne sera alors envisageable qu'en cas d'échec du MARD.
- La conciliation et la médiation conventionnelles constituent ensuite des procédures structurées se déroulant en plusieurs étapes, marquées du sceau de la confidentialité et orchestrés par un conciliateur de justice ou un médiateur.
- Elles tendent à la recherche d'un accord amiable entre les parties, sous l'égide d'un conciliateur ou d'un médiateur devant mener sa mission avec impartialité, compétence et diligence et posséder des qualités extra-juridiques afin d'accroître les chances de parvenir à un accord.

POUR ALLER PLUS LOIN

- L. Casaux-Labrunée, « La confiance dans le règlement amiable des différends. Pour un changement de culture juridique », *Dr. Soc.* 2019, p. 617.
- N. Dion, « L'esprit de la médiation », *Gaz. Pal.*, 2013, n° 358, p. 5.
- G. Flécheux et P. Lafarge, « La médiation », *Mélanges P. Drai*, Dalloz, 2000, p. 301.
- C. Fressenon, « La médiation : quelques repères », *JCP* N, 2020, 1249.
- V. Lasserre, « Les effets des clauses de conciliation et médiation », *JCP* G, 2021, doctr., 271.
- M. Reverchon-Billot, « Conciliation et médiation : des modes amiables concrètement différents », *Procédures*, Déc. 2021, n° 12, étude 11.

POUR S'ENTRAÎNER : VRAI OU FAUX

Pour chacun des énoncés suivants, recherchez s'il est vrai ou faux (ex. 1. Vrai, 2. Faux). Vous réécrirez ensuite les énoncés, qui selon vous seraient faux, de manière à ce qu'ils soient exacts.

1. Lorsqu'un différend oppose deux parties à un contrat, si l'une d'elles saisit le juge en méconnaissance d'une clause de médiation préalable et obligatoire insérée dans le contrat, elle se verra alors opposer une fin de non-recevoir de la part du juge.
2. Lorsque des parties à une conciliation ont trouvé un accord, un constat écrit de celui-ci peut être établi, signé par les parties et le conciliateur. Or, un tel constat d'accord est facultatif.
3. La diligence, mise à la charge des conciliateurs et médiateurs, constitue une obligation de résultat, car ils seront tenus d'aboutir absolument à un accord entre les parties.

CORRIGÉ

1. Vrai.
2. Faux. Ce constat écrit sera obligatoire si l'accord issu de la conciliation conduit l'une des parties ou les deux à renoncer à un droit.
3. Faux. Il s'agit d'une obligation de moyens car les conciliateurs et médiateurs doivent seulement tenter de parvenir à un accord entre les parties.

Fiche 5

La conciliation et la médiation judiciaires

DÉFINITIONS

- **Radiation** : Action consistant à effacer une personne d'une liste, souvent prononcée à titre de sanction.
- **Injonction** : Ordre donné à une partie par un juge de faire ou de s'abstenir de faire quelque chose.

La conciliation **judiciaire** intervient au cours d'une instance en justice et permet la résolution amiable de tout ou partie du litige et ce, sans attendre la décision de justice finale (art. 128 et s. C. pr. civ.). La conciliation pourra être tentée par le juge lui-même (art. 21 C. pr. civ.) ou bien déléguée à un tiers, désigné par le juge, qualifié de conciliateur de justice, (art. 129-2 C. pr. civ.).

La médiation **judiciaire** (art. 131-1 et s. C. pr. civ.) intervient également au cours d'une instance, le juge désignant un médiateur pour aider les parties à résoudre tout ou partie du litige au lieu de le trancher lui-même.

Il existe une conciliation et une médiation judiciaires classiques, principalement mises en œuvre par les juridictions de droit commun et chacune encadrée par des règles générales (**I**).

Or, le législateur a également mis au point des conciliations et médiations judiciaires devant des juridictions d'exception ou des commissions *ad hoc*, régies par des règles spécifiques. (**II**).

I. Les règles générales de la conciliation et de la médiation judiciaires

Ces règles sont communes à toutes les juridictions et concernent en principe tous domaines, sauf dispositions contraires.

Ainsi, après une présentation des tiers orchestrant ces deux MARD, à savoir le conciliateur de justice et le médiateur judiciaire (**A**), seront étudiés les cas de recours à la conciliation et à la médiation judiciaires (**B**), ainsi que le déroulement et l'issue de ces processus (**C**).

A. Les tiers animant ces MARD : le conciliateur de justice et le médiateur judiciaire

À l'instar des conciliateurs et médiateurs conventionnels, les conciliateurs et médiateurs judiciaires se doivent d'accomplir leur mission « *avec impartialité, compétence et diligence* » (art. 21-2, loi 8 févr. 1995).

Ici, on se penchera sur quelques règles spécifiques, relatives respectivement au conciliateur de justice (**1**) et au médiateur judiciaire (**2**), en insistant davantage sur le second. En effet, le médiateur est astreint à des règles qui ne concerne que lui, concernant en particulier sa rémunération et son inscription sur une liste de médiateurs.

1. Le conciliateur de justice

Bien qu'il entre dans la mission du juge de concilier les parties (art. 21C. pr. civ.), celui-ci délègue régulièrement cette mission à un conciliateur de justice (art. 129-2 et s. C. pr. civ.), ce qui lui permet de dégager un temps précieux pour l'accomplissement de ses autres missions.

Le conciliateur de justice bénéficie d'un statut spécial défini par le décret n° 78-381 du 20 mars 1978 (v. Fiche 4).

Lors de sa première nomination, le conciliateur de justice doit prêter serment devant la cour d'appel (art. 8, décr. préc.). Enfin, il sera tenu de présenter, une fois par an, un rapport d'activité au magistrat coordonnateur de la protection et de la conciliation de justice, qui le transmet aux chefs de la cour d'appel. Ces derniers peuvent décider de le rendre public (art. 9 bis, décr. préc.). Enfin et en vue de mieux identifier les différences entre la conciliation et la médiation, le rapport Sauvé du 8 juillet 2022, sur les États généraux de la justice, propose d'insérer des définitions plus claires de ces deux MARD au C. pr. civ. Quant à la conciliation judiciaire, la définition proposée est celle d'« *un mode amiable de résolution des différends consistant pour un juge, lorsque l'affaire le justifie, à concilier les parties ou à déléguer à un conciliateur de justice bénévole le soin d'aider les parties à trouver une solution négociée à leur litige, éventuellement en suggérant une solution. Le conciliateur de justice peut établir le constat d'accord* » (rapport p. 73).

2. Le médiateur judiciaire

L'article 131-5 C. pr. civ. énumère un ensemble de conditions à respecter et de compétences attendues de toute personne souhaitant devenir médiateur judiciaire. La compétence de ce tiers doit notamment reposer sur deux qualités cumulées (3° et 4° et de l'art.), Ainsi, il doit non seulement posséder «*par l'exercice présent ou passé d'une activité, la qualification requise eu égard à la nature du litige*», mais aussi justifier «*d'une formation ou d'une expérience adaptée à la pratique de la médiation*», alors que ces deux qualités sont alternatives pour le médiateur conventionnel. Ainsi, ce dernier pourra ne posséder que l'une ou l'autre (art. 1533, 2° C. pr. civ.).

Enfin, il devra présenter des «*garanties d'indépendance nécessaires à l'exercice de la médiation*» (5° de l'article).

En outre, l'article 22-1 de la loi du 8 février 1995, dans sa rédaction issue de la loi J-21 impose à chaque cour d'appel de dresser une liste des médiateurs judiciaires en matière civile, commerciale, sociale et familiale, intervenant dans son ressort (v. loi J-21 et son décret d'application, n° 2017-1457 du 9 oct. 2017, modifié par le décret n° 2021-95 du 29 janv. 2021). Cette liste est établie tous les trois ans par l'assemblée générale des magistrats du siège de la cour d'appel. Or, elle peut être modifiée à tout moment par ajout, retrait ou radiation de médiateurs si nécessaire (art. 9 décr. 2017 préc.).

Toute personne physique ou morale (ex. association de médiation) peut déposer une demande d'inscription sur cette liste. Tout refus d'inscription se doit d'être motivé (art. 9, décr. 2017 préc.). Cependant, la Cour de cassation contrôle avec soin les motifs de refus opposés aux candidats à l'inscription.

ILLUSTRATION : CIV. 2e : 18 OCT. 2018
(N° 18-60.124, 18-60.127, 18-60.128 ET 18-60.133)

Dans ces affaires, la Cour de cassation a estimé que la «*méconnaissance du contexte local et un surcoût de la médiation du fait de l'éloignement géographique*» du candidat à l'inscription sur la liste des médiateurs ne sauraient constituer des justifications d'un refus d'inscription.

Enfin, lors de leur première inscription sur la liste ou de leur réinscription après radiation, les médiateurs prêtent serment devant la cour d'appel ayant rédigé la liste sur laquelle ils sont inscrits (art. 10 décr. préc.). Lorsque le médiateur est une personne morale, la prestation de serment s'effectue par l'intermédiaire de son Président ou de son représentant légal. Une nouvelle définition, plus explicite de la médiation a également été établie par le rapport Sauvé du 8 juillet 2022. Il s'agit «*de tout processus volontaire, coopératif, structuré et confidentiel, reposant sur la responsabilité et l'autonomie de deux ou plusieurs parties qui, avec l'aide d'un ou de plusieurs tiers, le médiateur et éventuellement le comédiateur, choisi par elles ou désigné avec leur accord par le juge saisi du litige, recherchent un accord contenant une solution mutuellement satisfaisante, en vue de la prévention ou de la résolution amiable de leur conflit*» (rapport p. 73).

B. Les cas de recours aux conciliations et aux médiations judiciaires

On abordera successivement les principales utilisations de la conciliation judiciaire (**1**) et les principales hypothèses de médiations judiciaires (**2**).

1. Les principales utilisations de la conciliation judiciaire

Selon l'article 128 C. pr. civ., les parties peuvent se concilier d'elles-mêmes ou à l'initiative du juge tout au long de l'instance, notamment lorsque ce dernier estime le moment favorable (art. 129 C. pr. civ.).

La conciliation s'opère souvent devant le juge des référés et lors du déroulement d'expertises judiciaires. Selon certains auteurs, dans ces deux cas de figure, les parties sont en mesure d'apprécier « *les qualités et les défauts de leur position et à la manière dont le juge pourrait le régler* ».

Concernant l'expertise judiciaire, il est expressément prévu que la mission de l'expert ne consiste pas à concilier les parties (art. 240 C. pr. civ.). Or, si ces dernières parviennent d'elles-mêmes à se concilier lors des opérations d'expertise, l'expert constate que sa mission est devenue sans objet. Il doit alors en faire rapport au juge.

La conciliation judiciaire peut également être déléguée à un conciliateur de justice (art. 129-2 à 129-6 C. pr. civ.). La possibilité de délégation par le juge de la mission de conciliation à des conciliateurs de justice, a entraîné la création d'un conseiller chargé de suivre leur activité (art. R. 312-13-1, COJ).

La délégation se pratiquera soit de manière systématique, notamment lorsque la conciliation constitue l'un des préalables obligatoires à la saisine du juge, soit lorsqu'elle est facultative, le juge choisira cette voie dans deux cas principaux. D'une part, s'il ressent que les parties sont en mesure d'aboutir à un accord amiable et, d'autre part, s'il estime nécessaire qu'une poursuite des relations entre les parties s'opère à l'avenir (ex. différend entre deux associés d'une même société), il déléguera alors le règlement de l'affaire à un conciliateur de justice. Enfin, en dépit de la délégation à un conciliateur de justice, le droit au juge est garanti car si la conciliation judiciaire échoue, le juge retrouve son office (art. 129-5 al. 2 C. pr. civ.).

2. Les principales hypothèses de médiations judiciaires

La médiation judiciaire apparaît protéiforme. Selon l'expression du Professeur Strickler, il s'agit ainsi d'une « *mesure facultative qui peut être obligatoire* ».

L'article 127 C. pr. civ., dans sa version issue du décret du décret du 27 nov. 2020, en vigueur depuis le 1er janv. 2021, permet au juge de proposer aux parties qui ne justifieraient pas de diligences entreprises pour parvenir à une résolution amiable du litige une mesure de conciliation ou de médiation.

Au niveau de la médiation judiciaire, deux hypothèses doivent être distinguées : la proposition de médiation, en cas d'accord des parties et l'injonction à la médiation, à défaut du recueil de l'accord des parties.

Selon l'article 131-1 C. pr. civ., tout juge (même les juges des référés comme ceux siégeant à la Cour de cassation) peut, après avoir recueilli l'accord des parties, et ce à tout moment au cours de l'instance, désigner un médiateur judiciaire afin de régler tout ou partie de leur litige (art. 131-1 C. pr. civ.). De plus, contrairement à ce que prévoyait l'article 22-1, alinéa premier, de la loi n° 95-125 du 8 février 1995, dans sa rédaction originelle, la médiation en matière de divorce et de séparation de corps est désormais admise.

Quant à l'injonction, l'article 22-1 de la loi du 8 février 1995 prévoit que le juge, y compris en référé, lorsqu'il estime que la résolution amiable du litige est envisageable, peut, s'il n'a pas recueilli l'accord des parties, leur enjoindre de rencontrer un médiateur qu'il désigne. L'art. 127-1 C. pr. civ., dans sa rédaction issue du décret du 25 février 2022 instaure cette règle spécifiquement pour la médiation judiciaire. Le médiateur désigné sera chargé d'informer les parties de l'objet et du déroulement d'une telle mesure.

Enfin, si le juge prend la décision de nommer un médiateur, l'article 131-6 C. pr. civ. indique que celle-ci doit mentionner l'accord des parties, l'identification du médiateur, la durée initiale de sa mission, la date à laquelle l'affaire sera rappelée à l'audience et le montant de la provision, c'est-à-dire de l'avance de frais destinée à couvrir la rémunération du médiateur.

C. Le déroulement et l'issue de ces processus

La conciliation, déléguée à un conciliateur de justice (1), comme la médiation judiciaire (2) combinent des règles spécifiques quant à leur déroulement et à leur issue avec le respect de règles transversales à la plupart des MARD, à l'instar de la confidentialité.

1. La conciliation judiciaire déléguée

En cas de conciliation judiciaire déléguée, le juge se doit d'indiquer le nom du conciliateur de justice, la durée de sa mission, laquelle est de 3 mois, renouvelable une fois pour une même durée, et ce à la demande du conciliateur (art. 129-2 C. pr. civ.).

Le conciliateur détermine seul les modalités de sa mission. Ainsi, à la différence du médiateur judiciaire, il dispose de pouvoirs d'instruction (art. 129-4 C. pr. civ.), lesquels ne s'exercent cependant qu'avec l'accord des parties. Il peut ainsi se rendre sur les lieux, et entendre toute personne avec son accord.

Or, selon l'article 129-4 al. 2 C. pr. civ., toutes les informations et les déclarations recueillies en ces circonstances ne pourront être produites ou invoquées dans la procédure qu'avec l'accord des parties et ce, en application du principe de la confidentialité, inhérent à tous les MARD (v. Fiche 22).

Cependant, le conciliateur, disposant d'une délégation judiciaire, se doit d'informer le juge des difficultés rencontrées, ainsi que de la réussite ou de l'échec de sa mission. La question se pose cependant de la limite de l'information à communiquer entre un conciliateur attaché à la confidentialité des propos tenus et des propositions émises et le juge qui peut considérer la délégation comme un mandat comportant une obligation de rendre compte de la mission dans le détail.

Enfin, la mission du conciliateur de justice délégué peut cesser à tout moment, soit d'office par le juge ou à la demande d'une partie ou du conciliateur lui-même (art. 129-5 al. 2 C. pr. civ.).

2. La médiation judiciaire

Dès qu'il est désigné, le médiateur judiciaire doit informer le juge qu'il accepte sa mission et convoquer les parties, dès l'instant où il a reçu la provision (art. 131-7 C. pr. civ.).

Le médiateur, bien que dénué de pouvoirs d'instruction, peut avec l'accord des parties et pour les besoins de la médiation, entendre les tiers qui y consentent (art. 131-8 C. pr. civ.).

Il est également astreint au respect du principe de la confidentialité. Par conséquent, toutes les constatations qu'il effectue et les déclarations qu'il recueille « *ne peuvent être ni produites ni invoquées dans la suite de la procédure sans l'accord des parties, ni en tout état de cause dans le cadre d'une autre instance* » (art. 131-14 C. pr. civ.). Il ne sera fait exception à la confidentialité que pour les deux mêmes séries d'exception que celles prévues pour la médiation conventionnelle (v. Fiche 4).

Quant à sa durée, la médiation doit se dérouler durant 3 mois maximum, période renouvelable une fois à la demande du médiateur (art. 131-4 C. pr. civ.).

En outre, le juge peut mettre fin à la médiation à tout moment, sur demande d'une partie ou du médiateur, voire d'office, si le bon déroulement de ce MARD semble compromis ou s'il est devenu sans objet (art. 131-10 C. pr. civ.). De plus, la décision judiciaire qui ordonne, renouvelle ou met fin à une médiation judiciaire est insusceptible d'appel (art. 131-15 C. pr. civ.). À la différence de la médiation conventionnelle, la médiation judiciaire interrompt certains délais impartis aux parties pour conclure ou former appel incident (art. 905-2, 908 à 910 C. pr. civ.).

Enfin, lorsque sa mission a expiré, le médiateur informe par écrit le juge du succès ou de l'échec de la médiation judiciaire (art. 131-11 C.pr. civ.).

II. Les règles particulières à certaines conciliations et médiations judiciaires

À la présentation de plusieurs conciliations judiciaires spécifiques (**A**) succédera l'étude d'une médiation judiciaire particulière : la médiation familiale (**B**).

A. Les conciliations judiciaires spécifiques

Il convient de distinguer ici des spécificités tenant au fait que certaines conciliations judiciaires sont pratiquées par des juridictions d'exception (**a**) alors que d'autres sont mises en œuvre par des organismes *ad hoc*, qualifiés de commissions de conciliation (**b**).

1. Les conciliations judiciaires pratiquées par les juridictions d'exception

On verra successivement la conciliation mise en œuvre par trois juridictions d'exception : le tribunal de commerce, le Conseil de Prud'hommes et le tribunal paritaire des baux ruraux.

Devant le tribunal de commerce, l'article 855 C. pr. civ., modifié par le décr. n° 2019-1333 du 11 déc. 2019, indique que l'assignation contient, à peine de nullité, un certain nombre de mentions. Or, parmi celles-ci, ce texte n'impose les mentions relatives aux démarches amiables que lorsque celle-ci est obligatoire. En outre, l'article 860-2 C. pr. civ. précise que lorsqu'une conciliation entre les parties est envisageable, la formation de jugement peut désigner un conciliateur de justice à cette fin. Enfin, si la formation de jugement confie l'instruction de l'affaire à l'un de ses membres, l'article 863 C. pr. civ indique que ce juge doit constater la conciliation, même partielle, des parties chaque fois que celle-ci s'opère.

Devant le Conseil de prud'hommes, les articles R. 1451-1 et s., C. trav instaurent un préalable de tentative de conciliation. Le bureau de conciliation et d'orientation du conseil de prud'hommes aura alors la charge de la mettre en œuvre. Par conséquent, la mention des diligences entreprises en vue de parvenir à une résolution amiable du litige (conciliation, médiation ou de procédure participative) comme l'impose le droit commun, n'est pas ici obligatoire puisque la procédure devant le Conseil des prud'hommes en organise une, spécifique, devant le bureau de conciliation.

Enfin, le tribunal paritaire des baux ruraux prévoit également l'organisation d'une tentative préalable de conciliation (art. 887 C. pr. civ.). Or, il pourra déléguer cette mission à un conciliateur de justice qu'il désigne à cette fin (art. 887, al. 2 C. pr. civ.). À défaut de conciliation, l'affaire sera renvoyée aux fins de jugement (art. 888, C. pr. civ.).

2. Les conciliations mises en œuvre par des commissions de conciliation

De nombreuses commissions ont été instituées dans des domaines variés, afin de tenter de favoriser une conciliation entre des parties opposées par un différend.

On se contentera ici d'évoquer trois d'entre elles : la commission paritaire de conciliation entre un salarié inventeur et son employeur concernant un brevet d'invention (**a**), la commission départementale de conciliation en matière de baux (**b**) et la commission régionale de conciliation et d'indemnisation des accidents médicaux, affections iatrogènes et infections nosocomiales (**c**).

a. La commission paritaire de conciliation entre un salarié inventeur et son employeur

Cette commission, rattachée à l'INPI (Institut national de la propriété industrielle), est paritaire car elle est composée d'employeurs et de salariés. Sa présidence est assurée par un magistrat de l'ordre judiciaire, dont la voix est prépondérante en cas de partage (art. L. 615-21 CPI). Elle est compétente pour trancher les différends opposant un salarié inventeur à son employeur quant au brevet d'invention déposé.

Dans les 6 mois de sa saisine, elle doit formuler une proposition de conciliation aux parties qui s'opposent quant à la propriété du brevet d'invention. Si, dans le mois de la notification de cette proposition, aucune des parties n'a saisi le tribunal judiciaire compétent, la proposition de la commission vaut alors accord entre elles.

b. La commission départementale de conciliation en matière de baux

La saisine de cette commission est gratuite pour les parties. Elle est compétente pour tenter de régler, par le biais d'une conciliation, tout différend entre un preneur (locataire) et son bailleur relatif au loyer, à l'état des lieux, au dépôt de garantie ou encore aux congés (art. 20, loi n° 89-462 du 6 juill. 1989 tendant à améliorer les rapports locatifs).

À défaut d'accord entre les parties, la commission rend un avis dans lequel elle expose le différend, la position des parties et la sienne le cas échéant. L'article 20 précise enfin que « *cet avis peut être transmis au juge par l'une ou l'autre des parties* ». Cette conciliation déroge donc au principe de la confidentialité.

c. La commission régionale de conciliation et d'indemnisation des accidents médicaux, affections iatrogènes et infections nosocomiales

Dans chaque région, est instituée au moins une telle commission. Elle a pour mission de faciliter le règlement amiable de litiges relatifs aux accidents médicaux, aux affections iatrogènes (effets indésirables résultant de la prise d'un traitement médical) et aux infections nosocomiales (infections contractées lors d'un séjour dans un établissement de santé). Elle est également compétente pour régler d'autres litiges opposant notamment des usagers aux professionnels de santé ou aux établissements de santé (art. L. 1142-5 C. santé publ.).

Cette commission peut siéger en une formation de conciliation. En cas de succès de la conciliation, la commission inscrira alors les termes de l'accord trouvé dans un document de conciliation, signé par les parties et le président de la commission ou son représentant. En cas de conciliation partielle, ce document mentionne les points de désaccord subsistants entre les parties.

Enfin, aux termes de l'article L. 1142-7 C. santé publique, la saisine de la commission régionale de conciliation et d'indemnisation suspend le délai de prescription et de recours contentieux.

B. Une médiation judiciaire spécifique : la médiation familiale

Cette médiation vise à tenter le règlement amiable de certains différends familiaux. Elle a d'abord été intégrée à l'article 373-2-10 C. civ., en 2002, afin de favoriser l'exercice consensuel de l'autorité parentale. Elle a ensuite été étendue, en 2004, aux questions d'après divorce judiciaire par l'article 255 C. civ. (ex. résoudre un différend relatif à la résidence alternée des enfants ou aux obligations alimentaires).

Ces deux textes permettent ainsi au JAF de désigner un médiateur familial si les parties y consentent ou de leur enjoindre de le rencontrer pour être informées du déroulement de la médiation.

Or, ces deux textes prévoient que le JAF ne proposera pas la désignation d'un médiateur familial et n'enjoindra pas de le rencontrer, en cas de violences commises par l'un des parents sur l'autre ou sur l'enfant ou en cas d'emprise manifeste de l'un des époux sur son conjoint. Ce dernier cas a été ajouté aux deux articles précités par la loi n° 2020-936 du 30 juill. 2020, visant à protéger les victimes de violences conjugales.

Concrètement, le médiateur familial rencontre les protagonistes du différend (parents et/ou enfants) pour cerner son origine et les aider à trouver des réponses. En cas d'accord à l'issue de ce processus, celui-ci pourra être porté devant le juge si l'une des parties ne le respecte pas.

Afin de développer la médiation familiale, l'article 7 de la loi J-21 du 18 nov. 2016 a prévu, à titre expérimental, initialement jusqu'au 31 déc. 2019 puis jusqu'au 31 déc. 2022 (loi finances 29 déc. 2020 réformant la loi J-21) que la saisine du JAF, dans les domaines évoqués ci-dessus, soit obligatoirement précédée, dans le ressort de plusieurs tribunaux judiciaires déterminés par arrêté, d'une tentative de médiation familiale. À défaut, la demande adressée au JAF sera irrecevable.

L'art 7 de la loi J-21 institue cependant trois exceptions à la tentative de médiation familiale obligatoire : en cas de saisine conjointe du JAF par les époux pour homologation d'une convention relative à l'exercice de l'autorité parentale, en cas de motif légitime à écarter la médiation et en cas de violences commises par un parent sur l'autre parent ou l'enfant.

Or, ce dispositif expérimental présente des résultats mitigés pour l'instant. S'il suscite l'enthousiasme des magistrats, les personnes qui l'ont testé l'estiment efficace dans une minorité de cas, mais majoritairement inutile et le vivent parfois comme une expérience douloureuse.

À RETENIR

- La conciliation et la médiation judiciaires permettent la résolution amiable de tout ou partie d'un litige.
- D'une part, existent une conciliation et une médiation judiciaires classiques, mises en œuvre par les juridictions de droit commun. La conciliation est animée le juge lui-même ou déléguée par celui-ci à un conciliateur de justice. La médiation judiciaire est menée par un tiers désigné par le juge dont l'activité est encadrée par des règles concernant sa rémunération et son inscription sur une liste de médiateurs.

  La conciliation judiciaire s'opère souvent devant le juge des référés et lors d'une expertise judiciaire. La médiation judiciaire est protéiforme car elle peut être facultative ou obligatoire.

  La conciliation déléguée à un conciliateur de justice et la médiation judiciaire combinent des règles spécifiques quant à leur déroulement (mission de 3 mois renouvelables dans les deux cas) avec des règles transversales à la plupart des MARD à l'instar de la confidentialité.
- D'autre part, des règles particulières encadrent des conciliations et médiations judiciaires spécifiques.

  Certaines conciliations sont ainsi pratiquées par des juridictions d'exception (tribunal de commerce, Conseil de Prud'hommes et tribunal paritaire des baux ruraux). D'autres sont mises en œuvre par des commissions de conciliation ad hoc.

  Enfin, une médiation judiciaire particulière, la médiation familiale, vise à tenter le règlement amiable de certains différends familiaux.

POUR ALLER PLUS LOIN

- L. Cadiet, « Solution judiciaire et règlement amiable des litiges : de la contradiction à la conciliation », in *Mélanges en l'honneur de C. Champaud*, Dalloz, 1997, p. 129.
- L. Cadiet et Th. Clay, « Les modes alternatifs de règlement des conflits » Dalloz, connaissance du droit, 3e éd., 2019.
- A. Conus, « La conciliation judiciaire », L'Harmattan, Logiques juridiques, 2020.
- Mission de recherche Droit et justice, « L'évaluation de la tentative de médiation familiale préalable obligatoire. Quand médier n'est pas remédier », rapport, déc. 2020, téléchargeable sur le site : www.gip-recherche-justice.fr/.
- C. Peulve, « Conciliation et médiation : des jumeaux… vrais ou faux », *Gaz. Pal.* 28 juin 2011, n° 179, p. 17.
- Y. Strickler, « Modes alternatifs de résolution des litiges-Conciliation », *Jurisclass. pr. civ.*, Fasc. 1700-85, 2020.

POUR S'ENTRAÎNER : QCM

Répondez au QCM suivant en choisissant la/les lettre(s) correspondant à la/les bonnes réponses (ex. selon les cas : 1. a. ou 1. a. et b.). Certaines questions ne comportent donc qu'une seule réponse, d'autres deux. Le nombre des réponses se déduit de l'énoncé de chaque question.

1. Parmi les affirmations suivantes lesquelles concernent le médiateur judiciaire ?

a. Il exerce sa mission bénévolement.
b. Il sera rémunéré pour l'exercice de sa mission.
c. Son inscription sur la liste tenue par la cour d'appel de son ressort est valable 3 ans.
d. Son inscription sur la liste tenue par la cour d'appel de son ressort est valable 5 ans.

2. Parmi les affirmations suivantes lesquelles concernent le conciliateur de justice ?

a. Il dispose de pouvoirs d'instruction pour accomplir sa mission.
b. Il ne dispose pas de pouvoirs d'instruction pour accomplir sa mission.
c. Sa mission peut cesser à tout moment à la demande d'une partie.
d. Sa mission peut cesser à tout moment à la demande d'un tiers.

3. **Quels sont les deux domaines pour lesquels peut s'appliquer une médiation familiale ?**
   a. Régler un différend quant à l'attribution du nom de famille.
   b. Favoriser l'exercice consensuel de l'autorité parentale.
   c. Tenter de remédier à des violences conjugales.
   d. Remédier à un différend entre des parents sur les obligations alimentaires envers leurs enfants.

CORRIGÉ

1. b. et c.

2. a. et c.

3. b. et d.

Fiche 6

Les médiations institutionnelles créées par l'État

DÉFINITIONS

- **Action de groupe**: Pouvoir conféré à une association agréée et représentative des consommateurs d'agir, à ses frais, devant une juridiction civile ou par le biais d'une médiation pour obtenir la réparation de dommages matériels (ex. frais indus dans un contrat), subis individuellement par un grand nombre de consommateurs, placés dans une situation similaire (dommages de masse).
- **Conditions générales de vente**: Règles fixées à l'avance par un professionnel, s'appliquant à tout contrat qu'il forme avec des clients ou fournisseurs. Elles portent notamment sur les délais de livraison et le service après-vente et doivent être communiquées aux partenaires contractuels.

Les médiations dites institutionnelles, créées à l'initiative de l'État, trouvent en principe leur source dans des lois, dont la plupart ont été codifiées.

Ces processus tendent à favoriser le règlement amiable et en principe gratuit de certains différends, dont les protagonistes ne sont pas sur un pied d'égalité (ex. un consommateur mécontent du service délivré par une entreprise).

Le fil conducteur de ces diverses médiations consiste à rétablir un équilibre, voire une confiance réciproque, entre les parties par l'intervention d'un médiateur indépendant et impartial. Elles poursuivent également une mission de service public en contribuant à généraliser la pratique de la médiation dans tous les pans de l'activité économique.

Les pouvoirs publics ayant multiplié les médiations institutionnelles, l'accent sera mis sur deux d'entre elles, très pratiquées. La première est mise en œuvre à l'occasion d'un différend survenant dans des rapports, par essence déséquilibrés, entre un professionnel et un consommateur (ex. différend quant à l'exécution du contrat lié à la tarification ou aux délais de livraison d'un bien). Il s'agit de la médiation de la consommation (**I**). La seconde peut être tentée dans le cadre de différends trouvant leur origine dans des relations professionnelles, également déséquilibrées, il s'agit du Médiateur des entreprises (**II**).

I. La médiation de la consommation

Le C. conso consacre l'intégralité de son livre VI au règlement des litiges de consommation, lequel peut notamment s'effectuer par le biais de la médiation de la consommation (art. L. 611-1 à L. 616-3, C. conso).

Ces dispositions sont issues de l'ordonnance n° 2015-1033 du 20 août 2015 relative au règlement extrajudiciaire des litiges de consommation, abrogée par l'ordonnance n° 2016-301 du 14 mars 2016. Ces textes ont transposé en droit français la directive européenne du 21 mai 2013, relative au règlement extrajudiciaire des litiges. Le C. conso, prévoit également un éventuel recours à la médiation dans le cadre de l'action de groupe (articles L. 623-22 et L. 623-23, C. conso).

On se concentrera ici sur la seule médiation de la consommation et ce, en trois temps. Ainsi, après l'étude de l'obligation incombant au professionnel de proposer une médiation aux consommateurs (**A**), on se penchera sur le déroulement et l'issue de ce processus (**B**). Enfin, en vue d'harmoniser les pratiques et d'éviter toute dérive, les médiateurs de la consommation sont référencés et contrôlés par un organisme créé spécifiquement à cette fin, la CECMC (Commission d'évaluation et de contrôle de la médiation de la consommation ; **C**).

A. L'obligation des professionnels de proposer une médiation de la consommation

Depuis le 1er janvier 2016, tout professionnel, vendeur de biens ou prestataire de services, a l'obligation de proposer un dispositif de médiation de la consommation, auquel les consommateurs peuvent recourir gratuitement (art. L. 612-1, C. conso.).

Concrètement chaque professionnel doit adhérer à un dispositif de médiation, lié à son secteur d'activité. Partant, la médiation de la consommation est pratiquée par de nombreux médiateurs. Il peut s'agir d'un médiateur public (ex. médiateur national de l'énergie créé à l'origine par la loi n° 2006-1537 du 7 déc. 2006 relative au secteur de l'énergie ; médiateur de l'AMF (autorité des marchés financiers) prévu par l'article L. 621-19 C. monétaire et fin.), d'un médiateur adossé à une organisation professionnelle (ex. médiateur des communications électroniques, instauré par l'ordonnance n° 2011-1012 du 24 août 2011, rendant obligatoire le recours à ce médiateur pour les professionnels du secteur des communications électroniques), d'un médiateur d'entreprise (ex. médiateur du Groupe La Poste ; article R. 1-1-18, C. postes et comm. électr.) ou d'une association de médiateurs (ex. le CMAP ; v. Fiche 7).

Cependant, l'article L. 612-5 C. conso. instaure une primauté des médiateurs publics par rapport aux autres car il précise que, lorsqu'un médiateur public est compétent pour effectuer la médiation d'un litige de consommation, celui-ci ne peut en principe pas donner lieu à une autre procédure de médiation conventionnelle (ex. le médiateur de l'AMF dispose en principe d'une compétence exclusive pour les différends du secteur financier, opposant un professionnel à un particulier, tels que ceux portant sur la commercialisation de produits financiers, la gestion de portefeuille, etc.). Or, il a signé des conventions de répartition de ces différends avec plusieurs médiateurs bancaires.

En outre, les professionnels sont débiteurs d'une obligation d'informations vis-à-vis des consommateurs, relativement à la médiation de consommation. Ainsi, ils doivent leur communiquer toutes les informations concernant les médiateurs dont ils relèvent (art. L. 616-1 et R. 616-1, C. conso.) et ce, par tout support (ex. conditions générales de vente, site internet...).

Enfin, en vue de rendre la médiation de la consommation plus accessible aux consommateurs, le ministère de l'Économie met à leur disposition toutes les informations utiles sur son site internet (*www.economie.gouv.fr/mediation-conso*). Celui-ci les renvoie également vers une plateforme européenne de règlement des litiges de consommation si un différend met aux prises un consommateur avec un professionnel dont le siège social est situé dans un autre État de l'Union européenne.

B. Le déroulement et l'issue du processus

Conformément au droit commun en la matière, la procédure de médiation de la consommation est confidentielle (art. L. 612-3, C. conso., lequel renvoie à l'article 21-3 de la loi du 8 févr. 1995).

En revanche, elle ne sera pas obligatoirement contradictoire car l'article R. 612-3 al. 2 C. conso indique que « *le médiateur peut recevoir les parties ensemble ou séparément* ».

Ensuite, quel que soit le médiateur de la consommation sollicité, celui-ci est soumis à une obligation de moyens dans l'accomplissement de sa mission. Il doit donc faire en sorte que les parties essaient de parvenir à un accord amiable pour régler leur différend. À défaut d'accord, il pourra alors proposer aux parties une solution non contraignante (art. R. 612-4, C. conso.). En effet, les consommateurs et les professionnels demeurent libres d'accepter ou de refuser la solution avancée par le médiateur. Par conséquent, en cas d'échec de la médiation, une action en justice demeure envisageable.

La médiation de la consommation doit enfin respecter un double délai. D'une part, le consommateur doit être informé du rejet éventuel de sa demande dans un délai de trois semaines (art. L. 612-2, C. conso.), lequel dresse une liste des motifs de rejet (ex. absence de tentative préalable de règlement du différend directement avec le professionnel après formulation d'une réclamation écrite). D'autre part, si la médiation a effectivement lieu, celle-ci doit se dérouler dans un délai maximum de 90 jours, à compter de la date à laquelle le médiateur de la consommation a notifié sa saisine aux parties (art. R. 612-5, C. conso.).

Le médiateur peut cependant prolonger ce délai à tout moment, en cas de litige complexe. Il doit alors en informer les parties.

C. Le référencement et le contrôle des médiateurs de la consommation par la CECMC

La CECMC, encadrée par les articles L. 615-1 à L. 615-4 C. conso, a succédé à deux anciens organismes : la CMC (Commission de la médiation de la consommation) et le CMB (Comité de la médiation bancaire). La France constitue le seul État membre de l'UE à s'être doté d'une nouvelle structure chargée de référencer et de contrôler les médiateurs de la consommation.

La CECMC comporte 18 membres, nommés par arrêté du ministre de l'Économie et venant de divers secteurs d'activité, afin de garantir son indépendance et son impartialité (ex. représentants d'associations de consommateurs, d'organisations professionnelles, magistrats, universitaires).

Quant à sa mission de contrôle, la CECMC veille à ce que l'ensemble des médiateurs référencés respecte les critères de qualité auxquels ils sont soumis. Enfin, elle émet des recommandations en vue d'accroître leur efficacité.

ILLUSTRATION

À la suite d'une recommandation de la CECMC, le médiateur des communications électroniques, saisi en cas de différend opposant un client à son opérateur de téléphonie fixe ou mobile ou à son fournisseur d'accès internet a ainsi recruté de nouveaux juristes lui permettant de réduire le délai de traitement des dossiers (de 135 jours en 2016 à 80 jours en 2017), se conformant ainsi au délai de 90 jours fixé par le C. conso.

II. Le Médiateur des entreprises

Placé auprès du ministre de l'Économie et des Finances, il est ainsi dénommé depuis 2016 (décr. n° 2016-360 du mars 2016, relatif aux marchés publics, aujourd'hui abrogé).

Les missions qu'il poursuit s'articulent autour de trois grands thèmes : résoudre les différends commerciaux par le biais de médiations, promouvoir des achats responsables ainsi qu'acheter et innover autrement.

Concernant le volet médiation, ce dispositif gratuit s'appuie sur un réseau de médiateurs (49 médiateurs nationaux délégués et des médiateurs régionaux). Les médiateurs régionaux sont issus des DREETS (Directions régionales de l'Économie, de l'Emploi, du Travail et des Solidarités ; anciennement DIRRECTE). Après avoir précisé le champ d'intervention du médiateur des entreprises (**A**), on étudiera le déroulement et l'issue de ce processus (**B**).

A. Le champ d'intervention du médiateur des entreprises

Le médiateur des entreprises vise à apporter une solution à de nombreux blocages pouvant parasiter les relations d'affaires inscrites dans une situation de déséquilibre ou un rapport de force, lesquels peuvent cependant être résolus de manière amiable sans passage devant le juge (ex. médiations inter-entreprises ou en matière de marchés publics).

En pratique, les motifs de saisine les plus fréquents sont le non-respect des délais de paiement dans les relations clients-fournisseurs (ex. retards de paiement ou retard volontaire de facturation), la rupture brutale de relations commerciales, les modifications unilatérales de contrats, les modalités de commandes litigieuses (ex. exclusion totale des conditions générales de vente, non-respect des commandes prévisionnelles).

B. Le déroulement et l'issue de la médiation

La saisine du médiateur des entreprises s'effectue depuis le site internet de cette institution (www.mediateur-des-entreprises.fr). L'un des médiateurs du dispositif devra alors vérifier que la demande formée entre bien dans le champ de ce type de médiation. Si tel est le cas, il contactera le demandeur pour établir des réunions.

Les médiations organisées dans le cadre du médiateur des entreprises sont encadrées par le principe de la confidentialité. Elle se justifie ici par la nécessité de préserver à la fois le secret des affaires et la notoriété des entreprises.

En outre, ce processus est rapide car les médiations doivent se dérouler en moins de trois mois. Au cours de la période de médiation, le médiateur, fait en sorte que les parties puissent aboutir à une solution conforme à leurs besoins.

En cas d'issue positive, cette solution sera formalisée dans un protocole d'accord, signé par les parties.

À RETENIR

- Les médiations institutionnelles désignent toutes celles créées à l'initiative de l'État. Ces processus tendent à favoriser le règlement amiable et en principe gratuit de certains différends, dont les protagonistes ne sont pas sur un pied d'égalité.
- La première est la médiation de la consommation, mise en œuvre à l'occasion d'un différend survenant dans des rapports entre un professionnel et un consommateur. Désormais tout professionnel a l'obligation de proposer une médiation à ses clients consommateurs. Processus confidentiel, la médiation de la consommation peut permettre de régler de manière confidentielle et gratuite le différend dans un délai maximum de 90 jours. Enfin, les médiateurs de la consommation sont référencés et contrôlés par un organisme spécifique : la CECMC.
- La seconde est le Médiateur des entreprises. Elle peut être tentée dans le cadre de différends trouvant leur origine dans des relations professionnelles déséquilibrées ou marquées par des rapports de force (non-respect de délais de paiement). La médiation proposée dans ce cadre est confidentielle et rapide (moins de 3 mois).

POUR ALLER PLUS LOIN

- A. Biard et Ch. Hodges, « Médiation de la consommation : un bilan, des défis, des pistes de réflexion pour l'avenir », *CCC*, n° 2, févr. 2019, étude 3.
- B. Delcourt, « La médiation comme outil d'aide et de gestion dans l'entreprise », *RLDA*, janv. 2021, n° 166.
- « Médiation et entreprise. L'opportunité de l'autodétermination : une liberté créatrice de valeur », Rapport Club des juristes-CMAP, févr. 2019, téléchargeable par le lien suivant : https://www.leclubdesjuristes.com/mediation-et-entreprise/.
- N. Mohr, « La médiation des entreprises, levier pour renforcer la confiance entre les acteurs économiques » *in* « Médiation et entreprises. Regards croisés Droit et Gestion », coll. Droit privé et Sc. criminelles, éd. L'Harmattan, 2019, p. 105.
- L. Pailler, « La médiation en matière de consommation », *in* « Médiation et entreprises. Regards croisés Droit et Gestion », coll. Droit privé et Sc. criminelles, éd. L'Harmattan, 2019, p. 93.
- Y. Strickler, « Modes alternatifs de résolution des litiges-Médiation », *Jurisclass. pr. civ.*, Fasc. 1700-90, 2020.

POUR S'ENTRAÎNER : VRAI OU FAUX

Pour chacun des énoncés suivants, recherchez s'il est vrai ou faux (ex. 1. Vrai, 2. Faux). Vous réécrirez ensuite les énoncés, qui selon vous seraient faux, de manière à ce qu'ils soient exacts.

1. Un fournisseur de gaz ayant formé un contrat avec un consommateur devra informer ce dernier de l'existence et des modalités de saisine du médiateur de l'énergie, si un différend venait à les opposer, par une clause figurant dans ses conditions générales de vente.
2. Une médiation de la consommation doit se dérouler dans un délai maximum de 80 jours, à compter du lendemain du jour au cours duquel le médiateur de la consommation a notifié sa saisine aux parties.
3. Le dispositif du médiateur des entreprises s'appuie sur un réseau de 86 médiateurs (46 médiateurs nationaux délégués et 40 médiateurs régionaux).

CORRIGÉ

1. Vrai. L'information est cependant possible sur tout type de supports (ex. site internet).
2. Faux. Elle doit se dérouler dans un délai de 90 jours maximum à compter de la date à laquelle le médiateur de la consommation a notifié sa saisine aux parties.
3. Vrai.

Fiche 7

Les médiations institutionnelles d'origine privée

DÉFINITION

- **Règlement de médiation** : Document interne à une structure privée de médiation dont le contenu mêle le rappel de règles légales et obligatoires (ex. compétences et qualités attendues des médiateurs, déroulement du processus) avec l'énoncé de règles spécifiques de fonctionnement à chaque structure et parfois leurs tarifs.

Diverses structures, d'origine privée, proposent l'organisation de médiations. Elles peuvent être sollicitées de la propre initiative des parties dans le cadre de médiations conventionnelles ou par le juge, en tant que mesures de médiation judiciaire.

De telles structures sont protéiformes. Cependant, pour la clarté de l'exposé, il est possible d'en distinguer trois sortes.

Ainsi des médiations institutionnelles sont proposées par des centres privés de médiation (**I**), d'autres sont spécifiquement mises en œuvre par des professions juridiques groupées en associations (ex. avocats, huissiers, notaires ; **II**). Enfin, des médiations institutionnelles sont internes à certaines entreprises (**III**).

I. Les médiations proposées par des centres privés de médiation

De tels centres proposent des prestations de services rémunérées. Dès qu'ils sont sollicités par les parties ou le juge, parfois en vertu d'une clause de médiation, ils désignent un médiateur, personne physique neutre et impartiale, afin de tenter de régler le différend opposant les parties. Ces centres sont en principes dotés d'un règlement de médiation.

Alors que de tels centres se sont multipliés ces dernières années, on se focalisera sur trois d'entre eux, jouissant d'une certaine renommée : la CAIP (Chambre d'arbitrage internationale de Paris), laquelle organise des médiations en direction des entreprises (**A**), le CALIF (Centre d'arbitrage des litiges familiaux), lequel orchestre des médiations concernant des différends familiaux (**B**) et le CMAP (Centre de médiation et d'arbitrage de Paris), compétent pour organiser des médiations dans les domaines de l'entreprise et de la consommation (**C**).

A. La CAIP

Institution à but non lucratif, elle vise à régler des litiges opposant des entreprises et ce, par le biais de l'arbitrage ou de la médiation (ex. différends relatifs aux cessions d'entreprises ou aux contrats de distribution).

Les médiations qu'elle propose sont encadrées par un règlement en vigueur depuis le 1er janv. 2021. Selon l'article 5 de celui-ci, le médiateur est désigné par le Président de la CAIP, sauf convention contraire des parties. En cas de médiation judiciaire, le juge prescripteur de la mesure doit donner son agrément à la désignation du médiateur.

À l'instar de toute médiation, la médiation de la CAIP est encadrée par le principe de confidentialité, celle-ci devant être respectée tant par le médiateur que les parties et leurs conseils. Par conséquent, aucune constatation, déclaration ou proposition effectuée devant le médiateur ou par ce dernier, ne peut être utilisée ultérieurement dans une autre procédure, arbitrale comme judiciaire (art. 8, règl. CAIP).

À compter de la désignation du médiateur, ce processus se déroulera sur une durée maximale de 60 jours, renouvelable par la CAIP ou le juge prescripteur de la médiation, avec l'accord du médiateur et de toutes les parties (art. 10 règl. CAIP). Quant à son déroulement, la médiation proposée par la CAIP peut déroger au principe du contradictoire car le médiateur peut entendre les parties et leurs conseils séparément (art. 9, règl. CAIP).

Enfin, la médiation est soumise à un barème reposant sur le montant du litige. Par exemple, pour un litige dont le montant est inférieur à 50 000 €, la CAIP facture 800 € HT de droits d'ouverture de la médiation, auxquels s'ajoutent 300 € de barème par heure de médiation.

B. Le CALIF

Il s'agit d'une association organisant des médiations et des arbitrages familiaux, menés par des juristes exerçant les professions d'avocats, de notaires ou d'universitaires, tous spécialisés en droit de la famille et du patrimoine.

Ce centre est doté d'un règlement de médiation, en vigueur depuis le 5 mai 2020. Ainsi, le médiateur est désigné par les parties d'un commun accord. À défaut d'accord, le CALIF leur propose une liste de médiateurs dans laquelle elles effectueront un choix (art. 4.4, règl. CALIF).

Avant sa nomination, le médiateur pressenti doit informer par écrit le CALIF des faits et circonstances susceptibles de mettre en cause son indépendance ou son impartialité. Après communication par écrit de ces éléments aux parties, celles-ci disposent d'un délai pour présenter leurs observations éventuelles. Le médiateur se doit d'effectuer la même révélation pour les faits apparus postérieurement à sa nomination.

Quant au déroulement de la médiation, l'article 6 du règlement de médiation du CALIF indique expressément que le médiateur n'a aucun pouvoir juridictionnel. Il ne peut donc pas imposer une solution aux parties. Selon ce même article, le déroulement de la médiation n'est pas soumis au principe du contradictoire. Les parties ne sont donc pas obligées de se transmettre entre elles les documents communiqués au médiateur. En outre, la médiation se déroule par principe en présence de toutes les parties. Or, si elles y consentent, des séances séparées peuvent se dérouler avec une seule d'entre elles.

De plus, le médiateur et les parties sont soumis à une confidentialité totale quant aux informations, propositions, propos et documents échangés, relatifs à la médiation. La confidentialité s'applique notamment à l'égard du juge qui pourrait être saisi du différend en cas d'échec de la médiation (art. 7, règl. CALIF).

Enfin, l'enregistrement de la demande de médiation et la gestion administrative engendrent le paiement d'une somme fixe de 200 euros H.T. les honoraires du médiateur étant fixés selon un barème (art. 5.1, règl. CALIF).

C. Le CMAP

Il a été mis en place par la CCI de Paris en 1995, sous la forme d'une association-loi 1901. Il organise des médiations, encadrées par un règlement du 1er janvier 2022.

Il propose notamment trois catégories de médiation, conventionnelles ou judiciaires : une médiation inter-entreprises (pour des différends opposant au moins deux entreprises distinctes), une médiation intra-entreprise (pour des différends internes à une seule et même entreprise et relevant du droit social) et une médiation de consommation, pour les litiges individuels entre un consommateur et un professionnel et les litiges collectifs de consommation.

L'article 7.3 du règlement du CMAP rappelle que le médiateur doit être indépendant, neutre et impartial à l'égard des parties. Il est en outre astreint à une obligation de révélation de toutes circonstances de nature à faire douter les parties de son indépendance et/ou de son impartialité.

En outre, la durée de la médiation ne peut excéder deux mois à compter de la désignation du médiateur par le CMAP. Or, elle peut être prolongée par le CMAP ou le juge ayant ordonné la médiation, avec l'accord du médiateur et de toutes les parties (art. 8.4 régl. CMAP). Lors de la médiation, le médiateur peut entendre les parties séparément, après avoir reçu leur accord de principe (dérogation au principe du contradictoire).

Le médiateur, les parties et leurs conseils sont ensuite tenus au respect du principe de la confidentialité pour tout ce qui concerne la médiation. En revanche, une spécificité du règlement tient au fait que, sauf convention contraire des parties, l'existence de la procédure de médiation n'est en principe pas soumise à la confidentialité (art. 9 règl. CMAP).

Enfin, les frais et honoraires de médiation du CMAP sont notamment fixés en fonction d'un barème forfaitaire. Par exemple, pour une médiation inter-entreprises portant sur un litige d'un montant compris entre 25 001 et 50 000 €, les parties doivent s'acquitter pour moitié de 500 € de droits d'ouverture et d'une somme de 1 500 € d'honoraires au forfait, pour 8 h maximum de médiation.

II. Les médiations mises en œuvre par des professions juridiques groupées en associations

Trois catégories de professions juridiques, les avocats, les huissiers de justice et les notaires ont créé des structures afin de promouvoir et de proposer des services de médiation conventionnelle et judiciaire.

Pour les avocats, il s'agit du CNMA (Centre national de médiation des avocats ; **A**), de Médicys pour les huissiers de justice (Centre de médiation et de règlement amiable des huissiers de justice ; **B**) et pour les notaires de la Médiation par les notaires (**C**).

A. Le CNMA

Le CNMA est une association créée à l'initiative du Conseil national des barreaux, destinée à fournir de l'information, effectuer de la recherche et promouvoir la médiation.

En effet, les avocats peuvent jouer un triple rôle en matière de médiation, à savoir celui de prescripteur de la mesure en conseillant par exemple d'insérer une clause de médiation dans un contrat liant leurs clients et/ou en les orientant leurs clients vers un médiateur. Ils peuvent également être les conseils de parties engagées dans un processus de médiation ou intervenir eux-mêmes en tant que médiateur après avoir été formés à la médiation. Grâce à ce dernier rôle, ils développeront une nouvelle dimension de leur activité en ne la cantonnant pas à la seule matière contentieuse.

B. Médicys

Médicys constitue ensuite une association regroupant des huissiers de justice. Ce centre développe notamment une activité de médiation pour les différends d'un montant modeste.

Les médiations sont conduites par des huissiers de justice ayant validé une formation diplômante à la médiation et astreints à une formation continue annuelle.

La médiation est confidentielle pour les parties et le médiateur, le respect de la confidentialité s'imposant également à tout le personnel de Médicys.

C. La médiation notariale

Le Conseil supérieur du notariat (CSN) vise à développer la médiation notariale. En effet, le notaire, outre son rôle de prescripteur de la médiation (ex. rédaction et insertion d'une clause de médiation dans l'acte authentique de vente d'un immeuble en cas de différend postérieur à la vente), peut intervenir également en tant que notaire-médiateur.

En raison de son éthique, ses compétences professionnelles et du suivi obligatoire d'une formation spécialisée, le notaire médiateur pourra tenter de régler des différends relevant du domaine notarial (ex. différend entre des enfants quant au partage de la succession d'un de leurs parents), à condition qu'il n'ait pas eu à connaître préalablement du différend.

ATTENTION

Il convient de distinguer le notaire-médiateur, décrit ci-dessus, du médiateur du notariat. Ce dernier est compétent pour assurer le règlement amiable d'un différend opposant un client à un notaire (ex. dans le cadre d'une vente immobilière), conformément à l'article L. 612-1 C. conso, relatif à la médiation de la consommation. Le médiateur du notariat, tiers neutre, indépendant, compétent et impartial proposera une solution amiable au litige opposant le notaire à son client.

III. Les médiations internes aux entreprises

De plus en plus de grandes entreprises intègrent, dans l'organigramme de leur service des ressources humaines, un salarié exerçant des fonctions de médiateur interne à l'entreprise (c'est la figure du manager-médiateur) pour prévenir et, le cas échéant, régler tout conflit interne à celle-ci (ex. différend opposant des salariés à leur hiérarchie en raison de la réorganisation d'un service).

De par leur statut de salarié, ces médiateurs ne jouiront pas d'une totale indépendance dans la résolution des différends dont ils seront saisis. Cependant, diverses mesures entourant leur nomination (ex. durée limitée du mandat) ou l'exercice de leur fonction (ex. intervention dans les filiales du groupe qui les emploie alors qu'ils relèvent de la société-mère) peuvent garantir leur relative indépendance.

Afin d'éviter cet écueil, certaines entreprises préfèrent, lorsqu'éclate un différend en interne, mobiliser les services d'un centre de médiation ou d'un médiateur externe, totalement indépendant des parties, ou elles peuvent enfin prévoir les deux possibilités.

ILLUSTRATION

L'article 5.5.3 de l'accord d'entreprise « accord qualité de vie au travail » du groupe Legrand France (produits et systèmes pour installations électriques et réseaux d'information), en date du 28 septembre 2017, prévoit que : « *en cas de besoin, le responsable du site et/ou le RRH (responsable des ressources humaines) pourront faire appel à un médiateur certifié interne ou externe* ».

Enfin, le législateur a consacré une procédure de médiation spécifique en matière de harcèlement moral dans l'entreprise, à laquelle non seulement la personne s'estimant victime de faits de harcèlement moral, mais aussi son auteur présumé, sont invités à participer (art. L. 1152-6 C. trav., v. Fiche 25).

À RETENIR

Tableau de synthèse des principales médiations institutionnelles privées

Structure	Centres privés de médiation			Professions juridiques groupées en associations			Médiation interne à une entreprise
Nom	CAIP	CALIF	CMAP	CNMA	Médicys	Médiation notariale	Variable
Domaine des médiations	Différends interentreprises	Différends familiaux	Différends inter-entreprises, intra-entreprises et de la consommation	Tous types de différends	Médiations pour des litiges portant sur un montant modeste	Médiations de différends en matière de régimes matrimoniaux, successions et ventes immobilières	Différends intra-entreprise
Tiers mobilisé	Médiateur qualifié, membre de la CAIP	Médiateur qualifié, membre du CALIF	Médiateur qualifié, membre du CMAP	Avocat-médiateur, qualifié membre du CNMA	Huissier de justice-médiateur, membre de Médicys	Notaire-médiateur qualifié	Salarié de l'entreprise ou médiateur externe
Qualités du tiers	Indépendant, Impartial, compétent et diligent	Indépendant, Impartial, compétent et diligent	Indépendant, Impartial, compétent et diligent	Indépendant, Impartial, compétent et diligent	Indépendant, Impartial, compétent et diligent	Indépendant, Impartial, compétent et diligent	Impartial, compétent et diligent mais indépendance relative du médiateur interne

POUR ALLER PLUS LOIN

- B. Delcourt, « La médiation comme outil d'aide et de gestion dans l'entreprise », *RLDA*, janv. 2021, n° 166.
- Liste des sites internet des structures de médiation institutionnelle citées : CAIP (https://www.arbitrage.org), CMAP (https://www.cmap.fr), CALIF (https://www.califarbitrage.com), CNMA (https://cnma.avocat.fr), Médicys (https://medicys.fr), Médiation notariale (https://mediation.notaires.fr).
- I. Sauviat, « Médiation interne et Gestion des Ressources humaines », *in* « Médiation et entreprises. Regards croisés Droit et Gestion », coll. Droit privé et Sc. criminelles, L'Harmattan, 2019, p. 65.
- Y. Strickler, « Modes alternatifs de résolution des litiges-Médiation », *Jurisclass. pr. civ.*, Fasc. 1700-90, 2020.

POUR S'ENTRAÎNER : QUESTIONS À RÉPONSES COURTES (QRC)

Répondez assez brièvement aux trois questions suivantes :

1. Quels sont les trois catégories de médiations proposées par le CMAP ?
2. En quoi consiste le triple rôle à jouer par les avocats en matière de médiation ?
3. En quoi les médiateurs internes aux entreprises ne sont pas totalement indépendants et comment limiter cet inconvénient lorsqu'ils interviennent ?

CORRIGÉ

1. Le CMAP propose trois catégories de médiation, conventionnelles ou judiciaires : une médiation inter-entreprises (différends opposant au moins deux entreprises distinctes), une médiation intra-entreprise (différends internes à une entreprise, relevant du droit social) et une médiation de consommation, pour les litiges individuels entre un consommateur et un professionnel et les litiges collectifs de consommation.
2. Les avocats peuvent avant tout être prescripteurs d'une mesure de médiation en insérant une clause de médiation dans un contrat liant leurs clients et/ou en les orientant vers un médiateur. Ils peuvent ensuite être les conseils de parties engagées dans un processus de médiation. Enfin, ils peuvent intervenir eux-mêmes en tant que médiateur après avoir été formés à la médiation.
3. Les médiateurs internes aux entreprises ne jouissent pas d'une totale indépendance dans la résolution d'un différend dont ils sont saisis et ce, en raison de leur statut de salarié. Or, des mesures entourant leur nomination (ex. durée limitée du mandat) ou l'exercice de leur fonction (ex. intervention dans les filiales du groupe qui les emploie alors qu'ils relèvent de la société-mère) peuvent cependant garantir leur relative indépendance.

Chapitre 2 Les MARD de type juridictionnel : l'arbitrage

Parmi les MARD, l'arbitrage détient le monopole du caractère juridictionnel. Il s'agit en effet d'une justice privée susceptible de plusieurs déclinaisons. Elle peut notamment être mise en œuvre tant au plan interne qu'international (**Fiche 8**).

L'arbitrage est en outre une justice organisée par des sources spécifiques (**Fiche 9**) et présentant de nombreux avantages pour les parties (ex. confidentialité, rapidité) et ce, en dépit de quelques inconvénients (**Fiche 10**).

L'arbitrage constitue également une justice volontaire et choisie, vers laquelle les parties se tourneront après avoir rédigé une convention d'arbitrage (**Fiche 11**), laquelle est soumise à des conditions générales et spécifiques de validité (**Fiche 12**), notamment lorsqu'elle prend la forme d'une clause compromissoire, insérée dans un contrat principal formé entre les parties qui s'opposent (**Fiche 13**). Deux autres manifestations du caractère choisi de la justice arbitrale résident dans le libre choix des arbitres par les parties (**Fiche 14**), ainsi que, pour l'arbitrage international, dans le choix de la loi qui sera appliquée en vue de trancher le litige (**Fiche 15**).

Enfin, la justice arbitrale, à l'instar de la justice étatique donne lieu à une instance (**Fiche 16**) au terme de laquelle le tribunal arbitral tranchera le litige en rendant une sentence arbitrale, revêtue de l'autorité de la chose jugée (**Fiche 17**).

Les déclinaisons de l'arbitrage : caractère interne ou international et techniques d'organisation

DÉFINITIONS

- **Commerce international** : Toute activité économique présentant une dimension internationale (ex. vente ou échange de biens, prestations de services, transferts de fonds) et pas uniquement la seule activité reposant sur la formation d'actes de commerce.
- **Extranéité** : Situation juridique ou litige ne pouvant être rattaché à un seul État.

L'arbitrage constitue une justice privée, pratiquée depuis longtemps dans le domaine du commerce international. Il se développe également pour les litiges commerciaux internes ainsi qu'en droit des personnes (ex. droit des successions, SCI familiales) pour des litiges dans lesquels les parties ont la libre disposition de leurs droits et ce, tant au plan interne qu'international.

Le recours à l'arbitrage résulte d'une démarche volontaire des parties opposées par un litige. Leur volonté s'exprime concrètement par la rédaction conjointe d'une convention d'arbitrage (pour les différents types de conventions d'arbitrage, v. Fiches 11 et 12).

Dans cette fiche, on abordera en deux temps les déclinaisons de l'arbitrage. D'une part, le droit français repose sur une conception dualiste de l'arbitrage, consistant à distinguer arbitrage interne et arbitrage international (**I**). D'autre part, qu'il soit interne ou international, l'arbitrage repose, au choix des parties, sur deux techniques d'organisation : l'arbitrage *ad hoc* ou institutionnel (**II**).

I. L'arbitrage interne ou international

Contrairement à certains États disposant d'un régime unitaire ou moniste de l'arbitrage, c'est-à-dire d'un seul et même corpus de règles pour encadrer l'arbitrage interne et international (ex. les Pays-Bas), le droit français de l'arbitrage repose, depuis presque 40 ans, sur une conception dualiste. Il faut ainsi distinguer le droit français de l'arbitrage interne du droit français de l'arbitrage international.

On étudiera successivement la définition de l'arbitrage interne (**A**) puis de l'arbitrage international (**B**), avant de préciser l'articulation entre ces deux corps de règles (**C**).

A. La définition de l'arbitrage interne

Le C pr. civ ne comporte aucune définition spécifique de l'arbitrage interne, contrairement à l'arbitrage international (v. *infra*, B., 2., de cette fiche). En effet, l'article 1504 C. pr. civ. énonce expressément qu'« *est international l'arbitrage qui met en cause des intérêts du commerce international* ». Interprété *a contrario*, ce texte signifie donc que sera interne l'arbitrage ne mettant pas en cause des intérêts du commerce international.

De plus, la jurisprudence a indiqué, en cas de doute sur la nature interne ou internationale d'un arbitrage en particulier, que « *la qualification de l'arbitrage est déterminée en fonction de la nature des relations économiques à l'origine du litige* » (v. Civ. 1re : 30 juin 2016 ; n° 15-13.755). Ainsi, lorsque des relations économiques litigieuses sont soumises à un arbitrage et qu'elles sont dépourvues d'une dimension internationale, en ce qu'elles se déroulent exclusivement en France, alors l'arbitrage sera interne.

B. La définition de l'arbitrage international

L'importance de cette définition tient au fait qu'elle permet de savoir, pour chaque affaire soumise à l'arbitrage, s'il faut lui appliquer le droit français de l'arbitrage interne ou au contraire le droit de l'arbitrage international.

Historiquement, deux définitions de l'arbitrage international sont entrées en concurrence, à savoir une définition purement juridique, laquelle est apparue assez théorique et inadaptée (**1**) et une définition économique, finalement consacrée par le législateur français (**2**).

1. La définition juridique de l'arbitrage international

Elle reconnaît le caractère international à un arbitrage par référence aux notions définies par le Droit international privé (ci-après DIP).

Par conséquent, est international l'arbitrage destiné à trancher un litige dans lequel au moins un élément d'extranéité a pu être identifié (ex. litige opposant des parties de nationalité différente ou domiciliées dans des États différents). Dans ce contexte, il faut alors déterminer la loi applicable au règlement du litige (ex. loi de la nationalité de l'une des parties ou loi de son domicile) au moyen de la méthode des conflits de lois, instrument classique en DIP (ex. concret : un litige oppose le propriétaire français d'un immeuble, construit en Espagne, à une société italienne ayant effectué des travaux sur celui-ci. Pour trancher ce litige porteur de plusieurs éléments d'extranéité et d'après la règle des conflits de loi, s'appliquera en principe la loi du lieu où l'immeuble est situé, donc la loi espagnole).

Or, cette définition juridique, fondée sur les règles du DIP, est apparue inadaptée à l'arbitrage international et ce, pour deux raisons principales.

D'une part, en la matière, les parties peuvent librement choisir le droit applicable à leur litige sans se référer à la méthode des conflits de lois (ex. elles pourront choisir d'appliquer la loi d'un État tiers, donc différent de la nationalité de chacune d'elles, si telle est la volonté exprimée dans leur convention d'arbitrage).

D'autre part, à défaut de choix des parties quant à la loi applicable au règlement du litige, le tribunal arbitral a le pouvoir de déterminer lui-même la loi qu'il entend appliquer.

2. La définition économique de l'arbitrage international

Cette définition, finalement retenue, figure à l'article 1504 C. pr. civ., dans sa rédaction issue du décret du 13 janvier 2011, lequel énonce qu'« *est international l'arbitrage qui met en cause des intérêts du commerce international* ». Par conséquent, tout litige opposant des parties et qu'elles ont souhaité soumettre à l'arbitrage, susceptible d'impacter les intérêts du commerce international, relève de l'arbitrage international. La définition économique de l'arbitrage, insérée au C. pr. civ. a une origine jurisprudentielle ancienne (Cass. civ. : 17 mai 1927, Matter ; Bull. civ. n° 77, p. 163).

Or, la jurisprudence a affiné cette définition étant donné son caractère très large. Elle indique ainsi régulièrement que toute « *opération qui ne se dénoue pas économiquement dans un seul État* » (Civ 1re : 26 janv. 2011 ; n° 09-10.198) relève de l'arbitrage international. Ainsi, dès qu'une opération économique, produisant des effets dans plusieurs États (ex. transfert de capitaux entre deux sociétés domiciliées dans des États distincts), apparaît litigieuse, elle relève automatiquement de l'arbitrage international si les parties ont entendu soumettre leur différend à un tribunal arbitral.

ILLUSTRATION : CIV. 1re : 6 AVRIL 1994 (N° 92-16.240)

En l'espèce, des parties à un contrat de sous-traitance, opposées par un différend, toutes deux de nationalité française et chacune établie dans cet État, ont cependant été considérées comme parties à un arbitrage international. En effet, le contrat litigieux portait sur des travaux à effectuer sur le territoire d'un État tiers et impliquait un transfert de personnel, de matériel et de fonds vers celui-ci. Partant, le caractère international de l'opération contractuelle impliquait que tout litige à son sujet relevait de l'arbitrage international, si la volonté des parties était de le régler par ce biais.

C. L'articulation entre l'arbitrage interne et l'arbitrage international

Le décret du 13 janv. 2011, entré en vigueur au 1er mai 2011, a instauré deux corps de règles distincts, l'un pour l'arbitrage interne et l'autre pour l'arbitrage international, lesquels se suivent au sein du Livre 4e du C. pr. civ. L'arbitrage interne (Titre 1er de ce Livre 4e) se compose des articles 1442 à 1503 C. pr. civ. L'arbitrage international (Titre 2 du Livre 4e) fait quant à lui l'objet des articles 1504 à 1527 C. pr. civ.

Or, le titre 1er du Livre 4e C. pr. civ. constitue également le droit commun en matière d'arbitrage. En effet, il s'applique avant tout à l'arbitrage interne, mais aussi à l'arbitrage international, s'il n'existe pas de dispositions spécifiques en la matière qui dérogeraient à celles édictées pour l'arbitrage interne.

Ainsi, l'article 1506 C. pr. civ. (disposition encadrant l'arbitrage international et figurant au Titre 2 du Livre 4e C. pr. civ.) dresse la liste d'une vingtaine d'articles du titre 1er (consacré à l'arbitrage interne) s'appliquant également à l'arbitrage international. Par exemple, l'article 1479 C. pr. civ. , figurant dans le titre 1er du Livre 4e du C. pr. civ. , relatif à l'arbitrage interne, dispose que « *les délibérations du tribunal arbitral sont secrètes* ». Or, comme ce texte figure dans la liste établie à l'article 1506 C. pr. civ., le secret du délibéré s'appliquera également à l'arbitrage international (v. Fiche 17). En revanche, d'autres dispositions sont totalement spécifiques à l'arbitrage international. Tel est le cas de l'article 1507 C. pr. civ. indiquant que « *la convention d'arbitrage n'est soumise à aucune condition de forme* » (v. Fiche 11). Or, ce texte est dérogatoire au droit commun de l'arbitrage (arbitrage interne) car l'article 1443 C. pr. civ. énonce la règle selon laquelle : « *à peine de nullité, la convention d'arbitrage est écrite* ».

II. L'arbitrage *ad hoc* ou institutionnel

Si ces deux types d'organisation de l'arbitrage sont envisageables, l'arbitrage ***ad hoc*** (A) est cependant plus rare que l'arbitrage ***institutionnel*** (B). Ce second type d'arbitrage se développe de plus en plus sous la forme d'un arbitrage en ligne, lequel a été reconnu officiellement par le législateur en 2019 (v. Fiche 18).

A. L'arbitrage *ad hoc*

Dans ce cas, l'arbitrage sera organisé de « A à Z » par les parties et uniquement pour un litige spécifique qui les oppose. Ainsi, l'arbitrage *ad hoc* se déroule exclusivement selon les règles insérées par les parties dans leur convention d'arbitrage et selon la procédure définie par la loi qu'elles auront choisi d'appliquer au règlement de celui-ci. De plus, les parties désigneront elles-mêmes un ou plusieurs arbitres pour siéger dans le tribunal arbitral qui tranchera leur litige.

Si l'arbitrage *ad hoc* offre donc aux parties un arbitrage sur-mesure, il comporte toutefois plusieurs inconvénients. En effet, les parties envisagent rarement, dans leur convention d'arbitrage, toutes les difficultés pouvant survenir (ex. stricte délimitation des pouvoirs de l'arbitre) ainsi que la loi de procédure vers laquelle se tourner pour y remédier. Face à ces difficultés, il est donc fréquent qu'elles privilégient un arbitrage institutionnel.

B. L'arbitrage institutionnel

Cet arbitrage est proposé et appliqué par des centres privés. Ils organisent les arbitrages conformément à un règlement exhaustif d'arbitrage qu'ils ont édicté, lequel permet le cas échéant de remédier aux lacunes de la convention d'arbitrage des parties.

Parmi les centres d'arbitrage français reconnus, on peut d'abord citer le plus ancien, la Chambre Arbitrale Internationale de Paris (CAIP) qui organise des arbitrages notamment internationaux en vertu d'un règlement d'arbitrage, dont la dernière version est entrée en vigueur le 1er janv. 2021. On peut aussi mentionner le CMAP (Centre de médiation et d'arbitrage de Paris), lequel tranche les litiges qui lui sont soumis, en vertu d'un règlement du 1er janv. 2022.

En outre, depuis quelques années, plusieurs centres d'arbitrage privés sont apparus en France pour résoudre des litiges en droit de la famille, à dimension patrimoniale, et pour lesquels les parties ont la libre disposition de leurs droits (v. Fiche 7). Ainsi, un tribunal arbitral peut donc trancher des litiges relatifs à la liquidation d'un régime matrimonial, à la liquidation et au partage d'une SCI familiale, au règlement d'une succession internationale ou à la fixation du montant d'une pension alimentaire. Parmi ces centres, existe le CALIF (Centre d'arbitrage des litiges familiaux ; www.califarbitrage.com), composé de divers professionnels du droit (10 avocats, 7 notaires et 5 professeurs de droit). L'art 15-2 de son règlement d'arbitrage prévoit que le tribunal arbitral rend une sentence arbitrale au plus vite pour trancher le différend et, au plus tard, 6 mois après sa constitution. On peut également citer le Centre d'arbitrage des affaires familiales (www.arbitrage-familial.fr), composé de 7 arbitres (6 avocats et 1 maître de conférences). Il tranche dans un délai de deux mois plusieurs litiges en matière familiale. On peut enfin citer le Centre International pour le Règlement des Différends relatifs aux Investissements (CIRDI). Créé par la Convention de Washington de 1965 (v. Fiche 9), il organise notamment les arbitrages relatifs aux investissements opposant un État partie à cette convention à un investisseur, ressortissant d'un autre État partie à cette convention.

À RETENIR

- En France, le droit de l'arbitrage repose sur une conception dualiste conduisant à distinguer l'arbitrage interne et international. Le second se distingue du premier en ce qu'il concerne tout litige portant sur des opérations économiques qui ne se déroulent pas dans un seul État mais dans au moins deux.
- Les parties à un arbitrage interne ou international peuvent choisir d'orchestrer intégralement son déroulement (arbitrage *ad hoc*) ou préférer confier son règlement à une institution d'arbitrage qui se chargera d'organiser celui-ci en vertu du règlement qu'elle a édicté (arbitrage institutionnel).

POUR ALLER PLUS LOIN

- Ph. Fouchard, « Typologies des institutions d'arbitrage, synthèse (colloque : Les institutions d'arbitrage en France) », Écrits, éd. Comité français de l'arbitrage, 2007, p. 67.
- P. Lalive, « Avantages et inconvénients de l'arbitrage *ad hoc* », *Mélanges Bellet*, Litec, 1991, p. 301.
- P. Mayer, « Faut-il distinguer arbitrage interne et arbitrage international ? », *Rev. arb.* 2005, p. 361.
- J. Pellerin, « Monisme ou dualisme de l'arbitrage ? », *Gaz. Pal.*, 17 oct. 2006, p. 5.

POUR S'ENTRAÎNER : QCM

Répondez au QCM suivant en choisissant la/les lettre(s) correspondant à la/les bonnes réponses (ex. selon les cas : 1. a. ou 1. a. et b.). Certaines questions ne comportent donc qu'une seule réponse, d'autres deux. Le nombre des réponses se déduit de l'énoncé de chaque question.

1. Comment nomme-t-on la conception de l'arbitrage interne et international retenue par le droit français ?

a. Conception moniste.
b. Conception souple.
c. Conception dualiste.
d. Conception unitaire.

2. Quelles sont les caractéristiques que présente l'arbitrage suivant ? Il est destiné à trancher un litige opposant une société française A à une société belge B, au sujet de la livraison de marchandise par A à B, à Bruxelles, et son règlement a été confié au CMAP.

a. C'est un arbitrage interne.
b. C'est un arbitrage international.
c. C'est un arbitrage *ad hoc*.
d. C'est un arbitrage institutionnel.

3. Quelles sont les caractéristiques que présente l'arbitrage suivant ? Il oppose un promoteur immobilier français, souhaitant construire des résidences hôtelières sur la côte atlantique espagnole, à cet État.

a. Son règlement sera assuré par le CIRDI.
b. Son règlement sera assuré par la CAIP.
c. Il met exclusivement en jeu des intérêts diplomatiques.
d. Il concerne un investissement.

CORRIGÉ

1. c.

2. b. et d.

3. a. et d.

Fiche 9

Les sources spécifiques de l'arbitrage

DÉFINITIONS

- **Conventions bilatérales** : Elles désignent les actes conclus uniquement entre deux États en vue d'encadrer certaines questions liées à l'arbitrage international et pouvant impliquer chacun d'entre eux.
- **Convention d'arbitrage** : C'est le contrat par lequel les parties décident volontairement de porter le litige qui les oppose devant un tribunal arbitral.
- **Conventions multilatérales** : Il s'agit de texte encadrant l'arbitrage international, auxquelles ont adhéré trois États au minimum, mais souvent beaucoup plus.
- **Sentences arbitrales** : Elles constituent les actes juridictionnels écrits par lesquels des tribunaux arbitraux tranchent les litiges dont ils sont saisis et ce, tant en matière d'arbitrage *ad hoc* que d'arbitrage institutionnel.

Les sources du droit de l'arbitrage se caractérisent par leur grande diversité. Cependant, il est possible de les présenter en opérant une distinction entre les sources étatiques (**I**) et professionnelles (**II**).

Si les premières sont l'œuvre de plusieurs États ou d'un seul, les secondes proviennent directement des organes en charge de l'organisation des arbitrages (institutions d'arbitrage et tribunaux arbitraux).

I. Les sources étatiques

Deux types de sources du droit de l'arbitrage peuvent être abordées sous cet intitulé.

D'une part, existent des conventions internationales auxquelles plusieurs États ont adhéré en vue d'encadrer l'arbitrage international (**A**).

D'autre part, une source purement interne, à savoir le droit français de l'arbitrage interne et international, a également élaboré des règles destinées à régir cette discipline (**B**).

A. Les conventions internationales

Elles concernent uniquement l'arbitrage international et en constituent une source importante. Ici, seules seront présentées, suivant l'ordre chronologique de leur signature, les principales conventions multilatérales intéressant l'arbitrage international.

1. La Convention de New York (10 juin 1958)

Il s'agit de la plus importante car cet instrument lie le plus d'États à travers le monde. Ainsi, au 4 mai 2022, date de l'arrivée du dernier État (Turkménistan), 170 États sont adhérents à cette convention sur un total de 197, reconnus officiellement par l'ONU (soit 86 %).

Ses objectifs consistent notamment à faciliter la reconnaissance et l'exécution des sentences arbitrales à l'étranger, c'est-à-dire dans un ou des États différents de celui dans lequel elles ont été rendues. En effet, obtenir gain de cause dans un arbitrage serait vain pour une partie s'il lui était ensuite impossible de faire exécuter la sentence dans l'État de son adversaire. Par conséquent, la Convention de New York considère qu'une sentence peut *a priori* être exécutée à l'étranger, sauf si le défendeur prouve que certains griefs, énoncés en son article V, l'empêchaient.

Elle prévoit également (art. VII) qu'elle ne fait pas obstacle à l'application de lois plus favorables à l'arbitrage. En définitive, elle établit un socle minimum de principes auquel il est possible de déroger. C'est le cas du Droit français, dans lequel les applications de cette Convention sont rares en jurisprudence.

2. La Convention européenne de Genève (21 avril 1961)

Elle n'a été signée que par une trentaine d'États, essentiellement européens, dont une grande partie de pays d'Europe de l'Est.

Elle comporte des dispositions relatives à toutes les phases de l'arbitrage. Son article 2 reconnaît ainsi l'aptitude des personnes morales de droit public à conclure des conventions d'arbitrage. Elle n'a donné lieu également qu'à peu de jurisprudence en France.

3. La Convention de Washington (18 mars 1965)

Cette Convention a été élaborée sous l'égide de la Banque Mondiale. Elle est actuellement en vigueur dans 157 États depuis 2022. Elle a notamment mis en place le Centre International pour le Règlement des Différends relatifs aux Investissements (CIRDI ; v. Fiche 9, II, B).

Son domaine d'application est donc limité aux litiges relatifs à un investissement, opposant un État ayant ratifié la Convention à une personne privée, qualifié d'investisseur, ressortissant d'un autre État contractant.

4. La loi-type CNUDCI

Elle est l'œuvre de la Commission des Nations Unies pour le Droit Commercial International (CNUDCI ; UNCITRAL en anglais).

Adoptée le 21 juin 1985, puis révisée en 2006, cette loi-type constitue un modèle de législation sur l'arbitrage international que les États peuvent introduire dans leur législation. Certains pays, assez pauvres en textes sur l'arbitrage international, ont donc adopté cette loi-type (ex. Australie, Canada, Nigéria). En revanche, les États disposant déjà d'une législation assez fournie en la matière ont conservé leur propre loi (ex. France, Royaume-Uni, Suisse).

B. Le Droit français de l'arbitrage

Il se compose à la fois des dispositions écrites et codifiées dans le Code civil et le Code de procédure civile (**1**) et de la jurisprudence émanant des juridictions étatiques françaises (**2**).

1. Les textes codifiés

En premier lieu, trois articles du Code civil (2059 à 2061) encadrent la convention d'arbitrage interne et international.

L'essentiel des dispositions codifiées relatives à l'arbitrage (constitution du tribunal arbitral, déroulement de l'instance arbitrale, encadrement de la sentence arbitrale et voies de recours en la matière) figurent donc dans le Code de procédure civile. Ses articles 1442 à 1503 encadrent l'arbitrage interne et ses articles 1504 à 1527, l'arbitrage international (sur l'articulation entre l'arbitrage interne et l'arbitrage international, v. Fiche 8).

2. La jurisprudence des juridictions étatiques

D'une part, cette jurisprudence délivre une interprétation souple des textes codifiés, visant à garantir l'efficacité de l'arbitrage.

D'autre part, elle veille à ne pas trop s'immiscer dans cette justice privée. Partant, les cas d'annulation de convention d'arbitrage ou les voies de recours en la matière, lesquelles s'exercent devant les juridictions étatiques, ne sont qu'en nombre limité (v. Fiche 30).

II. Les sources d'origine extra-étatique

Elles sont de deux types mais empruntent toutes la forme écrite. Il s'agit respectivement des règlements d'arbitrage, édictés par les institutions d'arbitrage (**A**), et des sentences arbitrales rendues par les tribunaux arbitraux (**B**).

A. Les règlements des institutions d'arbitrage

Les institutions d'arbitrage vers lesquelles peuvent se tourner les parties en vue d'organiser leur arbitrage ont toutes édicté un règlement d'arbitrage. Cette norme d'origine privée qu'est le règlement d'arbitrage présente un double contenu.

D'une part, il comporte la reprise des règles légales et jurisprudentielles, applicables à l'arbitrage ou du moins, il tend à les prendre en compte.

D'autre part, il énonce également des règles spécifiques et détaillées quant aux procédures d'arbitrage organisées par l'institution d'arbitrage l'ayant rédigé (ex. introduction de la demande d'arbitrage, modalités de désignation des arbitres, déroulement de l'instance arbitrale, etc.).

B. Les sentences arbitrales

En raison de l'accroissement du champ d'application de la justice arbitrale (v. Fiche 11), les sentences rendues se multiplient, si bien qu'elles constituent une source du droit de l'arbitrage située totalement au cœur de la discipline.

Enfin, cette jurisprudence est accessible par la publication des sentences (en principe anonymisées et/ou sous forme d'extraits) sur les sites Internet des institutions d'arbitrage ou dans des revues spécialisées (ex le Journal de Droit International, dit JDI ou Clunet).

À RETENIR

Tableau sur les sources spécifiques de l'arbitrage

Sources étatiques		Sources extra-étatiques	
Conventions internationales	Droit français de l'arbitrage	Règlements des institutions d'arbitrage	Sentences arbitrales
• **Conventions multilatérales** formées entre au moins 3 États (ex. Convention de New York, Washington, loi-type CNUDCI). • **Conventions bilatérales** (entre 2 États)	• **Textes codifiés** : articles du C. civ relatifs aux conventions d'arbitrage et dispositions du C. pr. civ encadrant les procédures d'arbitrage interne et international. • **Jurisprudence des juridictions étatiques**	• **Centres d'arbitrage français** pratiquant l'arbitrage interne et international (CAIP, CMAP) • **Centres internationaux** d'arbitrage (ex. CIRDI)	• **Décisions juridictionnelles, émanant des tribunaux arbitraux,** tranchant un litige (jurisprudence arbitrale) par le biais de l'arbitrage *ad hoc* ou institutionnel

POUR ALLER PLUS LOIN

- E. Loquin, « A la recherche de la jurisprudence arbitrale », *Mélanges Ponsard*, Litec, 2003, p. 213.
- Règlement d'arbitrage de la CAIP, téléchargeable à l'adresse suivante : https://www.arbitrage.org/arbitrage.
- Règlement d'arbitrage du CMAP, téléchargeable à l'adresse suivante : https://www.cmap.fr/le-cmap/reglements/.

POUR S'ENTRAÎNER : QCM

Répondez au QCM suivant en choisissant la/les lettre(s) correspondant à la/les bonnes réponses (ex. selon les cas : 1. a. ou 1. a. et b.). Certaines questions ne comportent donc qu'une seule réponse, d'autres deux. Le nombre des réponses se déduit de l'énoncé de chaque question.

1. Quelles sont les particularités de la Convention de Washington ?
   a. Elle concerne exclusivement l'exécution des sentences arbitrales à l'étranger.
   b. Elle encadre uniquement le règlement des différends relatifs aux investissements.
   c. Elle fait partie des sources de l'arbitrage international.
   d. Elle fait partie des sources de l'arbitrage interne.

2. Lequel de ces codes comporte les dispositions encadrant les conventions d'arbitrage ?
   a. Le Code de procédure civile.
   b. Le Code de commerce.
   c. Le Code civil.
   d. Ce sujet est encadré par des règles purement jurisprudentielles.

3. Quelle est la spécificité d'une sentence arbitrale ?
   a. Il s'agit d'un accord amiable.
   b. Il s'agit d'un jugement rendu par une juridiction étatique.
   c. Il s'agit d'un contrat synallagmatique.
   d. Il s'agit d'un acte juridictionnel.

CORRIGÉ

1. b. et c.

2. c.

3. d.

Fiche 10

Les avantages et inconvénients de la justice arbitrale

DÉFINITIONS

- **Formule exécutoire** : Apposée au bas d'une décision de justice par la juridiction qui l'a rendue, la formule exécutoire permet à la partie intéressée de recourir à la force publique si la partie condamnée par la décision n'exécute pas spontanément sa condamnation.
- **Usages** : Pratiques, souvent non écrites, qui pourront être spécifiques à une activité professionnelle, une région, voire une localité. La répétition de ces pratiques au cours du temps finit par leur conférer force obligatoire.

Terrain de prédilection du règlement des litiges commerciaux, notamment internationaux, la justice arbitrale a su séduire les acteurs de la vie des affaires. Elle se déploie désormais également dans des domaines plus inattendus (ex. différends familiaux tels que des successions internationales litigieuses, consommation, copropriété, etc.).

Le développement du recours à l'arbitrage s'explique ainsi par les avantages que présente cette justice privée (**I**). Or, une approche objective de l'arbitrage conduit à ne pas passer sous silence les inconvénients qu'elle peut également présenter (**II**).

I. Les avantages de l'arbitrage

En comparaison avec la justice étatique, l'arbitrage présente quatre avantages. Si trois d'entre eux sont indéniablement concrets, le quatrième apparaît en revanche plus théorique.

Plus précisément, les avantages concrets de l'arbitrage forment le triptyque suivant : confidentialité, efficacité et libre choix du ou des arbitre(s) composant le tribunal arbitral (**A**).

En revanche, le quatrième avantage attribué à la justice arbitrale, à savoir sa rapidité, semble plus discutable (**B**).

A. Les trois avantages concrets de l'arbitrage

On abordera successivement la confidentialité (**1**), l'efficacité de l'arbitrage (**2**) puis le libre choix du ou des arbitre(s) par les parties (**3**).

1. La confidentialité

L'arbitrage, tant dans son déroulement que son issue, est en principe confidentiel.

Cette spécificité tient au fait que la justice arbitrale est très prisée des acteurs de la vie des affaires. Or, en la matière, la formation et l'exécution des contrats internes et internationaux sont souvent couvertes par le secret des affaires (art. L. 151-1 et s. C. com.). Le secret des affaires impose donc aux parties de ne pas révéler le contenu de leurs contrats, lesquels comportent des données techniques, financières, juridiques ou stratégiques particulièrement sensibles, qu'il importe de mettre à l'abri des yeux et oreilles indiscrets des tiers.

Or, devant la justice étatique, le principe de la publicité des débats, imposant que tout procès se déroule en public, cadre mal avec la nécessité de protection du secret des affaires.

Afin d'éviter cet écueil, le décret du 13 janvier 2011 a donc expressément prévu le principe de confidentialité pour l'arbitrage interne (art. 1464 al. 4 C. pr. civ.). L'instance arbitrale se déroulera donc à huis clos, en l'absence de tout public. Celle-ci ne sera connue que des parties, de leurs conseils et des arbitres. Tous devront donc garder le silence quant à l'existence de la procédure d'arbitrage et à la solution rendue.

ATTENTION

L'article 1464 al. 4 C. pr. civ. ne figure pas dans la liste dressée par l'article 1506 C. pr. civ. des textes de l'arbitrage interne également applicables à l'arbitrage international. Face au silence du C. pr. civ. sur la question de la confidentialité en matière d'arbitrage international, la doctrine s'est divisée quant à l'attitude à adopter. Certains auteurs (Ch. Jarrosson et J. Pellerin) ont estimé que la confidentialité demeurait le principe non-écrit, donc l'usage applicable en la matière. La confidentialité ne sera écartée que pour les arbitrages dans lesquels la publicité des débats constitue le principe (ex. arbitrage en matière sportive et d'investissements). D'autres auteurs ont au contraire estimé que seule une disposition expresse des parties, donc une clause de confidentialité insérée dans leur convention d'arbitrage, permettrait son respect effectif en cas de recours à l'arbitrage international. À défaut d'une telle clause, la publicité demeurerait donc la règle (E. Gaillard et P. de Lapasse). Pour remédier à ce problème, la plupart des institutions d'arbitrage ont inséré dans leur règlement d'arbitrage un article imposant expressément la confidentialité de l'arbitrage international, sauf accord des parties pour sa publicité (art. 23.7, règl. arbitrage CMAP) ou par respect d'une obligation légale de divulgation (ex. art. 2.1 et 2.2, règl. arbitrage CAIP).

2. L'efficacité

Trois arguments démontrent l'efficacité du droit français de l'arbitrage interne et international.

En premier lieu, l'efficacité de l'arbitrage tient au fait qu'il constitue le seul mode de règlement des différends, en plus du recours au juge étatique, permettant au partie d'obtenir une décision de nature juridictionnelle, la sentence arbitrale, pourvue de l'autorité de la chose jugée.

En deuxième lieu, le régime juridique de l'arbitrage interne et international, résultant du décret du 13 janv. 2011 et inséré aux articles 1442 à 1527 C. pr. civ., s'avère souple. Il offre ainsi une importante marge de manœuvre aux arbitres pour trancher les litiges dont ils sont saisis, tout en ne sanctionnant que les abus ou violations flagrantes de diverses règles juridiques et en imposant le respect de garanties fondamentales de procédure en faveur des parties.

En troisième lieu, la jurisprudence des juridictions étatiques délivre des interprétations de ces textes, très favorables à l'arbitrage (v. Fiches 11, 12 et 13).

3. Le libre choix du ou des arbitre(s)

Les arbitres sont des juges choisis par les parties, situation totalement inenvisageable devant la justice étatique, laquelle ne permet pas aux justiciables de sélectionner le magistrat qui présidera la juridiction conduite à trancher leur litige, ainsi que ses assesseurs.

À l'inverse, le libre choix des arbitres permet aux parties de sélectionner la personne (arbitre unique) ou les personnes (collège composé de plusieurs arbitres) la/les plus apte(s) à résoudre un litige spécifique. Ce choix s'opère notamment en vertu des qualités personnelles des arbitres telles que leur connaissance du droit de l'arbitrage, leur maîtrise des langues vivantes nécessaires à la compréhension d'un litige international ou encore leur compétence quant aux caractéristiques techniques du litige.

B. Un avantage plus théorique de l'arbitrage : la rapidité

En principe, l'arbitrage est une justice rapide car moins encombrée en affaires que les juridictions étatiques, dont les lenteurs sont régulièrement dénoncées (v. Fiche 2).

De plus, des procédures simplifiées ont été mises en place par les institutions d'arbitrage pour permettre un traitement accéléré des affaires.

ILLUSTRATION

La CAIP a mis en place une procédure d'arbitrage rapide (PAR ; titre III règlement d'arbitrage CAIP) pour les litiges d'un montant inférieur ou égal à 100 000 €. Cet arbitrage, dirigé par un arbitre unique, traitera l'affaire dans un délai de 4 mois.

Or, la rapidité reste souvent relative, voire purement théorique car la justice arbitrale sera parfois ralentie par des éléments spécifiques au litige : sa complexité, la pluralité de parties, les voies de recours exercées devant une juridiction étatique (v. Fiche 30).

II. Les inconvénients de l'arbitrage

Il en existe deux. Son principal inconvénient réside dans l'absence d'*exequatur* de la sentence arbitrale, laquelle oblige la partie, désireuse d'obtenir l'exécution forcée de celle-ci, à effectuer un détour par le juge étatique à cette fin (**A**). Un autre inconvénient, tendant à s'amenuiser, est lié au coût élevé de l'arbitrage (**B**).

A. L'absence d'*exequatur* de la sentence arbitrale

Tout juge étatique rend la justice au nom de l'État auquel il est rattaché. À ce titre, il détient le pouvoir d'apposer au bas de sa décision la formule exécutoire.

En revanche, même si le tribunal arbitral prononce une sentence qui s'impose aux parties, car elle est revêtue de l'autorité de la chose jugée, il ne rend pas la justice au nom de l'État et ne dispose donc pas de la force publique si une partie n'exécute pas spontanément la sentence.

Dans ce cas, l'arbitrage se prolonge alors devant une juridiction étatique, par le biais d'une procédure d'*exequatur* afin d'obtenir l'exécution forcée de la sentence arbitrale par la partie qui ne l'aurait pas exécuté d'elle-même (v. Fiche 28).

B. Le coût élevé de l'arbitrage

L'arbitrage présente un coût assez élevé, résultant en grande partie de la pluralité de ses acteurs qu'il est logique de rémunérer.

Une étude de 2007 de la Chambre de Commerce internationale de Paris indique ainsi que les coûts de l'arbitrage international se répartissent en moyenne ainsi : 82 % d'honoraires des avocats des parties, 16 % d'honoraires des arbitres et 2 % pour les frais de l'institution d'arbitrage.

Face à ces coûts apparaissant prohibitifs, les institutions d'arbitrage proposent désormais des procédures dirigées par un arbitre unique à de moindres montants (ex. CAIP avec la procédure PAR, v. *supra*). Enfin, le coût de l'arbitrage doit s'apprécier par rapport au montant du litige.

S'il est modeste, il est préférable de choisir un autre mode de règlement du litige (ex. médiation ou transaction).

Tableau de synthèse sur les coûts de l'arbitrage en France

<table>
<tr><th colspan="2">Coûts CLASSIQUES</th><th colspan="3">Coûts ÉMERGENTS</th></tr>
<tr><th rowspan="2">Frais inhérents à l'arbitrage</th><th rowspan="2">Frais de chaque partie pour sa défense</th><th rowspan="2">Coûts internalisés par chaque partie à l'arbitrage</th><th colspan="2">Coûts financés par des tiers</th></tr>
<tr><th>Convention d'une partie avec son avocat</th><th>Recours d'une partie à un fonds d'investissement (Third Party Funding)</th></tr>
<tr>
<td rowspan="2">• Honoraires des arbitres + TVA éventuelle
• Frais administratifs et secrétariat des institutions d'arbitrage
• Frais des arbitres (ex. transport)
• Frais à la demande du tribunal arbitral (ex. expertise)
Coûts supportés à parts égales par chaque partie</td>
<td rowspan="2">• Coûts directs d'organisation de procédure (ex. location d'une salle d'audience, traducteurs…)
Coûts supportés à parts égales par chaque partie
• Frais des témoins cités et des experts nommés par chaque partie
Coûts supportés par chaque partie jusqu'à la sentence, celle-ci pouvant condamner une partie au paiement intégral de ces frais
• Honoraires des avocats de chaque partie
Coût supporté par chaque partie</td>
<td rowspan="2">• Coûts indirects de l'arbitrage
• (ex. mobilisation des salariés d'une société partie à un arbitrage, pour préparer la procédure)
Coûts ne constituant pas des frais liés à l'arbitrage pour la doctrine majoritaire mais certaines sentences les considèrent comme des frais d'arbitrage supportés par chaque partie (v. sentence CCI 1993, n° 6345)</td>
<td>• Pacte de quota litis
(Honoraires d'avocats calculés en fonction du seul résultat obtenu)
• *Interdit dans l'arbitrage interne car contraire à l'Ordre public (art. 10 loi de 1991).
• *Autorisé dans l'arbitrage international car conforme à l'Ordre public international (CA Paris : 10 juillet 1992)</td>
<td rowspan="2">Organisme financeur de divers frais d'arbitrage (honoraires d'avocats, frais d'audience et d'expertise…)
*Pas expressément autorisé mais pas formellement interdit non plus</td>
</tr>
<tr><td>• Convention d'honoraires
Complément aux honoraires classiques, calculé en fonction du résultat obtenu
• *Convention autorisée (art. 10 loi de 1991).</td></tr>
</table>

Légende : termes précédés d'un • (les divers coûts) ; **en gris et en gras (indication de qui supporte ces coûts)** ; *en italique (définition de certains mécanismes).*

À RETENIR

- L'arbitrage présente une série de quatre avantages. Il s'agit d'une justice privée confidentielle, efficace composée d'arbitres librement choisis par les parties. Elle apparaît enfin rapide pour certains litiges.
- Cependant, l'absence d'*exequatur* de la sentence arbitrale et un coût asse prohibitif peuvent en constituer des inconvénients.

POUR ALLER PLUS LOIN

- Th. Clay, « Liberté, égalité, efficacité : la devise du nouveau droit français de l'arbitrage », *JDI* n° 2, 2012, p. 443 (Ire partie) et n° 3, 2012, p. 815.
- C. Duclercq, « Les « nouveaux » coûts dans l'arbitrage international », *Cah. arb.* 2013, n° 4, p. 899.
- E. Gaillard et P. de Lapasse, « Le nouveau droit français de l'arbitrage interne et international », *D.* 2011, p. 175.
- Ch. Jarrosson et J. Pellerin, « Le droit français de l'arbitrage après le décret du 13 janvier 2011 », *Rev. arb.* 2011, p. 5.

POUR S'ENTRAÎNER : VRAI OU FAUX

Pour chacun des énoncés suivants, recherchez s'il est vrai ou faux (ex. 1. Vrai, 2. Faux). Vous réécrirez ensuite les énoncés, qui selon vous seraient faux, de manière à ce qu'ils soient exacts.

1. Le décret du 13 janvier 2011 énonce expressément le principe de confidentialité de la procédure d'arbitrage international.
2. La procédure d'*exequatur* permet d'obtenir, par le biais d'une juridiction étatique, l'exécution forcée de la sentence arbitrale par la partie qui ne l'aurait pas exécutée d'elle-même.
3. Les honoraires des arbitres ayant siégé dans un tribunal arbitral sont un coût supporté exclusivement par la partie n'ayant pas obtenu gain de cause à l'issue de la procédure.

CORRIGÉ

1. Faux. Le décret de 2011 reste silencieux sur ce point mais la doctrine et les institutions d'arbitrage propose des solutions pour remédier à ce silence (v. IA1. de cette fiche).
2. Vrai.
3. Faux. Ils sont supportés à parts égales par chaque partie.

Fiche 11

Les conventions d'arbitrage : conditions de validité

DÉFINITIONS

- **Clause compromissoire** : Convention d'arbitrage formée avant la naissance de tout litige entre les parties. Elle est insérée dans un contrat principal auquel elle se rapporte (ex. contrat de vente). Son objet consiste à ce que tout litige éventuel opposant les parties, quant au contrat dans lequel elle figure, soit tranché par un tribunal arbitral. La clause compromissoire peut également être insérée dans un document annexé au contrat principal (ex. conditions générales de vente). On parle alors de clause d'arbitrage par référence.
- **Compromis d'arbitrage** : Convention d'arbitrage formée par les parties après l'apparition d'un litige entre elles, au cas où elles ne souhaitent pas faire trancher celui-ci par une juridiction étatique.
- **Nullité du contrat** : Sanction s'appliquant lorsqu'un contrat a été mal formé dès le départ (ex. consentement d'une partie vicié car obtenu par un dol de son partenaire contractuel). La nullité comporte un effet rétroactif. Par conséquent, son prononcé impose d'effacer tous les effets que le contrat a produits, de manière à remettre les parties dans l'état antérieur à sa formation (ex. si un contrat de vente est annulé, le vendeur doit restituer le prix qu'il a perçu à l'acheteur et l'acheteur doit restituer le bien acquis au vendeur).

La mise en œuvre d'un arbitrage résulte d'une démarche volontaire des parties qui s'opposent. Cette volonté s'exprime concrètement par la rédaction d'une convention d'arbitrage. Le droit français de l'arbitrage en prévoit deux types, la clause compromissoire (art. 1442 al. 2 C. pr. civ.) et le compromis d'arbitrage (art. 1442 al. 3 C. pr. civ.), d'où l'emploi du pluriel dans le titre de cette fiche (les conventions d'arbitrage).

On étudiera ici les conditions de validité des conventions d'arbitrage en utilisant la distinction classique entre conditions de fond (**I**) et de forme (**II**).

I. Les conditions de fond

Elles rassemblent les règles fondamentales relatives aux personnes pouvant être parties à une convention d'arbitrage et aux grands principes qu'elle doit respecter pour être valable.

Ainsi, toute convention d'arbitrage doit respecter les conditions de validité communes à tout contrat (**A**) et des conditions qui lui sont spécifiques (**B**). À défaut, elle pourra encourir la nullité.

A. Les conditions communes à tout contrat

Comme tout contrat, une convention d'arbitrage doit respecter les trois conditions de validité, énoncées à l'article 1128 C. civ. Ce texte énonce ainsi que « *sont nécessaires à la validité d'un contrat : 1° Le consentement des parties ; 2° Leur capacité de contracter ; 3° Un contenu licite et certain* ».

Les parties à une convention d'arbitrage doivent donner un consentement libre et éclairé à la formation de la convention d'arbitrage. Elles doivent donc exprimer leur accord à ce que le litige les opposant soit porté devant un tribunal arbitral, lequel devra le trancher.

La convention d'arbitrage sera en revanche annulée si elle a été acceptée par une partie victime d'un vice du consentement (dol, erreur ou violence), lequel devra être prouvé par la partie qui l'invoque.

En deuxième lieu, les parties à une convention d'arbitrage doivent posséder la capacité de former un tel acte, c'est-à-dire qu'elles doivent disposer pleinement de leurs droits.

En troisième lieu, le contenu de la convention d'arbitrage doit être certain et licite. Il s'agit du but poursuivi par l'opération contractuelle. Ainsi, l'objet de la convention d'arbitrage doit consister à saisir un tribunal arbitral pour trancher un litige opposant les parties à la convention d'arbitrage et ce, au moyen d'une sentence bénéficiant de l'autorité de la chose jugée et rendue par des arbitres choisis par les parties. Toute convention d'arbitrage qui poursuivrait un autre but serait nulle (ex. une clause compromissoire prévoyant que l'arbitre jouera un rôle de médiateur entre les parties).

En définitive, les trois conditions de validité mentionnées à l'article 1128 du C. civ. constituent les règles obligatoires du droit français (règles d'ordre public) que toute convention d'arbitrage doit respecter, à peine de nullité.

B. Les conditions spécifiques à la convention d'arbitrage

Pour être valable, toute convention d'arbitrage, interne et internationale, doit respecter deux conditions spécifiques : les parties doivent posséder le pouvoir de rédiger une telle convention (**1**) et leur litige doit être arbitrable (**2**). Enfin, une troisième condition est spécifique à la convention d'arbitrage interne.

Selon l'article 1444 C. pr. civ. : « *la convention d'arbitrage désigne, le cas échéant par référence à un règlement d'arbitrage, le ou les arbitres* » qui siègeront dans le tribunal arbitral.

1. Le pouvoir de former une convention d'arbitrage

ATTENTION

Ce pouvoir ne doit pas être confondu avec la capacité juridique. En effet, même si une personne possède son entière capacité juridique, donc la faculté d'exercer tous ses droits, elle peut cependant être dépourvue du pouvoir d'accomplir certains actes (ex. un majeur capable, exerçant la profession d'infirmier mais pas de Docteur en médecine, n'aura pas le pouvoir de prescrire lui-même un médicament à un patient en rédigeant une ordonnance. Son statut professionnel ne le lui permet pas).

La question de savoir si les parties à une convention d'arbitrage disposaient bien du pouvoir de former s'est posée dans deux cas, pour lesquels une réponse affirmative a été apportée.

En premier lieu, le législateur a dû préciser si les personnes morales de droit public (ex. collectivités territoriales, établissements publics) détenaient le pouvoir de former une convention d'arbitrage. En effet, l'article 2060 al. 1er C. civ. interdit expressément à l'État et aux personnes publiques de former des conventions d'arbitrage interne. Pareille prohibition se justifie par l'incompatibilité entre les personnes publiques et la justice privée qu'est l'arbitrage.

Cependant, le second alinéa du texte prévoit une exception à cette règle en précisant que « *des catégories d'établissements publics à caractère industriel et commercial* (EPIC) *peuvent être autorisées par décret à compromettre* » (ex. la SNCF). En outre, pour l'arbitrage international, l'arrêt Galakis (Civ. 1re : 2 mai 1966 ; Bull. civ. 1966, n° 256) a consacré une règle reconnaissant à toute personne publique l'aptitude à former une convention d'arbitrage et ce, même si son droit interne comporte une règle contraire (c'est le cas de l'article 2060 al. 1er C. civ. en France).

En second lieu, la jurisprudence a également répondu à la question de savoir si le représentant d'une société commerciale disposait du pouvoir de conclure une convention d'arbitrage au nom de celle-ci. Appréhendant les conventions d'arbitrage comme des actes de gestion courante dans les sociétés commerciales, elle en a déduit que de tels actes ne nécessitaient pas que les personnes physiques, les accomplissant au nom d'une société, possèdent une qualité spécifique au sein de celle-ci (ex. être son gérant). Par conséquent, toute société commerciale, partie à une convention d'arbitrage et tentant de se soustraire à son application, ne peut pas invoquer avec succès l'argument selon lequel la personne ayant formé cette convention en son nom, notamment l'un de ses salariés, n'en aurait pas eu le pouvoir. En effet, dès l'instant où l'autre partie a cru légitimement que ce salarié disposait du pouvoir de représenter sa société lors de la signature de la convention d'arbitrage, cette dernière sera applicable. Cette application spécifique de la théorie juridique de l'apparence résulte de l'arrêt Civ. 1re du 8 juill. 2009 (n° 08-16.025) et a été réaffirmée par l'arrêt Civ. 1re du 4 mai 2017 (n° 16-16.853).

2. Un litige arbitrable

Un tribunal arbitral ne peut connaître de tout type de litiges. Il faut donc utiliser des critères afin de savoir si un litige est ou non arbitrable. Trois dispositions du C. civ., les articles 2059 à 2061, fournissent de précieuses indications en ce sens. Si l'article 2059 du C. civ pose des limites concernant l'usage du compromis d'arbitrage (**a**), l'article 2060 C. civ fixe quant à lui plusieurs domaines juridiques pour lesquels le recours à l'arbitrage est interdit (**b**). Enfin, l'article 2061 C. civ., seulement applicable aux clauses compromissoire en matière d'arbitrage interne, a longtemps comporté des limites quant à l'utilisation de ce mécanisme, mais il a été progressivement assouplis par la jurisprudence et le législateur (**c**).

a. Les limites quant à l'usage du compromis d'arbitrage

L'article 2059 C. civ énonce qu'une personne ne peut former un compromis d'arbitrage que pour faire trancher un litige portant sur des droits dont elle a la libre disposition. Interprétée *a contrario*, cette règle signifie donc qu'il est impossible de former un compromis d'arbitrage sur des droits indisponibles.

ILLUSTRATION : CIV. 1re : 8 FÉVR. 2000 (N° 97-19.920)

En l'espèce, un litige opposait des époux communs en bien et le frère du mari au sujet de biens qu'ils détenaient en indivision (ils en étaient copropriétaires). Afin de faire trancher le litige par un tribunal arbitral, le mari avait signé un compromis d'arbitrage avec son frère, sans le concours de son épouse commune en biens, laquelle n'avait pas signé l'acte. La Cour de cassation a alors annulé ce compromis d'arbitrage. En effet, cet acte ne pouvait être signé par le seul mari sans l'accord de son épouse commune en bien, sauf pour celui-ci à outrepasser ses pouvoirs sur les biens communs et méconnaître la règle de l'article 1424 C. civ. Celle-ci indique en effet que « *les époux ne peuvent, l'un sans l'autre, aliéner ou grever de droits réels les immeubles, fonds de commerce et exploitations dépendant de la communauté* ». Le compromis d'arbitrage encourait donc la nullité. En revanche, il aurait été valable s'il avait été signé avec l'accord de l'épouse.

b. La prohibition du recours à l'arbitrage dans certains domaines

L'article 2060 C. civ énumère plusieurs domaines juridiques pour lesquels le recours à l'arbitrage est interdit. Il en est ainsi des questions relatives à l'état des personnes (ex. litige sur le nom de famille d'une personne), à leur capacité (ex. litige concernant la mise sous curatelle d'une personne physique), de celles liées au divorce et à la séparation de corps et de toutes les matières intéressant l'ordre public.

Si l'interdiction du recours à l'arbitrage pour des litiges liés à l'état des personnes, la capacité ou les questions extrapatrimoniales accompagnant un divorce n'a guère posé de difficultés, sa prohibition pour toute question relevant de l'Ordre public s'est en revanche avérée problématique car aucune discipline juridique n'en est dépourvue. Les juridictions étatiques restent donc en principe les seules compétentes pour trancher les litiges soulevant des questions d'Ordre public.

Or, pour remédier à cet inconvénient, la jurisprudence a développé une approche très souple de l'arbitrabilité des litiges. Elle a ainsi décidé qu'un litige n'était pas inarbitrable du seul fait qu'une réglementation d'Ordre public était applicable en la matière (Civ. 1re : 8 juill. 2010 ; n° 09-67.013). Ainsi, l'arbitrage a pu prospérer dans des domaines assez inattendus tels que le droit des successions. En la matière, l'Ordre public, s'il est présent apparaît cependant en net recul et il s'agit d'un Ordre public de protection auquel il est possible de renoncer (ex. l'héritier réservataire, une fois la succession ouverte, peut renoncer à sa réserve).

ILLUSTRATION : COM. : 29 JUIN 2010, N° 09-15.810

En l'espèce, un pacte de famille a été formé en 1998, entre une mère et ses deux enfants. Il visait à organiser la succession de la mère, notamment la transmission à ses enfants de titres qu'elle détenait dans des sociétés. Or, un litige a éclaté entre les signataires de l'acte, lesquels ont alors rédigé un compromis d'arbitrage pour le faire trancher par un tribunal arbitral. Ce dernier a alors estimé que ce pacte de famille constituait en réalité le siège d'une donation déguisée. La mère de famille a alors exercé un recours en annulation de la sentence devant la cour d'appel (juridiction compétente pour connaître de tels recours ; v. Fiche 30). N'ayant pas eu gain de cause, elle a ensuite formé un pourvoi en cassation, lequel a été rejeté. Au terme de son contrôle, la Haute juridiction n'a donc remis en cause, ni le caractère arbitrable du litige, ni la qualification de donation déguisée appliquée à l'acte par le tribunal arbitral.

De plus, l'arbitre a également reçu le pouvoir de sanctionner civilement, notamment par des dommages et intérêts, la violation de règles relevant de l'ordre public (CA Paris : 29 mars 1991, Ganz ; *Rev. arb.* 1991, p. 478 et CA Paris : 19 mai 1993, Labinal ; *Rev. arb.* 1993, p. 645).

Il demeure cependant quelques domaines, liés à l'ordre public, dans lesquels un tribunal arbitral ne peut intervenir que de manière limitée. Tel est le cas en droit de la concurrence, lequel constitue une matière arbitrable (v. arrêt Labinal, préc.). Or, le tribunal arbitral ne pourra que sanctionner civilement un comportement contraire aux règles du droit de la concurrence (ex. allocation de dommages et intérêts à la victime d'une pratique anticoncurrentielle). En revanche, le prononcé d'injonctions (ordre de cesser une pratique anticoncurrentielle) et d'amendes, en cas de violation des règles de concurrence, demeurent la compétence exclusive des autorités officielles de concurrence (ex. Autorité de la concurrence en France).

Quelques questions liées à l'ordre public restent enfin totalement inarbitrables. Ainsi, le prononcé de sanctions pénales (ex. peines de prison, amendes) demeure l'apanage des juridictions pénales étatiques.

c. Le recours longtemps restrictif à la clause compromissoire

L'article 2061 C. civ., seulement applicable aux clauses compromissoires en matière d'arbitrage interne, a longtemps énoncé une restriction à son utilisation. En effet, son ancienne rédaction prévoyait que la clause compromissoire ne pouvait être insérée que dans les contrats formés à l'occasion d'une activité professionnelle. Autrement dit, elle ne pouvait figurer que dans un contrat formé entre des professionnels (ex. contrat de fourniture de biens entre professionnels) mais pas dans un contrat conclu entre deux particuliers ou entre un professionnel et un particulier et ce, à peine de nullité (Civ. 2e : 16 juin 2011 ; n° 10-22.780). Or, l'ordonnance de 2016 de réforme du droit des contrats, a totalement réécrit ce texte. Désormais, pour qu'un litige lié à un contrat porteur d'une clause compromissoire soit tranché par un tribunal arbitral, il suffit que la clause ait été acceptée par la partie à laquelle on l'oppose. L'alinéa 2 précise que si une partie était un particulier, lorsqu'elle a formé le contrat principal porteur de la clause compromissoire, l'autre partie ne peut pas lui opposer automatiquement celle-ci et la contraindre à régler le litige par l'arbitrage. La nouvelle rédaction de l'article entraîne donc deux effets.

D'une part, une clause compromissoire peut désormais figurer dans un contrat formé entre un professionnel et un particulier ou dans un contrat liant deux particuliers pour résoudre, au moyen de l'arbitrage, un litige éventuel lié à cet acte.

D'autre part, les parties non-professionnelles bénéficient d'une option en cas de litige : accepter ou pas de le faire trancher par un tribunal arbitral.

En définitive, le nouvel article 2061 C. civ., augmente considérablement le nombre de personnes habilitées à recourir à l'arbitrage interne par la clause compromissoire et les litiges que pourra trancher un tribunal arbitral par ce biais. Les travaux parlementaires ont notamment cité les règlements de copropriété, les conventions d'indivision ou encore les statuts de SCI (sociétés civiles immobilières). Le professeur Clay a même ajouté à cette liste les litiges patrimoniaux relatifs aux divorces ou aux successions.

II. Les conditions de forme

Comme leur nom l'indique, elles précisent toutes les formalités à accomplir afin que certains actes soient valables. Quant à la convention d'arbitrage interne, le principe est celui de l'exigence d'une convention écrite (**A**). En revanche, pour la convention d'arbitrage international, la règle est celle de l'absence de conditions de forme, même si elle connaît quelques limites (**B**).

1. L'exigence d'un écrit pour la convention d'arbitrage interne

L'article 1443 C. pr. civ. impose la rédaction de la convention d'arbitrage par écrit, à peine de nullité de celle-ci. Il s'agit donc d'un formalisme *ad validitatem*, c'est-à-dire de nature à assurer la validité d'un acte.

L'article précise également que l'exigence d'une convention d'arbitrage interne écrite sera respectée dans le cas d'un échange d'écrits. En pratique, il y a échanges d'écrits notamment si une partie à un contrat mentionne la convention d'arbitrage dans un courrier ou un mail adressé à l'autre partie et que celle-ci l'accepte, par un courrier ou un mail en retour.

2. L'absence de conditions de forme pour la convention d'arbitrage international

Ce principe a une origine jurisprudentielle car il a été affirmé par un arrêt de la CA de Paris du 24 févr. 2005 (GP 2005, n° 118, p. 36). En effet, elle a estimé que « *la convention d'arbitrage international n'obéit à aucune règle de forme, mais à un principe de validité qui repose sur le seul accord de volonté des parties* ». Par conséquent, dès l'instant où les parties ont exprimé leur consentement à la convention d'arbitrage international et qu'elles peuvent le prouver, aucune formalité particulière ne devra être accomplie pour assurer sa validité.

L'article 1507 C. pr. civ. dans sa rédaction issue du décret de 2011, a consacré cette jurisprudence afin de favoriser la formation des conventions d'arbitrage international en allégeant au maximum les formalités. Il énonce ainsi que « *la convention d'arbitrage n'est soumise à aucune condition de forme* ».

Partant, une convention d'arbitrage internationale uniquement verbale serait, en théorie, valable. Or, en pratique, une telle situation ne se rencontre jamais. En effet, une convention d'arbitrage international écrite s'avérera nécessaire dans le cadre d'une procédure d'*exequatur*, destinée à obtenir l'exécution forcée de la sentence arbitrale par la partie qui n'aurait pas exécuté d'elle-même ce à quoi la sentence l'a condamné (v. Fiche 28). Ainsi, la partie demanderesse de l'*exequatur* de la sentence doit produire la convention d'arbitrage ou une copie de celle-ci (art. 1515, al. 1er du C. pr. civ.). Il est donc incontournable de la posséder sous forme écrite.

À RETENIR

- Pour être valable, toute convention d'arbitrage doit respecter des conditions de fond et de forme.
- Outre le respect des conditions de validité applicables à tout contrat, la convention d'arbitrage est soumise à deux conditions de fond spécifiques. D'une part, les parties à cette convention doivent posséder le pouvoir de former un tel acte et, d'autre part, leur litige doit être arbitrable.
- Quant aux conditions de forme, si la convention d'arbitrage interne doit obligatoirement être formée par écrit, une telle formalité s'avère facultative pour la convention d'arbitrage international, même si en pratique, une telle convention est toujours formée par écrit.

POUR ALLER PLUS LOIN

- S. Bollée, « Clause compromissoire et droit commun des conventions », *Rev. arb.* 2005, p. 917.
- Th. Clay, « Les articles relatifs aux conventions d'arbitrage », *Cah. arb.* 2017, p. 17.
- C. Nourissat, « L'arbitre et le droit de la famille », *Procédures*, févr. 2020, dossier 3.
- L. Weiller, « L'arbitrage du XXIe siècle », *Procédures* 2017, étude 9.
- J.B. Racine, « L'arbitrabilité des litiges en Droit de la famille », *Dr. et Patr.*, n° 275, 1er déc. 2017, p. 26.

POUR S'ENTRAÎNER : FICHE DE JURISPRUDENCE

Rédigez la fiche de jurisprudence de l'arrêt Civ. 1re : 8 févr. 2000 (n° 97-19.920).

Vu les articles 1424 et 2059 du Code civil ;
Attendu que, selon le premier de ces textes, les époux ne peuvent, l'un sans l'autre aliéner les immeubles, fonds de commerce et exploitations dépendant de la communauté, et que, selon le second, une personne ne peut compromettre que sur les droits dont elle a la libre disposition ;

Attendu que, dans le cadre d'une instance engagée le 7 décembre 1990 par M. Jean-Jacques Y. et son épouse commune en biens, Nicole X., à l'encontre de leur frère et beau-frère, M. Bernard Y., en vue d'obtenir le partage de biens indivis, M. Jean-Jacques Y. a, sans le concours de son épouse, signé avec son frère, le 28 mars 1991, un compromis ayant donné lieu à une sentence arbitrale ; que Mme X. a assigné son mari, sur le fondement des dispositions de l'article 1427 du Code civil, en lui reprochant d'avoir outrepassé ses pouvoirs sur les biens communs et en demandant l'annulation du compromis d'arbitrage signé sans son accord ;

Attendu que, pour la débouter de son action, l'arrêt attaqué retient qu'il résulte des dispositions de l'article 1421 du Code civil conférant à chaque époux séparément le pouvoir d'administrer seul les biens communs que chaque époux peut exercer les actions en justice relatives à ces biens et qu'un compromis d'arbitrage, étant assimilable à une action en justice, dans la mesure où il a pour but de faire déterminer par un tiers, juge ou arbitre, les droits des époux, est un acte d'administration au sens de ce texte ;

Attendu qu'en statuant ainsi, après avoir relevé que le compromis litigieux tendait au partage de biens communs dont le signataire n'avait pas la libre disposition, la cour d'appel a violé, par refus d'application, les textes susvisés ;

PAR CES MOTIFS : Casse et annule, dans toutes ses dispositions, l'arrêt rendu le 28 mai 1997, entre les parties, par la cour d'appel de Pau ; remet en conséquence, la cause et les parties dans l'état où elles se trouvaient avant ledit arrêt et, pour être fait droit, les renvoie devant la cour d'appel d'Agen.

CORRIGÉ

- **Faits** : deux époux communs en biens, M. Jean-Jacques Y et Mme Nicole X, ont engagé une instance en décembre 1990, à l'encontre du frère du mari, M. Bernard Y, afin d'obtenir le partage de biens qu'ils détenaient en indivision. Trois mois plus tard, le mari a signé un compromis d'arbitrage avec son frère afin de faire trancher le litige les opposant par un tribunal arbitral et ce, sans le concours de son épouse.
- **Procédure** : le tribunal arbitral a alors rendu une sentence afin de trancher le litige portant sur le partage de l'indivision. Mme X a alors assigné son mari, sur le fondement de l'article 1427 C. civ., car ce dernier aurait outrepassé ses pouvoirs en signant seul le compromis d'arbitrage. Elle demande donc l'annulation de

cette convention. Par un arrêt en date du 28 mai 1997, la cour d'appel de Pau l'a déboutée de son action au motif que l'article 1421 C. civ confère à chaque époux séparément le pouvoir d'administrer seul les biens communs et que chacun peut exercer les actions en justice relatives à ces biens. Par conséquent, elle estime qu'au sens de ce texte, le compromis d'arbitrage litigieux constitue un acte d'administration que le mari avait le pouvoir de signer seul. Mme X forme alors un pourvoi en cassation contre cet arrêt.

- **Problème juridique soulevé** : en l'espèce, se posait la question de savoir si un époux commun en biens dispose du pouvoir de former un compromis d'arbitrage afin de trancher un litige relatif à un bien dépendant de la communauté et ce, sans le concours de son épouse.
- **Solution de la Cour de cassation** : par un arrêt du 8 décembre 2000, la Cour de cassation casse et annule l'arrêt de la cour d'appel de Pau et renvoie alors les parties devant la cour d'appel d'Agen.
  En l'espèce, la Haute juridiction opère la combinaison entre deux dispositions du C. civ., qu'elle cite en visas de sa décision, à savoir l'article 1424, énonçant que « *les époux ne peuvent, l'un sans l'autre, aliéner ou grever de droits réels les immeubles, fonds de commerce et exploitations dépendant de la communauté* » et l'article 2059, selon lequel une personne ne peut former un compromis d'arbitrage que sur les droits dont elle a la libre disposition. De cette combinaison, elle déduit la nullité du compromis d'arbitrage, signé uniquement par le mari, sans le concours de son épouse commune en biens. En agissant de la sorte, le mari a donc formé un acte portant sur des droits dont il n'avait pas, à lui seul, la libre disposition. Par conséquent, il a outrepassé ses pouvoirs sur les biens communs.

Fiche 12

Les effets des conventions d'arbitrage

DÉFINITIONS

- **Chaîne de contrats** : Situation dans laquelle plusieurs contrats se succèdent dans le temps et portent sur le même objet. La chaîne est homogène si les contrats successifs sont de même nature (ex. un contrat de vente de matériaux de construction formé entre un fabricant et une enseigne spécialisée qui revend ensuite ces mêmes matériaux à un artisan par un autre contrat de vente). Elle est hétérogène si les contrats sont de nature différente (ex. un contrat de vente portant sur un bien, bien utilisé ensuite pour réaliser une prestation de services dans le cadre d'un contrat d'entreprise).
- **Groupe de sociétés** : Structure composée d'une société-mère ou holding dont l'activité principale consiste à gérer les participations, en principe majoritaires, qu'elle détient dans le capital de plusieurs filiales exerçant chacune une activité différente.
- **Ordonnance de référé** : Décision rendue par le juge des référés (juge unique) comportant une ou des mesures urgentes, destinées à préserver des droits, prévenir un dommage ou faire cesser un trouble manifestement illicite (ex. cessation de travaux réalisés en l'absence de toutes les autorisations requises).

Toute convention d'arbitrage valablement formée peut s'exécuter et produit trois effets entre les parties. Elle va d'abord créer un lien entre elles. Il s'agit de l'effet obligatoire (**I**). En principe, la convention ne liera ensuite que les parties et pas les tiers, demeurant extérieurs à celle-ci. Il s'agit de l'effet relatif (**II**). Enfin, la convention d'arbitrage est transmissible à autrui (**III**).

I. L'effet obligatoire

La convention d'arbitrage lie les parties. Partant, si l'une d'entre elles saisissait une juridiction étatique, avant le tribunal arbitral, d'une question litigieuse concernant la convention d'arbitrage, cette juridiction ne disposerait pas, en principe, du pouvoir de se prononcer. C'est donc le tribunal arbitral lui-même qui, une fois saisi, détiendra cette compétence (art. 1448, al. 1er et art. 1465 C. pr. civ.). La convention d'arbitrage apparaît donc obligatoire.

Or, deux exceptions à l'effet obligatoire permettent de saisir un juge étatique avant même que le tribunal arbitral ne le soit : si la convention d'arbitrage apparaît manifestement nulle ou inapplicable (**A**) et si le juge étatique sollicité est le juge des référés (**B**).

A. Le cas de la convention d'arbitrage manifestement nulle ou inapplicable

Dans ce cas, un tribunal étatique peut se prononcer alors que le tribunal arbitral n'est pas encore saisi (art. 1448, al. 1er C. pr. civ., applicable aussi à l'arbitrage international). La nullité ou l'inapplicabilité de la convention d'arbitrage est manifeste si elle apparaît évidente, c'est-à-dire si elle résulte d'une erreur grossière.

ILLUSTRATIONS

- **Reconnaissance de l'inapplicabilité manifeste : Civ. 1re : 19 déc. 2012 ; n° 11-27.199 et CA Paris : 2 juill. 2020 ; n° 19/21120.**
Dans la première affaire, la Cour de cassation a estimé qu'une clause d'arbitrage statutaire (insérée dans les statuts d'une société), visant uniquement les litiges relatifs aux affaires sociales, était inapplicable aux contrats formés entre des actionnaires et des tiers. Dans la seconde, les juges du fond ont décidé qu'une clause d'arbitrage statutaire, uniquement applicable aux litiges liés aux affaires de la société, ne concernait pas un contrat de cession de droits sociaux litigieux, formé entre deux associés. Ces solutions sont logiques car les clauses d'arbitrage litigieuses s'appliquaient, dans les deux cas, uniquement aux litiges concernant les affaires sociales. Or, l'arrêt de 2012 les a définis comme ceux liés au fonctionnement des organes de décision et d'exécution d'une société (ex. action en responsabilité des associés contre le dirigeant de la société). Or, les litiges à l'origine des deux arrêts opposaient respectivement des actionnaires à des tiers et deux associés entre eux. Ils ne coïncidaient donc pas avec la définition jurisprudentielle des affaires sociales. Les clauses d'arbitrage étaient donc inapplicables.

- **Mise à l'écart de l'inapplicabilité manifeste : Com : 4 juill. 2018 ; n° 17-13.067.** En l'espèce, bien qu'une partie ait souhaité engager la responsabilité civile délictuelle (extracontractuelle) de l'autre, la Haute juridiction a considéré que cette action n'était pas sans lien avec un contrat formé entre les parties, comportant une clause compromissoire.
Par conséquent, elle a affirmé que « *le caractère délictuel de l'action engagée ne suffit pas à caractériser l'inapplicabilité manifeste de la convention d'arbitrage* ».
En définitive, cette clause compromissoire étant valable, le tribunal arbitral devait donc être saisi et il lui appartenait d'indiquer s'il était compétent ou pas pour trancher cette action en responsabilité civile.

B. Le recours au juge des référés

En cas d'urgence, toute personne peut saisir le juge des référés afin qu'il prenne une ou plusieurs mesures urgentes en rendant une ordonnance de référé (art. 834 et s. C. pr. civ.). Or, de telles mesures ont un caractère provisoire. Elles peuvent donc être remises en cause par le juge qui statuera ultérieurement sur le fond de l'affaire.

L'article 1449 al. 1er du C. pr. civ., applicable à l'arbitrage interne et international, énonce que l'existence d'une convention d'arbitrage n'empêche pas, tant que le tribunal arbitral ne s'est pas encore réuni, qu'une partie saisisse le juge des référés pour qu'il prononce une mesure urgente. Or, la saisine du juge des référés avant le tribunal arbitral ne sera possible que si la situation d'urgence apparaît suffisamment caractérisée. À l'inverse, le juge des référés sera incompétent (CA Paris : 6 juin 2019 ; n° 19/02646).

II. L'effet relatif

Comme tout contrat, la convention d'arbitrage, ne lie que les parties qui l'ont formée (art. 1199 C. civ.). Elle n'oblige donc pas les tiers, lesquels ne seront pas contraints de participer à la procédure arbitrale. Ceci constitue une faiblesse de l'arbitrage par rapport à la justice étatique, laquelle peut déclencher l'intervention forcée de tiers lors d'un litige. En définitive, un tiers ne participera à l'instance arbitrale que s'il y consent.

L'effet relatif de la convention d'arbitrage est cependant assoupli dans les groupes de sociétés. Partant, si une société, filiale d'un groupe, a formé un contrat porteur d'une clause compromissoire, la question s'est posée de savoir si, en cas de litige, la clause pouvait être étendue à une autre filiale du groupe, voire à la société-mère. La jurisprudence n'admet pas que la simple existence d'un groupe de sociétés suffise à étendre à toutes ses entités les effets de la clause compromissoire, signée par une seule d'entre elles. L'extension des effets de la clause compromissoire à une société non signataire nécessite donc une interprétation de sa volonté et de son comportement. Par conséquent, si la société non-signataire de la clause compromissoire, mais membre du groupe, a participé à la formation ou à l'exécution du contrat principal porteur d'une telle clause, le tribunal arbitral en déduit sa volonté d'adhérer à la clause compromissoire (CA Paris : 23 juin 2020, n° 17/22943). De plus, une clause compromissoire, stipulée en cas de conflits entre actionnaires d'une holding lie non seulement les associés, mais aussi leurs héritiers, bien qu'ils ne l'aient pas signé au départ (Civ. 1re : 6 oct. 2010 ; n° 08-20.563). En effet, ces derniers, en s'impliquant dans le fonctionnement de la holding se sont comportés tels de véritables actionnaires. Par conséquent, la clause compromissoire leur était également applicable toute sa raison d'être à leur égard.

Enfin, la jurisprudence a étendu, en dehors des groupes de sociétés, les limites à l'effet relatif de la clause compromissoire, en matière d'arbitrage international. Ainsi, elle a estimé que « *l'effet de la clause d'arbitrage international s'étend aux parties directement impliquées dans l'exécution du contrat et les litiges qui peuvent en résulter* » (Civ. 1re : 27 mars 2007 ; n° 04-20.842).

III. La transmission de la convention d'arbitrage

La convention d'arbitrage, interne comme internationale, peut enfin se transmettre, la jurisprudence prévoyant très largement cette transmission. Ainsi, pour une cession de créance, la clause compromissoire insérée dans le contrat de cession en cas de litige sera également cédée (Civ. 1re : 5 janv. 1999 ; n° 96-20.202).

La solution vaut également dans une chaîne de contrat. Ici, la Cour de cassation a procédé en deux temps. Elle a d'abord déclaré que dans une chaîne homogène de contrats, prévoyant la transmission de biens, la convention d'arbitrage international accompagnant leur vente, se transmettait avec ceux-ci (Civ. 1re : 6 févr. 2001, Peavey ; n° 98-20.776). Puis, l'arrêt Civ. 1re du 27 mars 2007 (préc. au II., *in fine*) a estimé que, dans une chaîne de contrats, la clause compromissoire en matière d'arbitrage international est transmise de façon automatique, sans incidence du caractère homogène ou hétérogène de cette chaîne.

À RETENIR

- Toute convention d'arbitrage présente trois effets juridiques.
- En premier lieu, en vertu de l'effet obligatoire, elle devra être respectée par les parties. Ainsi, tout litige survenant entre elles devra être porté devant un tribunal arbitral, à moins que la convention apparaisse manifestement nulle ou inapplicable ou que le juge étatique saisi soit le juge des référés et ce, pour faire face à une situation d'urgence.
- En second lieu, l'effet relatif de la convention d'arbitrage implique qu'elle ne liera que les parties qui l'ont formé et pas les tiers. L'effet relatif est cependant assoupli. Ainsi, lorsqu'une personne non-signataire d'une clause compromissoire a joué un rôle actif dans la formation ou l'exécution du contrat dans lequel elle figure, elle pourra être concernée par celle-ci.
- En troisième lieu, comme tout contrat, la clause compromissoire peut se transmettre à autrui. Tel est le cas de la clause compromissoire figurant dans une chaîne de contrat, que celle-ci soit homogène ou hétérogène.

POUR ALLER PLUS LOIN

- O. Cachard, « Le contrôle de la nullité ou de l'inapplicabilité manifeste de la clause compromissoire », *Rev. arb.* 2006, p. 893.
- B. Hanotiau, « L'arbitrage et les groupes de sociétés », *Gaz. Pal.*, 19 déc. 2002, n° 353, p. 6.
- Motulsky, « Les effets de la clause compromissoire », *Études et notes sur l'arbitrage*, Dalloz, 1974, p. 160.
- F.X. Train, « L'extension de la clause compromissoire. Chronique des années 2012-2017 », *Rev. arb.* 2017, p. 389.

POUR S'ENTRAÎNER : CAS PRATIQUE DE RÉVISION DU THÈME TRAITÉ

Résoudre le cas pratique suivant : un contrat d'approvisionnement portant sur des briques de construction a été formé entre deux sociétés « petit A » et « B ». La société venderesse, « petit A », fabrique elle-même ces matériaux. Par ailleurs, elle est la filiale d'un groupe aux activités de production et de vente très diverses. Ce groupe est géré par la société holding « grand A ». Ce contrat d'approvisionnement comporte une clause compromissoire prévoyant de porter tout litige relatif, tant à la formation qu'à l'exécution du contrat, devant un tribunal arbitral mis en place par un centre d'arbitrage reconnu. Lors de la formation du contrat, le prix de vente des matériaux, les délais de livraison et la clause compromissoire y figurant ont fait l'objet de négociations tripartites entre les sociétés « petit A », « grand A » et « B ». Or, après réception des matériaux, la société « B » estime que ceux-ci présentent une qualité bien moindre que celle vantée par la société « petit A » lors de la formation du contrat. Estimant avoir été victime d'un dol, la société « B » souhaite exercer une action en nullité du contrat d'approvisionnement et se voir octroyer des dommages et intérêts en raison du préjudice subi. Elle se pose alors deux questions.

1. Devant quelle juridiction devra-t-elle exercer une action en nullité pour dol du contrat d'approvisionnement et octroi de dommages et intérêts ?
2. Contre quelle(s) société(s) doit-t-elle se retourner : « petit A » et/ou « grand A » ?

CORRIGÉ

1. Étant donné que le contrat litigieux est porteur d'une clause compromissoire, la société « B » devra saisir le tribunal arbitral afin que ce dernier se prononce sur la nullité éventuelle et l'octroi de dommages et intérêts. Il s'agit d'une application de l'effet obligatoire de la clause compromissoire entre les parties (art. 1465 C. pr. civ.). Une juridiction étatique sera donc incompétente pour trancher ce litige car la clause compromissoire, telle qu'elle est rédigée en l'espèce est conforme à ce type de clause. Elle n'apparaît donc pas manifestement nulle ou inapplicable (art. 1448 al. 1er C. pr. civ.).
2. La société « B » pourra exercer son action à la fois contre la filiale « petit A » et la holding « grand A ». En effet, en vertu de l'effet relatif de la clause compromissoire, le contrat a été formé entre « B » et « petit A ». Cependant, il ressort des faits du cas que la société « grand A » a pris une part active dans les négociations contractuelles et la rédaction de la clause compromissoire, donc dans la formation du contrat, si bien que, conformément à la jurisprudence (CA Paris : 23 juin 2020, n° 17/22943 et 23 nov. 2021, n° 18/22323), sa volonté d'accepter, sinon d'adhérer à la clause compromissoire semble claire.

Fiche 13

Les particularités de la clause compromissoire

DÉFINITIONS

- **Nullité du contrat** : V. Fiche 11.
- **Résolution du contrat** : Sanction appliquée lorsqu'un contrat a été valablement formé au départ, mais lorsque l'une des parties n'a pas exécuté ou n'a qu'imparfaitement exécuté la ou les obligations mises à sa charge (v. art. 1217 C. civ.). La résolution, à l'instar de la nullité, présente, en principe, également un effet rétroactif.
- **Résiliation du contrat** : Cas dans lequel les parties mettront fin à l'application d'un contrat uniquement pour l'avenir. En revanche, les effets qu'il a produits par le passé seront maintenus. La résiliation est donc dépourvue d'effet rétroactif (ex. résiliation d'un forfait de téléphonie mobile ayant duré 24 mois).

Quelques particularités de cette clause, progressivement dégagées par la jurisprudence, lui confèrent une certaine force et restreignent les hypothèses de nullité qu'elle pourrait subir. Plus précisément, la clause compromissoire présente une totale autonomie vis-à-vis du contrat principal dans lequel elle a été insérée et ce, tant pour l'arbitrage interne qu'international (**I**). Cette autonomie a été ensuite prolongée, en matière d'arbitrage international, par l'adoption de deux principes jurisprudentiels complémentaires (**II**).

I. Le principe d'autonomie de la clause compromissoire vis-à-vis du contrat principal

Pendant presque cinquante ans, l'autonomie de la clause compromissoire par rapport au contrat principal la contenant a constitué un principe jurisprudentiel, constamment réaffirmé et étendu (**A**). Le décret du 13 janvier 2011 a finalement codifié ce principe (**B**).

A. Un principe jurisprudentiel constamment réaffirmé et étendu

L'autonomie de la clause compromissoire a été proclamée pour la première fois par le célèbre arrêt Gosset (Civ 1re : 7 mai 1963 ; Bull. civ. 63, n° 246). En l'espèce, la Cour de cassation a estimé qu'« *en matière d'arbitrage international, l'accord compromissoire, qu'il soit conclu séparément ou inclus dans l'acte juridique auquel il a trait, présente toujours, sauf circonstances exceptionnelles* [...] ***une complète autonomie juridique, excluant qu'il puisse être affecté par une éventuelle invalidité de l'acte*** ». Autrement dit, toute clause compromissoire (l'arrêt emploie le terme d'accord compromissoire qui en est un synonyme) doit être considérée comme juridiquement autonome du contrat principal sur lequel elle porte et ce, qu'elle y ait été insérée ou qu'elle figure en annexe de celui-ci.

L'effet essentiel du principe d'autonomie est que la clause compromissoire, prévoyant de porter le litige devant un tribunal arbitral, ne peut pas être contournée au motif que l'une des parties invoquerait l'invalidité, c'est-à-dire la nullité du contrat principal dans lequel elle a été insérée. Ainsi, la clause compromissoire demeurera applicable en dépit de cette circonstance et il appartiendra au tribunal arbitral de se prononcer, dans sa sentence arbitrale, sur la question de savoir si le contrat qui la contient doit être annulé ou non.

La jurisprudence a étendu l'application du principe d'autonomie de la clause compromissoire à tous les cas d'inefficacité du contrat, donc non seulement à sa nullité, mais aussi à sa résolution et à sa résiliation.

B. La codification du principe d'autonomie dans le C. pr. civ

Le décret du 13 janv. 2011 a finalement consacré cette jurisprudence en l'introduisant à l'article 1447 al. 1er C. pr. civ., applicable à l'arbitrage interne et international. Il énonce ainsi que « *la convention d'arbitrage est indépendante du contrat auquel elle se rapporte. Elle n'est pas affectée par l'inefficacité de celui-ci* ». Dans le texte, le terme d'indépendance a été préféré à celui d'autonomie mais ils signifient la même chose. De plus, l'article a été rédigé en utilisant un terme large, « *l'inefficacité* », afin d'inclure tout motif de disparition du contrat principal (nullité, résolution et résiliation), sans distinguer entre ceux-ci.

Le principe d'indépendance de la clause compromissoire a été consacré dans la législation de nombreux États et figure à l'article 16.1 de la loi-type CNUDCI. Partant, il constitue un principe général du droit de l'arbitrage.

La consécration de ce principe d'indépendance se justifie par la fonction spécifique de la clause compromissoire. Elle vise uniquement à soumettre à un tribunal arbitral tout litige lié au contrat principal dans lequel elle a été inséré. En revanche, elle n'entre pas en interaction avec les obligations figurant au contrat et leur éventuelle inefficacité. L'indépendance constitue donc un important rempart pour la clause compromissoire face à l'éventuelle inefficacité du contrat principal qui la contient.

ATTENTION

L'indépendance de la clause compromissoire connaît une exception. En effet, si l'une des parties prouve que la cause d'inefficacité dont souffre le contrat principal a contaminé la clause compromissoire, celle-ci ne pourra pas survivre non plus (ex. nullité à la fois du contrat principal et de la clause compromissoire pour un vice du consentement d'une des parties portant sur ces deux éléments).

II. Les principes complémentaires à l'autonomie de la clause compromissoire en matière d'arbitrage international

La jurisprudence a prolongé l'autonomie de la clause compromissoire dans deux directions. D'une part, elle a consacré son autonomie vis-à-vis des lois étatiques (**A**). D'autre part elle a énoncé un principe de la validité générale de la clause compromissoire (**B**).

A. L'autonomie de la clause compromissoire par rapport aux lois étatiques

Deux arrêts importants ont étendu l'autonomie de la clause compromissoire à son indépendance vis-à-vis de toutes les lois étatiques. La jurisprudence a procédé en deux temps.

Le premier est l'arrêt Hecht, rendu au début des années 70 (Civ. 1re : 4 juill. 1972 ; n° 70-14.163). Celui-ci a consacré l'autonomie de la clause compromissoire vis-à-vis de la loi étatique applicable au contrat qui la contient. Un bref rappel des faits aidera à comprendre le raisonnement suivi. En l'espèce, une société hollandaise, fabriquant un produit, a formé un contrat de distribution international avec une personne physique de nationalité française permettant à cette dernière de vendre celui-ci en exclusivité sur le territoire français. Ce contrat était assorti d'une clause compromissoire en cas de litige entre les parties à son sujet. La justice étatique française a cependant connu d'un litige lié à ce contrat. La Cour de cassation a alors énoncé le principe selon lequel la clause compromissoire, insérée dans un contrat international, présente une complète autonomie juridique. Partant, celle-ci est autonome, non seulement vis-à-vis du contrat principal qui la contient (comme l'avait énoncé l'arrêt Gosset ; v. *supra*), mais elle est également autonome par rapport à la loi applicable à ce contrat.

Par conséquent, même si la loi applicable au contrat principal en l'espèce, en l'occurrence la loi française, interdisait à l'époque l'usage d'une clause compromissoire pour résoudre le litige lié à ce contrat, la clause compromissoire, du fait de son autonomie vis-à-vis de cette loi étatique, a pu s'appliquer et le litige a pu être porté devant un tribunal arbitral.

Le second arrêt, Dalico (Civ. 1re : 20 déc. 1993 ; n° 91-16.828) a complété l'arrêt Hecht en précisant, plus de vingt ans plus tard, que la clause compromissoire était autonome par rapport à toute loi étatique. Elle est donc autonome non seulement vis-à-vis de la loi s'appliquant au contrat principal dans lequel elle figure, mais aussi vis-à-vis de toute autre loi étatique.

ILLUSTRATION : ARRÊT CA PARIS DU 20 DÉCEMBRE 2018 (N° 16/25484)

En l'espèce, une société dont le siège social se situait au Cameroun a formé un contrat international porteur d'une clause compromissoire, prévoyant le déroulement d'un arbitrage, en cas de litige sur le contrat, encadré par le droit français de l'arbitrage international. Quelque temps plus tard, la société a opéré le transfert de son siège social en Belgique. Or, postérieurement à ce transfert, un litige l'a opposé à son partenaire contractuel. La question s'est donc posée de savoir si le transfert du siège social d'un État à un autre privait la société du droit d'invoquer la clause compromissoire. Or, la cour d'appel a répondu par la négative à cette question, estimant que « *l'existence ou la validité de la clause compromissoire dépend uniquement de l'intention commune des parties sans qu'il soit nécessaire de se référer à un droit national* ». En définitive, le transfert de siège social de la société ne faisait pas obstacle à l'application de la clause compromissoire formée antérieurement.

B. Le principe de validité générale de la clause compromissoire

La jurisprudence a défini un principe de validité de la clause compromissoire en matière internationale, dans l'arrêt Zanzi (Civ. 1re : 5 janv. 1999 ; n° 96-21.430), confirmé à plusieurs reprises.

Il ressort de celui-ci, ainsi que de la jurisprudence ayant consacré la totale autonomie de la clause compromissoire, que seuls deux et uniques cas d'anéantissement de cette clause sont envisageables : sa méconnaissance des règles obligatoires du droit français (règles d'Ordre public) et sa contrariété à l'Ordre public international. Toute autre cause d'anéantissement, même prévue par des lois étatiques sera donc inapplicable (ex. interdiction de trancher un litige par le recours à un tribunal arbitral).

À RETENIR

- La clause compromissoire présente plusieurs particularités qui lui confèrent une certaine force.
- En premier lieu, la jurisprudence, puis le législateur, ont consacré son autonomie vis-à-vis du contrat principal dans lequel elle prend place, tant pour l'arbitrage interne qu'international. En principe, elle ne sera donc affectée par aucune cause d'inefficacité touchant celui-ci (nullité, résiliation ou résolution du contrat principal).
- En second lieu, en matière d'arbitrage international, l'autonomie de la clause compromissoire vis-à-vis du contrat principal qui la contient a été prolongée par deux principes jurisprudentiels complémentaires. D'une part, la clause compromissoire est autonome vis-à-vis de toute loi étatique, tant par rapport à celle applicable au contrat principal qui l'accueille, que de toutes les autres. D'autre part, elle est encadrée par un principe de validité générale, selon lequel elle ne sera anéantie qu'en raison d'une méconnaissance des règles relevant de l'Ordre public interne ou de l'Ordre public international.

POUR ALLER PLUS LOIN

- L. Cadiet et Th. Clay, *Les modes alternatifs de règlement des conflits,* Dalloz, coll. Connaissance du droit, 3e éd. 2019.
- Ch. Jarrosson, « Le nouvel essor de la clause compromissoire », *JCP* G 2001, I, 333.
- Motulsky, « Autonomie juridique de la clause compromissoire », *Études et notes sur l'arbitrage,* Dalloz 1974, p. 340.
- J.B. Racine, « Réflexions sur l'autonomie de l'arbitrage commercial international », *Rev. arb.* 2005, p. 305.

POUR S'ENTRAÎNER : QUESTION AVEC UNE RÉPONSE À DÉVELOPPER (QRD)

Traitez la QRD suivante : l'indépendance de la clause compromissoire par rapport aux lois étatiques.

CORRIGÉ

La jurisprudence, en droit de l'arbitrage international a consacré l'indépendance de la clause compromissoire vis-à-vis de toutes les lois étatiques en deux temps.

- Dans un premier temps, elle a consacré l'autonomie de la clause compromissoire vis-à-vis de la loi étatique applicable au contrat qui la contient et ce, à l'occasion de l'arrêt Hecht (Civ. 1re : 4 juill. 1972 ; n° 70-14163), En l'espèce, même si la loi applicable (loi française) interdisait à l'époque l'usage d'une clause compromissoire pour résoudre un litige concernant un contrat de distribution exclusive d'un produit sur le territoire français, la clause compromissoire, du fait de son autonomie vis-à-vis de cette loi étatique, a pu s'appliquer. Ainsi, le litige a pu être porté devant un tribunal arbitral.
- Dans, un second temps, l'arrêt Dalico (Civ. 1re : 20 déc. 1993 ; n° 91-16828) a précisé, plus de vingt ans après l'arrêt Hecht, que la clause compromissoire était autonome, non seulement vis-à-vis de la loi s'appliquant au contrat principal dans lequel elle figurait, mais également vis-à-vis de toute autre loi étatique. Ainsi, cet arrêt a estimé que l'efficacité de la clause compromissoire s'apprécie « *d'après la commune volonté des parties, sans qu'il soit nécessaire de se référer à une loi étatique* ». La généralité de la formule « *une loi étatique* », fait donc référence à toutes les lois étatiques et non pas uniquement à celle applicable au contrat. Récemment, un arrêt de la cour d'appel de Paris du 20 décembre 2018 (n° 16/25484) a rendu une solution très proche.

Fiche 14

Le choix des arbitres et la constitution du tribunal arbitral

DÉFINITIONS

- **Indépendance de l'arbitre** : Faculté de celui-ci à se protéger contre toutes les pressions extérieures, émanant des parties au litige, voire de lobbies (ex. organisme professionnel auquel sont rattachées les parties qui s'opposent). L'arbitre ne doit donc présenter aucun lien de dépendance avec les parties et ce, qu'il s'agisse d'un lien personnel (ex. ne pas arbitrer un litige impliquant un membre de sa famille ou un ami) ou d'un lien de subordination (ex. ne pas être arbitre d'un litige dans lequel son employeur est partie).
- **Impartialité de l'arbitre** : Qualité imposant à l'arbitre de se prononcer en l'absence de toute opinion préétablie sur la responsabilité de telle partie au litige ou sur l'issue de celui-ci.
- **Récusation** : Demande formulée par l'une des parties visant à ce qu'un arbitre ne siège pas dans le tribunal arbitral car un élément rend selon elle impossible sa présence en tant qu'arbitre dans le litige.
- **Révocation** : Acte par lequel ceux qui avaient confié une mission à une personne mettent fin à celle-ci pour divers motifs (ex. manque de compétence de l'arbitre pour trancher le litige).

L'arbitrage constitue une forme de justice privée choisie par les parties, non seulement parce que son utilisation reflète l'expression de leur volonté, exprimée dans une convention d'arbitrage (v. Fiches 11, 12 et 13), mais aussi parce qu'elles choisiront elles-mêmes le ou les arbitres qui siègeront au sein du tribunal arbitral investi de la mission de trancher leur litige.

Dans cette fiche, on étudiera successivement les principales règles encadrant le choix du ou des arbitres qui trancheront le litige (**I**), ainsi que l'établissement du cadre dans lequel ils exerceront leur mission et ce, à travers la constitution du tribunal arbitral (**II**).

I. Le choix du ou des arbitres

Les parties bénéficient d'une grande liberté afin de choisir un ou plusieurs arbitre(s) (**A**). De son/leur côté, une fois désigné(s), le ou les arbitres doivent/devront respecter plusieurs qualités procédurales pour exercer au mieux sa/leur mission juridictionnelle (**B**). Cependant, le choix du ou des arbitre(s) n'est pas définitif car l'une des parties ou les deux pourront remettre celui-ci en cause (**C**).

A. La liberté de choix du ou des arbitre(s)

Ce libre choix offre aux parties une importante marge de manœuvre pour désigner le/les arbitres (**1**). Réciproquement, le/les arbitres choisis seront libres d'accepter de siéger ou pas au sein du tribunal arbitral (**2**).

1. L'importante marge des manœuvres des parties dans la désignation du/des arbitres

La seule limite au choix des arbitres, imposée par l'article 1450 al. 1er C. pr. civ., applicable à l'arbitrage interne et international, est que chaque arbitre soit une personne physique possédant le plein exercice de ses droits. Par conséquent, chaque arbitre désigné doit être une personne majeure et capable.

Les parties pourront en outre ajouter, dans leur convention d'arbitrage, des conditions supplémentaires que chaque arbitre désigné devra remplir, dans la mesure où elles ne sont pas constitutives de discriminations. Ainsi, il est interdit de refuser de choisir tel arbitre en raison de son sexe (ex. pas de femmes ou d'hommes comme arbitre) ou de sa religion. De telles discriminations sont prohibées et sanctionnées, si elles sont avérées, par les articles 225-1 et 225-2 C. pén. En revanche, choisir un arbitre en vertu de sa nationalité n'est pas constitutif d'une discrimination, notamment en matière d'arbitrage international. Les parties peuvent donc choisir volontairement un ou des arbitres d'une nationalité différente de la leur ou des leurs (s'ils n'ont pas la même) et ce, de manière à renforcer leur indépendance dans la résolution du litige.

Même si chaque arbitre désigné doit être une personne physique, **il est cependant possible de passer par le biais d'une personne morale** pour assurer l'arbitrage (art. 1450 al. 2 C. pr. civ.). Tel est le cas de l'arbitrage institutionnel (v. Fiche 8), par lequel les parties sollicitent un centre d'arbitrage, personne morale. Ce centre désignera des arbitres personnes physiques en vue de régler le différend. En revanche, pour l'arbitrage *ad hoc*, les parties nomment directement les arbitres, sauf si elles rencontrent des difficultés pour le faire. Dans ce cas, elles devront solliciter le juge d'appui, juge étatique qui effectuera ce choix à leur place (v. Fiche 16).

Enfin, quant au nombre d'arbitres, **l'arbitrage interne impose d'en désigner un nombre impair** (art. 1451 al. 1er C. pr. civ. ; ex. trois arbitres siégeant dans une formation collégiale). Or, la jurisprudence apprécie souplement la fixation du nombre impair d'arbitres dans une clause compromissoire.

ILLUSTRATION : CA VERSAILLES, 4 NOV. 2021 (N° 21/04943)

En l'espèce, une clause compromissoire, insérée dans un pacte d'associés, énonçait que tout litige relatif à l'acte serait tranché par un arbitrage interne, dirigé par un tribunal arbitral composé de deux arbitres choisis par les parties. La clause compromissoire précisait ensuite que ces deux arbitres pouvaient, s'ils le jugeaient nécessaire, compléter le collège arbitral en désignant eux-mêmes un troisième arbitre. Rédigée de la sorte, la clause compromissoire était-elle respectueuse ou non de la règle du nombre impair d'arbitres ? Les juges du fond ont estimé que la faculté offerte aux deux arbitres désignés par les parties d'en choisir un troisième préservait la clause compromissoire, laquelle était donc conforme à la règle légale. Par conséquent, malgré la formule équivoque sur la désignation du troisième arbitre (une faculté, pas une obligation), la clause compromissoire permettait de désigner un nombre impair d'arbitres et n'était pas nulle. Le litige pouvait donc être tranché par le tribunal arbitral.

ATTENTION

La règle du nombre impair d'arbitres est en revanche facultative pour l'arbitrage international. Cependant, il est recommandé aux parties d'opter également pour un nombre impair d'arbitres car, à défaut d'unanimité quant à la solution du litige, un nombre impair permet de dégager une majorité. Inversement, un nombre pair d'arbitres risque de créer une égalité entre les solutions éventuelles et d'aboutir ainsi à une situation de blocage.

2. La liberté de l'arbitre désigné d'accepter ou de refuser sa mission

Tout arbitre désigné par les parties n'est jamais tenu d'accepter cette proposition. Or, s'il l'accepte, il s'engagera alors dans une sorte de contrat, le contrat d'arbitre. Le principal effet du contrat d'arbitre est que la responsabilité contractuelle d'un arbitre pourra être retenue en cas de faute qu'il aurait commise, faute qui devra être prouvée par les parties (art. 1231-1 C. civ.).

La jurisprudence a donné d'importantes précisions sur le régime de responsabilité pesant sur l'arbitre (Civ. 1re : 15 janv. 2014 ; n° 11-17.196). Ainsi, l'arbitre ne sera responsable que de sa faute personnelle (ex. fraude aux droits d'une partie) ou en cas de déni de justice (refus par l'arbitre de statuer sur le litige dont il est saisi). Il devra alors indemniser la ou les parties victime(s) de cette faute. En revanche, l'arbitre sera exonéré de sa responsabilité s'il commet une erreur de droit (ex. mauvaise application d'un texte) ou de fait (interprétation erronée d'une circonstance du litige). Ainsi, en cas d'erreur de droit ou de fait, les seuls remèdes offerts aux parties seront d'obtenir une nouvelle sentence arbitrale ou de demander la nullité de la sentence arbitrale comportant l'erreur de droit ou de fait (v. Fiche 30). Sur ces points, s'applique donc exactement le même système que devant les juridictions étatiques.

B. Les qualités procédurales attendues du ou des arbitres

Étant donné l'importance de la mission des arbitres, consistant à dire le droit pour trancher un litige au moyen d'une sentence arbitrale s'imposant aux parties, plusieurs qualités procédurales sont attendues d'eux, à l'instar des juges étatiques. Ainsi, tout arbitre doit être indépendant et impartial au moment de sa nomination et le rester jusqu'au terme de sa mission (v. définitions au début de la fiche). Ces garanties processuelles sont énoncées à l'article 6 § 1 Conv. EDH, consacré au procès équitable (v. Fiche 24). Or, afin qu'elles soient totalement effectives, l'article 1456 al. 2 C. pr. civ. impose à tout arbitre, avant d'accepter sa mission, de révéler « *toute circonstance susceptible d'affecter son indépendance ou son impartialité* ».

Concrètement, l'arbitre doit révéler toute information pouvant légitimement faire douter une partie de son indépendance ou de son impartialité pour traiter le litige, si elle la découvrait d'elle-même après qu'il ait accepté sa mission (ex. avoir entretenu un lien professionnel avec l'autre partie). L'arbitre doit également effectuer cette révélation sans tarder, si des circonstances affectant son indépendance ou son impartialité survenaient peu après l'acceptation de sa mission.

Or, les informations notoires, avant le début de l'arbitrage, seront exclues du champ de la révélation. La jurisprudence en a récemment donné une définition précise (CA Paris : 25 févr. 2020 ; n° 19/07575). Il s'agit ainsi d'« *informations publiques aisément accessibles, que les parties ne pouvaient manquer de consulter avant le début de l'arbitrage* », donc sans avoir à mener d'investigations trop poussées pour les découvrir.

En revanche, si les informations susceptibles d'affecter l'indépendance ou l'impartialité de l'arbitre ne sont pas notoires, ou pas suffisamment, l'arbitre doit les révéler. À défaut, trois sanctions peuvent être prononcées. Les deux premières concernent directement l'arbitre. En effet, celui-ci peut être récusé, donc exclu du tribunal arbitral à la demande de la partie victime de la non-révélation (v. *infra*, C). Il peut ensuite être contraint à indemniser cette partie par la mise en jeu de sa responsabilité civile. Enfin, la sentence rendue par le tribunal arbitral dans lequel a siégé un arbitre ayant méconnu son obligation de révélation pourrait être annulée (v. Fiche 30).

ILLUSTRATION : CA PARIS, 14 OCT. 2014 (N° 13/13459)

Cet arrêt a rappelé la palette des sanctions précitées. En l'espèce, un arbitre unique s'était livré à une révélation inexacte et incomplète des liens qu'il entretenait avec l'une des parties. En effet, il était associé dans un cabinet d'avocats alors que ses trois autres associés représentaient l'une des parties au cours de l'arbitrage ! Cette situation de conflit d'intérêts, non totalement révélée par l'arbitre, faisait donc sérieusement douter l'autre partie de son indépendance.

C. La remise en cause du choix d'un arbitre

Une fois nommé, tout arbitre a l'obligation contractuelle de poursuivre sa mission jusqu'à son terme. Il ne peut donc pas démissionner, c'est-à-dire renoncer à exercer sa mission pour des motifs purement personnels (art. 1457 al. 1er C. pr. civ.).

En revanche, il peut être révoqué par accord unanime de toutes les parties au litige (art. 1458 C. pr. civ.). L'arbitre peut également être récusé et ce, à l'initiative d'une seule partie. Il n'existe pas de liste de causes de récusation préétablies en matière d'arbitrage. Or, la partie qui exerce la récusation devra prouver l'existence d'une cause de récusation de l'arbitre et cette preuve sera librement appréciée par un juge étatique, le juge d'appui, en cas d'arbitrage *ad hoc* ou par l'institution d'arbitrage pour un arbitrage institutionnel (art. 1456 al. 3 C. pr. civ.). La partie qui demande la récusation d'un arbitre doit agir dans le délai d'un mois suivant sa découverte de la cause de récusation. À défaut d'agir dans ce délai, elle sera présumée avoir renoncé à invoquer la cause de récusation (art. 1466 C. pr. civ.).

II. La constitution du tribunal arbitral

Elle s'effectue en application de la convention d'arbitrage des parties et, le cas échéant, du règlement d'arbitrage institutionnel auquel elle renvoie. En pratique, le tribunal arbitral est constitué dès que tous les arbitres ont accepté leur mission (art. 1456, al. 1 C. pr. civ.).

En matière d'arbitrage international, il est important de régler, à l'occasion de la constitution du tribunal arbitral, la question du siège de l'arbitrage, c'est-à-dire du pays de rattachement juridique de l'arbitrage. En effet, ce choix présente une incidence stratégique sur l'aide éventuelle que les juridictions étatiques pourront apporter au moment de la constitution du tribunal arbitral.

Or, certains États sont plus performants que d'autres dans l'aide apportée, notamment la France. Ainsi, en choisissant ce pays comme siège de l'arbitrage international, les parties bénéficieront du juge d'appui. Il interviendra en cas de difficulté liée à la constitution du tribunal arbitral et ce, tant en matière d'arbitrage interne qu'international (art. 1453 C. pr. civ.).

Les parties seront donc traitées sur un pied d'égalité, aucune n'étant favorisée par rapport aux autres. Ici, on abordera la question du juge d'appui compétent dans l'arbitrage interne et international (**A**), avant d'évoquer la saisine du juge d'appui et la décision rendue (**B**).

A. Le juge d'appui compétent pour l'arbitrage interne et international

Pour l'arbitrage interne, le juge d'appui compétent est le Président du Tribunal judiciaire (juridiction issue de la fusion des TI et TGI et en vigueur depuis le 1er janv. 2020) dans le ressort duquel est fixé le siège de l'arbitrage (ex. si le tribunal arbitral siège à Bordeaux, le juge d'appui compétent sera le Président du tribunal judiciaire de Bordeaux), sauf clause contraire des parties dans leur convention d'arbitrage (art. 1459 C. pr. civ., issu du décr. n° 2019-966 du 18 sept. 2019, portant substitution du tribunal judiciaire au tribunal de grande instance et entré en vigueur le 1er janv. 2020). Or, s'il existe plusieurs tribunaux judiciaires dans un même département, le président d'un seul d'entre eux peut être désigné comme juge d'appui (art. R. 211-4, I COJ).

Pour l'arbitrage international, le juge d'appui compétent est le Président du Tribunal judiciaire de Paris, sauf clause contraire des parties (art. 1505 C. pr. civ., dans sa rédaction issue du décr de 2019 précité et entré également en vigueur le 1er janv. 2020). En la matière, le juge d'appui français intervient dans quatre cas : si le tribunal arbitral siège en France (ex. à Paris) ou si la loi française a été choisie par les parties comme loi de procédure pour encadrer l'instance arbitrale (les textes du C. pr. civ.) ou si les parties ont donné compétence aux juridictions françaises pour connaître des désaccords relatifs à la procédure arbitrale ou enfin si l'une des parties s'expose à un risque de déni de justice.

Dans tous les cas, le juge d'appui intervient en cas de désaccord des parties, notamment pour fixer les modalités de désignation du président du tribunal arbitral et aider à sa constitution.

B. La saisine du juge d'appui et la décision rendue

Elle s'effectue en principe par l'une des parties, mais elle peut l'être également par le tribunal arbitral ou l'un de ses membres (nouvel art. 1460, al. 1er C. pr. civ., issu du décret n° 2019-1419 du 20 déc. 2019, relatif à la procédure accélérée au fond devant les juridictions judiciaires, entré en vigueur le 1er janv. 2020). Selon l'article 1460 al. 2 C. pr. civ., le juge d'appui « *statue selon la procédure accélérée au fond* », c'est-à-dire une procédure à la fois rapide et contradictoire (chaque élément sera soumis à la discussion).

Il statuera sur la demande par jugement, en principe non susceptible de recours (art. 1460, al. 3 C. pr. civ.) Or, ce texte prévoit une exception à l'absence de recours. Ainsi, un appel contre le jugement du juge d'appui est possible s'il déclare qu'il n'y a pas lieu de désigner des arbitres en raison du caractère manifestement nul ou inapplicable de la convention d'arbitrage (ex. convention d'arbitrage porteuse d'une erreur grossière). L'appel sera formé dans le délai d'un mois, à compter de la remise du jugement du juge d'appui aux parties.

Enfin, et antérieurement à ce nouveau cas d'appel, la jurisprudence avait mis au point un mécanisme d'appel spécifique : l'appel-nullité contre la décision du juge d'appui. L'appel-nullité est formé par une partie à l'arbitrage, estimant que la décision du juge d'appui reposerait sur un excès de pouvoir. Ainsi, elle estime que le juge d'appui s'est prononcé très au-delà de la demande formée par une partie ou par le tribunal arbitral. L'appel-nullité doit également être formé dans le mois suivant la remise de la décision du juge d'appui aux parties.

ILLUSTRATION : CA PARIS : 24 MAI 2016 ; N° 15/23553

En l'espèce, le juge d'appui a été saisi par une partie à un arbitrage institutionnel, organisé par la CCI de Paris, pour des difficultés d'interprétation de son règlement d'arbitrage et contester les décisions prises à ce sujet. Le juge d'appui a rendu une ordonnance rejetant les décisions de la CCI et l'obligeant à en adopter d'autres. Or, pour la cour d'appel, le juge d'appui avait commis un excès de pouvoir. En effet, le règlement d'arbitrage de la CCI excluait son intervention pour régler les incidents liés à la procédure. La nullité de son ordonnance était donc justifiée.

À RETENIR

- Les parties bénéficient d'une grande liberté quant au choix du ou des arbitre(s) composant le tribunal arbitral. Ainsi, elles peuvent désigner toute personne physique majeure en tant qu'arbitre, sous réserve de n'opérer aucune discrimination lors de ce choix. Réciproquement, tout arbitre acceptant la mission confiée par les parties se doit d'agir avec indépendance et impartialité. Afin de respecter cette exigence, il sera débiteur d'une obligation de révélation de toute information pouvant légitimement faire douter une partie de son indépendance ou de son impartialité, si elle la découvrait par elle-même après qu'il ait accepté sa mission. Or, le choix du ou des arbitre(s) n'est pas définitif car l'une des parties ou les deux pourront le remettre en cause par le biais, respectivement, d'une demande de récusation et de révocation.
- La constitution du tribunal arbitral s'effectue quant à elle en application de la convention d'arbitrage des parties et, le cas échéant, du règlement d'arbitrage auquel elle renvoie, pour l'arbitrage institutionnel. En pratique, le tribunal arbitral est constitué dès que tous les arbitres ont accepté leur mission. En cas de difficulté de constitution du tribunal arbitral, les parties se tourneront vers le juge d'appui, juge étatique compétent en la matière.

POUR ALLER PLUS LOIN

- G. Augendre, « Loyauté et impartialité de l'arbitre », *Gaz. Pal.*, 24 mai 2012, p. 21.
- M. Henry, « L'indépendance de l'arbitre au cœur du Juste et de l'Utile », *Cah. arb.* 2013, n° 4, p. 873.
- E. Kleiman, « Arbitrage et conflits d'intérêts : une année mouvementée », *JCP* G 2012, 6.
- J. Van Compernolle et G. Tarzia (dir.), « L'impartialité du juge et de l'arbitre (Étude de droit comparé) », Bruylant, Bruxelles, 2006.

POUR S'ENTRAÎNER : QCM

Répondez au QCM suivant en choisissant la/les lettre(s) correspondant à la/les bonnes réponses (ex. selon les cas : 1. a. ou 1. a. et b.). Certaines questions ne comportent donc qu'une seule réponse, d'autres deux. Le nombre des réponses se déduit de l'énoncé de chaque question.

1. **Parmi les sanctions suivantes, quelles sont les deux susceptibles de s'appliquer en raison du défaut d'indépendance d'un arbitre envers l'une des parties à un litige, situation non révélée lors de l'acceptation de sa mission par l'arbitre ?**
   a. La révocation de l'arbitre.
   b. La récusation de l'arbitre.
   c. La mise en jeu de la responsabilité pénale de l'arbitre.
   d. L'annulation de la sentence arbitrale rendue pour défaut d'indépendance de cet arbitre.

2. **Quelle procédure pourront déclencher les parties à une instance arbitrale qui estimeraient toutes que tel arbitre désigné ne connaît pas du tout ou très peu la question litigieuse ?**
   a. Un licenciement.
   b. Une révocation.
   c. Une récusation.
   d. Une révision.

3. **Un tribunal arbitral siège à Toulouse pour trancher un litige opposant une société commerciale espagnole à une autre société commerciale italienne en application des règles du droit français de l'arbitrage, conformément à la clause compromissoire insérée dans un contrat qui les lient. Quelles sont les deux conséquences que l'on peut en tirer parmi les suivantes ?**
   a. Il s'agit d'un arbitrage international.
   b. Il s'agit d'un arbitrage interne.
   c. En cas de problème de constitution du tribunal arbitral, le juge d'appui compétent sera le tribunal judiciaire de Toulouse.
   d. En cas de problème de constitution du tribunal arbitral, le juge d'appui compétent sera le tribunal judiciaire de Paris.

CORRIGÉ

1. b. et d.
2. b.
3. a. et d.

Fiche 15

Le choix des règles de droit applicables au fond du litige

DÉFINITIONS

- **Ordre public de direction** : Règles obligatoires auxquelles il est impossible de déroger ou de renoncer.
- **Règles supplétives de volonté** : Règles de droit qui s'appliqueront seulement si les parties n'ont pas prévu qu'il en soit autrement.
- **Usages** : Règles en principe non-écrite, applicables au niveau d'une région, d'un pays ou dans un secteur professionnel déterminé, lesquels à force d'être répétés, acquièrent une force obligatoire.

La question concerne essentiellement l'arbitrage international, pour lequel existent deux cas de figure.

Dans le premier, les parties ont choisi elles-mêmes le droit que le tribunal arbitral appliquera pour trancher le fond du litige qui les oppose, c'est-à-dire la ou les questions de droit qu'il soulève. Ainsi, l'article 1511, al. 1er C. pr. civ. énonce que : « *le tribunal arbitral tranche le litige conformément aux règles de droit que les parties ont choisies* ». Les parties sont donc libres de sélectionner le droit à appliquer, lequel ne sera pas forcément un droit étatique (ex. pour un contrat de vente international litigieux et soumis à l'arbitrage, les parties peuvent décider, que le tribunal arbitral le tranchera par référence au droit français du contrat de vente (art. 1582 et s. C. civ.)) ou en s'appuyant sur les principes du commerce international (v. *infra*, I.).

Dans le second cas, les parties n'ont pas choisi le droit applicable au fond du litige. Il incombe alors au tribunal arbitral d'effectuer ce choix en opérant la sélection des règles de droit « *qu'il estime appropriées* » (art. 1511, al. 1er C. pr. civ., *in fine*). Il dispose ainsi d'une grande marge de manœuvre.

On se limitera ici à l'étude de deux hypothèses. La première est celle dans laquelle le tribunal arbitral appliquera un droit non-étatique, à la demande des parties ou de sa propre volonté. À cette fin, le tribunal arbitral utilise régulièrement les usages ou principes généraux du commerce international (**I**). La seconde hypothèse étudiée est celle dans laquelle, le tribunal arbitral s'écartera des règles de droit classiques afin de statuer en équité, par le recours à l'amiable composition si telle est la volonté des parties (**II**).

I. La mobilisation des usages et principes généraux du commerce international

Après s'être intéressé aux usages (**A**), on évoquera les principes généraux du commerce international (**B**).

A. Les usages du commerce international

La possibilité d'utiliser ce droit non-étatique est offerte au tribunal arbitral par l'article 1511 al. 2 du C. pr. civ., lequel précise que le tribunal arbitral « *tient compte, dans tous les cas, des usages du commerce* ». Les usages occupent donc une place importante en matière d'arbitrage international car les arbitres s'y réfèrent fréquemment (ex. dans les domaines de la vente de cacao ou des semences végétales). Les parties concernées par ceux-ci doivent donc obligatoirement les appliquer. De même, le tribunal arbitral saisi pour résoudre un litige dans lequel ces usages trouvent à s'appliquer devra également s'y référer.

ILLUSTRATION : CA PARIS, 11 DÉC. 2018, (N° 18/17723)

En l'espèce, la Cour d'appel de Paris a eu l'occasion de se pencher sur les conditions dans lesquelles une clause compromissoire, ne figurant pas expressément dans les documents contractuels échangés par les parties, pouvait malgré tout leur être opposable. En outre et surtout, le litige opposant les parties était encadré par les règles et usages du commerce international des semences, rassemblés dans un document établi par la Fédération Internationale des Semences (FIS), intitulé « Règles et usages de la FIS pour le commerce des semences végétales ».

B. Les principes généraux du commerce international

Pour une large part, ils correspondent à la *lex mercatoria*, qualifiée également d'ensemble des règles du commerce international dégagées par la pratique (ex. le devoir de coopération entre les parties à un contrat devant s'exécuter à long terme). Partant, un tribunal arbitral sera considéré comme ayant statué en droit s'il applique la *lex mercatoria* au règlement d'un litige international (Civ. 1re : 22 oct. 1991, Valenciana ; n° 89-21.528).

Aujourd'hui, **la *lex mercatoria* a fait l'objet de diverses codifications, telles que les principes Unidroit**, relatifs aux contrats du commerce international. Ces principes ont été rédigés par l'Institut international pour l'unification du Droit privé (Unidroit). Cette organisation intergouvernementale indépendante, créée en 1926 et reconstituée en 1940, siège à Rome (Italie). Elle a mis en place des moyens et méthodes pour moderniser, harmoniser et coordonner le droit privé, notamment le droit commercial, entre ses 63 États membres (ex. France, Brésil, Chine, Nigéria). L'un des grands projets d'Unidroit a été la création des Principes d'Unidroit relatifs aux contrats du commerce international, c'est-à-dire les contrats transfrontaliers du commerce. Complétés en 2016, ils encadrent les principales questions du droit des contrats : liberté contractuelle, respect des règles nationales et internationales d'Ordre public, nécessité d'exécuter les contrats de bonne foi... Ils forment un socle général du droit des contrats et notamment de la vente internationale, car aucun État ne pourrait intégrer à lui seul, dans son droit interne, toutes les exigences des transactions internationales.

ILLUSTRATION : CA PARIS, 25 FÉVR. 2020 (N° 19/07575)

En l'espèce, se posait la question de savoir si un tribunal arbitral ayant statué sur le fondement des principes Unidroit pour trancher un litige, avait bien statué en droit, conformément à la demande des parties. La CA a répondu par l'affirmative car les parties, n'ayant pas choisi le droit applicable au fond du litige, le tribunal arbitral était libre de sélectionner les règles de droit applicables à son règlement, conformément à l'article 1511 C. pr. civ et à l'article 21.1 du règlement d'arbitrage CCI applicable à la procédure arbitrale en l'espèce. Or, les principes Unidroit étant des règles de droit, le tribunal arbitral avait donc bien statué en droit.

II. Le recours à l'amiable composition

On verra successivement la définition de l'amiable composition, laquelle est jurisprudentielle étant donné le silence du législateur sur la question (**A**). On se penchera ensuite sur la mise en œuvre de l'amiable composition (**B**).

A. La définition de l'amiable composition

L'amiable composition n'étant pas définie par la loi, la doctrine et la jurisprudence en ont tracé les contours. La jurisprudence a d'ailleurs récemment forgé une définition claire et complète de la clause d'amiable composition. Elle a ainsi estimé qu'elle « *constitue une renonciation conventionnelle aux effets et au bénéfice de la règle de droit, les parties perdant la prérogative d'en exiger la stricte application et les arbitres recevant corrélativement le pouvoir de modifier ou de modérer les conséquences des stipulations contractuelles dès lors que l'équité ou l'intérêt bien compris des parties l'exige»* (CA Paris : 16 juin 2020 ; n° 18/09616).

Deux précisions doivent être apportées à cette définition. D'une part, pour que le recours à l'amiable composition soit possible, la convention d'arbitrage des parties doit comporter une clause invitant le tribunal arbitral à statuer ainsi. Or, les parties doivent veiller à la rédiger sans ambiguïté, sinon, il sera présumé que le tribunal arbitral ne doit statuer qu'en droit. D'autre part, lorsqu'il statue en tant qu'amiable compositeur, le tribunal arbitral peut s'écarter de la stricte application du droit dans sa sentence, pour parvenir à la solution qu'il estime la plus juste, par la prise en compte explicite de l'équité entre les parties.

B. La mise en œuvre de l'amiable composition

Cette faculté est prévue à l'article 1478 C. pr. civ. pour l'arbitrage interne et à l'article 1512 C. pr. civ. pour l'arbitrage international. Le second texte dispose ainsi que « *le tribunal arbitral statue en amiable composition si les parties lui ont confié cette mission* ».

ATTENTION

L'amiable composition ne signifie pas qu'un tribunal arbitral tranchera un litige sans jamais recourir aux fondamentaux juridiques. En effet, s'il peut écarter les règles supplétives de volonté, il restera tenu, même en statuant en qualité d'amiable compositeur, d'appliquer les règles d'ordre public de direction (CA Paris : 19 nov. 2019 ; n° 17/20392). De plus, si un tribunal arbitral applique une règle de droit alors qu'il statue en tant qu'amiable compositeur, il devra expliquer, dans sa sentence, en quoi l'utilisation de cette règle juridique est selon lui conforme à l'équité (Civ. 2e : 15 févr. 2001 ; n° 98-21.324). Enfin, si les parties décident que le tribunal arbitral statuera en amiable composition, ce dernier ne peut se contenter de statuer uniquement en droit sous peine d'annulation de sa sentence.

ILLUSTRATION : CIV. 1re, 24 MAI 2018 (N° 17-18796)

En l'espèce, la Cour de cassation a approuvé une cour d'appel d'avoir annulé une sentence arbitrale dans laquelle le tribunal arbitral devait statuer en amiable composition. Or, il s'est avéré qu'hormis une rapide référence à l'équité dans le dispositif de la sentence, la motivation développée sur l'ensemble des questions soulevées, révélait que le tribunal arbitral avait statué uniquement en droit.

À RETENIR

- Les parties, notamment à un arbitrage international, peuvent choisir le droit que le tribunal arbitral appliquera pour trancher le fond du litige, donc la ou les question(s) litigieuse(s). Si les parties n'ont pas pensé ou voulu choisir elles-mêmes le droit applicable au litige, le tribunal arbitral effectuera alors ce choix lui-même.
- Or, le droit applicable au fond du litige n'est pas obligatoirement un droit étatique. Dans cette hypothèse, le tribunal arbitral bénéficie d'une large palette de règles mobilisables. Il peut ainsi utiliser les usages du commerce international ou encore les principes du commerce international, droit établi par plusieurs États, formalisés notamment sous la bannière des principes Unidroit. Il peut enfin s'écarter des règles de droit classiques et statuer en équité et ce, par le recours à l'amiable composition.

POUR ALLER PLUS LOIN

- J. Béguin, « L'étonnante liberté de l'arbitre amiable compositeur », *Mélanges G. Wiederkehr,* Dalloz 2009, p. 1.
- E. Gaillard, « Principes généraux du droit et usages du commerce international », *Études offertes à P. Bellet,* Litec 1991, p. 203.
- J. Paillusseau, « Arbitrage : le choix entre le droit et l'équité », *JCP* G 2006, I, 108.
- Ch. Séraglini, « Du bon usage des principes Unidroit dans l'arbitrage international », *Rev. arb.* 2003, p. 1101.

POUR S'ENTRAÎNER : FICHE DE JURISPRUDENCE

Établissez la fiche de jurisprudence de l'arrêt suivant : Civ. 2e, 15 févr. 2001 ; n° 98-21324.
Sur le moyen unique :

Vu les articles 1474 et 1484 du nouveau Code de procédure civile ;
Attendu que l'arbitre tranche le litige conformément aux règles de droit à moins que, dans la convention d'arbitrage, les parties ne lui aient conféré mission de statuer comme amiable compositeur ;

Attendu, selon l'arrêt attaqué et les productions, que M. et Mme X ont cédé à la société Elmac Jean Halbout, à laquelle s'est substituée la société Matenec, des actions composant le capital social de la société X, par un protocole comportant une garantie de passif et une clause compromissoire investissant les arbitres d'une mission d'amiable composition ; que, des difficultés étant survenues entre les parties, les époux X ont mis en œuvre une procédure d'arbitrage ; que les arbitres, statuant comme amiables compositeurs, ont déclaré irrecevable l'action en annulation de la cession au regard des règles légales tirées de la prescription et de l'autorité de la chose jugée ;

Attendu que, pour déclarer irrecevable le recours en annulation contre la sentence arbitrale l'arrêt retient que, si l'amiable compositeur peut s'affranchir de la règle de droit, il n'en a pas l'obligation ;

Qu'en statuant ainsi, alors qu'elle constatait que les arbitres, statuant comme amiables compositeurs, s'étaient prononcés sur la demande d'annulation exclusivement par application des règles de droit, sans s'expliquer sur la conformité de celles-ci à l'équité, ce qu'exigeait la mission qui leur avait été conférée, la cour d'appel a violé les textes susvisés ;

PAR CES MOTIFS : CASSE ET ANNULE, dans toutes ses dispositions, l'arrêt rendu le 28 avril 1998, entre les parties, par la cour d'appel d'Aix-en-Provence ; remet, en conséquence, la cause et les parties dans l'état où elles se trouvaient avant ledit arrêt et, pour être fait droit, les renvoie devant la cour d'appel de Lyon.

CORRIGÉ

- **Faits** : M. et Mme X ont cédé à la société Elmac des actions formant le capital de la société X. L'acte de cession comportait une clause compromissoire en cas de litige entre les parties à la cession. Celle-ci précisait que tout litige que le tribunal arbitral aurait à connaître devrait être tranché en amiable composition.
- **Procédure** : des difficultés sont survenues entre les parties. Les époux X ont alors mis en œuvre l'arbitrage pour obtenir l'annulation de la cession litigieuse. Or, le tribunal arbitral, statuant en amiable composition, a rendu une sentence déclarant l'action en nullité irrecevable en s'appuyant sur des règles légales encadrant la prescription et l'autorité de la chose jugée. Les époux X ont alors formé un recours en annulation contre cette sentence devant la cour d'appel d'Aix-en-Provence (recours en annulation pour non-respect de sa mission par le tribunal arbitral ; v. Fiche 30). Selon les époux X, le tribunal arbitral a statué en droit, mais pas en équité comme le prévoyait pourtant la clause compromissoire. Par arrêt du 28 avril 1998, la cour d'appel a déclaré irrecevable le recours en annulation des époux X contre la sentence. Elle a estimé que lorsqu'un tribunal arbitral statue en amiable composition, il peut s'écarter des règles de droit, mais il n'a pas l'obligation de le faire. Les époux forment alors un pourvoi en cassation contre l'arrêt de la cour d'appel d'Aix-en-Provence.
- **Problème juridique soulevé** : une cour d'appel peut-elle considérer valable une sentence arbitrale devant être rendue en amiable composition, mais uniquement motivée par des règles de droit, sans préciser en quoi l'application desdites règles est conforme à l'équité ?
- **Solution de la Cour de cassation** : par arrêt du 15 février 2001, la Cour de cassation casse et annule l'arrêt d'appel et renvoie l'affaire devant la cour d'appel de Lyon. Elle estime en effet que la cour d'appel d'Aix-en-Provence a méconnu dans

son arrêt les règles du code de procédure civile relatives à l'amiable composition. En effet, elle a validé une sentence dans laquelle le tribunal arbitral, statuant en tant qu'amiable compositeur, s'est prononcé exclusivement sur le fondement de règles de droit et sans s'expliquer sur leur conformité à l'équité. Or, la référence à l'équité, donc à ce qui semble le plus juste, constitue l'élément essentiel de l'amiable composition. Par conséquent, le tribunal arbitral était libre de statuer en indiquant des règles de droit mais il était alors nécessairement tenu d'expliquer en quoi se fonder sur celles-ci lui semblait conforme à l'équité.

Fiche 16

L'instance arbitrale

DÉFINITIONS

- **Astreinte** : Somme d'argent que la partie soumise à une injonction devra payer à l'autre partie tant qu'elle ne s'est pas encore exécutée. Le montant de l'astreinte augmente pour chaque jour de retard à s'exécuter. Le caractère contraignant de l'astreinte permet ainsi au destinataire de l'injonction de s'obliger à agir rapidement.
- **Injonction** : Ordre qu'une juridiction étatique ou un tribunal arbitral adresse à une partie. Elle sera donc contrainte de faire quelque chose ou au contraire de s'abstenir de faire quelque chose.
- **Moyens dilatoires** : Arguments qui ne font pas avancer l'instance mais sont développés uniquement pour gagner du temps sur l'issue de la procédure.
- **Prorogation** : Terme de procédure civile synonyme de prolongation des délais de procédure.
- **Provision pour frais d'arbitrage** : Avance de fonds (d'argent) destinée à couvrir les frais de la procédure arbitrale.

Elle débute en principe dès que tous les arbitres ont accepté leur mission (art. 1456, al. 1er C. pr. civ.). Le tribunal arbitral sera alors considéré comme saisi du litige. Or, les parties peuvent décider que le point de départ de l'instance arbitrale sera fixé à la date du versement de la provision pour frais d'arbitrage. L'instance arbitrale s'achève ensuite dès le prononcé de la sentence arbitrale.

Le déroulement de l'instance arbitrale est encadré par des règles de procédure qualifiées de loi de procédure. Cette loi de procédure peut différer de la loi applicable au fond, c'est-à-dire de celle destinée à trancher les questions litigieuses (ex. instance arbitrale encadrée par les règles de la procédure civile française et fond du litige tranché en vertu des principes Unidroit).

Pour un arbitrage *ad hoc,* deux cas de figure sont identifiables quant à la loi de procédure applicable. Soit, la convention d'arbitrage des parties précise la loi retenue pour encadrer l'instance arbitrale et celle-ci devra être appliquée par le tribunal arbitral. Soit, la convention d'arbitrage restera silencieuse sur ce point. Il incombera donc au tribunal arbitral de déterminer lui-même la loi de procédure applicable à l'instance. Quant à l'arbitrage institutionnel, la procédure suivie par le tribunal arbitral lors de l'instance sera encadrée par le règlement d'arbitrage édicté par le centre d'arbitrage sélectionné par les parties (ex. le CMAP).

Dans cette fiche, on étudiera successivement les règles relatives au déroulement de l'instance arbitrale (**I**), les pouvoirs du tribunal arbitral lors de l'instance (**II**) et le recours au juge étatique au cours de celle-ci (**III**).

I. Le déroulement de l'instance arbitrale

Lors de l'instance, le tribunal arbitral est le garant du bon déroulement de la procédure arbitrale. À cette fin, il se doit donc de respecter des principes fondamentaux de procédure (**A**), ainsi que d'autres règles lors de l'instance (**B**).

A. Les principes fondamentaux de procédure applicables à l'instance arbitrale

Bien que de nature privée, l'instance arbitrale n'en demeure pas moins une forme de justice. À ce titre, les arbitres sont tenus de respecter plusieurs garanties procédurales telles que l'indépendance et l'impartialité et de révéler tout élément susceptible d'y porter atteinte (v. Fiche 14). Au stade de l'instance, on peut distinguer, au titre des principes fondamentaux à respecter, des garanties fondamentales de procédure (**1**) et des garanties jurisprudentielles codifiées (**2**).

1. Les garanties fondamentales de procédure

D'une part, l'article 1464 al. 2 C. pr. civ. énonce qu'un certain nombre des principes directeurs du procès, avant tout applicables aux juridictions étatiques et énumérés au début du C. pr. civ. (Livre 1er, Titre 1er, Chap. 1), devront également être mis en œuvre lors de l'instance arbitrale en droit de l'arbitrage interne. Tel est notamment le cas du principe du contradictoire (art. 16) et des règles générales relatives à la défense (art. 18 à 20 C. pr. civ.).

D'autre part, pour l'arbitrage international, l'article 1510 C pr. civ. affirme expressément que « *quelle que soit la procédure choisie, le tribunal arbitral garantit l'égalité des parties et respecte le principe de la contradiction* ».

Le principe d'égalité implique qu'aucune des parties ne bénéficie d'un traitement de faveur par rapport à l'autre. Le principe du contradictoire impose quant à lui que tout élément probatoire apporté par l'une des parties puisse être discuté par l'autre et réciproquement, de manière à garantir une bonne justice.

La violation du principe du contradictoire par un tribunal arbitral constitue un cas d'annulation de sa sentence arbitrale (v. Fiche 30). De plus, en cas d'arbitrage institutionnel, une telle violation peut entraîner également la mise en œuvre de la responsabilité civile contractuelle de l'institution d'arbitrage.

ILLUSTRATION : CA PARIS, 19 FÉVR. 2019 (N° 17/16113)

En l'espèce, un centre d'arbitrage n'avait pas assuré un échange contradictoire entre les parties, ce qui avait entraîné l'annulation de la sentence arbitrale rendue. De plus, comme le règlement d'arbitrage de ce centre comportait l'obligation, pour celui-ci, de garantir des échanges contradictoires, sa responsabilité civile contractuelle a pu être engagée dès lors qu'il avait méconnu cette obligation et ce, sur le fondement du contrat d'organisation de l'arbitrage.

Ces garanties procédurales fondamentales, applicables à l'arbitrage interne et international, figurent également à l'article 6, Conv. EDH, relatif au procès équitable.

En définitive, elles visent à rappeler qu'il est impossible de s'affranchir de certaines règles fondamentales de procédure et ce, afin d'aboutir à une sentence arbitrale légitime et valide.

2. Les garanties jurisprudentielles codifiées

Le décret de 2011 a inséré plusieurs règles importantes à respecter lors de l'instance arbitrale dont l'origine est jurisprudentielle.

L'article 1464 al. 3 C. pr. civ. impose ainsi aux parties et aux arbitres d'agir avec célérité dans la conduite de la procédure. Par conséquent, les parties ne doivent pas rallonger inutilement celle-ci, en utilisant des moyens dilatoires. Ce même alinéa énonce ensuite la nécessité pour les parties de respecter une obligation de loyauté entre elles, c'est-à-dire de bien se comporter et ce, en dépit du litige qui les oppose. L'al. 4 du même article rappelle aussi que la procédure d'arbitrage est en principe confidentielle (v. Fiches 10 et 22).

Les parties sont également débitrices d'une obligation de réaction, définie à l'article 1466 C. pr. civ. Ainsi, lorsqu'une partie, au cours de l'instance arbitrale, découvre un grief, c'est-à-dire une irrégularité pouvant lui porter préjudice quant à la conduite de l'instance arbitrale, elle doit alors le faire remarquer au tribunal arbitral dans le délai imparti. En revanche, si une partie a eu connaissance d'un grief, mais qu'elle n'a pas agi dans le délai prévu pour le dénoncer, elle est présumée avoir renoncé à le faire. C'est donc la même règle que celle applicable à la partie qui découvrirait un manque d'impartialité de l'arbitre mais qui n'invoquerait pas cette irrégularité dans le délai imparti (v. Fiche 14).

B. Les autres principes applicables à l'instance arbitrale

Sous cet intitulé, on abordera les délais de l'instance arbitrale (**1**), puis les questions relatives à la langue de l'arbitrage et à la représentation des parties (**2**).

1. Les délais de l'instance arbitrale

En matière d'arbitrage international, l'instance n'est soumise à aucun délai maximum. Un tel délai s'appliquera seulement si les parties l'ont prévu dans leur convention d'arbitrage ou si l'instance est encadrée par un règlement d'arbitrage qui en fixerait un (ex. l'article 29.1. du règlement d'arbitrage du CMAP indique que la sentence «*est rendue par le tribunal arbitral dans le délai le plus bref, selon les caractéristiques du litige. En toute hypothèse, elle doit l'être dans un délai maximum de six mois*»).

En revanche, pour l'arbitrage interne, la durée de l'instance est de 6 mois maximum, à compter du jour où le tribunal arbitral est saisi, sauf clause contraire des parties (art. 1463 al. 1er C. pr. civ.). Cependant, selon l'article 1463 al. 2 C. pr. civ. , le délai d'instance «*peut être prorogé par accord des parties ou, à défaut, par le juge d'appui*». Le tribunal arbitral ne peut donc pas, de lui-même et sans accord des parties, proroger la durée de l'instance. S'il le faisait cependant, il commettrait alors une violation de l'Ordre public pour l'arbitrage interne ou de l'Ordre public international pour l'arbitrage international (Civ. 1re : 15 juin 1994; n° 92-15.098).

2. La langue de l'arbitrage et la représentation des parties

Quant à la langue de l'arbitrage, question qui concerne essentiellement l'arbitrage international, elle sera déterminée soit dans la convention d'arbitrage des parties, soit dans un document qualifié d'acte de mission de l'arbitre (v. II. de cette fiche et Fiche 30). Sur ce point les parties jouissent également d'une liberté importante.

ATTENTION

Il est conseillé de choisir une langue de l'instance arbitrale employant les notions et concepts juridiques de la loi applicable au contrat principal. Ainsi, la langue anglaise (langue de la common law), majoritairement utilisée lors des instances d'arbitrage international, n'est pas toujours idéale pour manier des concepts appartenant aux droits dits continentaux s'ils encadrent le contrat (Europe des pays latins et pays s'en inspirant) et inversement.

Enfin, les parties ont la faculté d'être **assistées ou représentées par un conseil** au cours de l'instance arbitrale, lequel n'est pas obligatoirement un avocat.

II. Les pouvoirs du tribunal arbitral lors de l'instance

La mission précise des arbitres est souvent fixée dans un document écrit: l'acte de mission. Ce document sera rédigé soit de la propre volonté des parties et des arbitres, soit parce que le règlement d'une institution d'arbitrage l'impose. L'acte de mission permet de cerner plus précisément les points litigieux avant le début de l'instance et de fixer le calendrier de la procédure (dates des audiences) ainsi que certaines de ses caractéristiques (ex. date d'échange des mémoires entre les parties, c'est-à-dire les documents écrits comportant leurs prétentions respectives).

Surtout, afin d'assurer une bonne direction de l'instance, le tribunal arbitral dispose de plusieurs pouvoirs au cours de celle-ci. On se focalisera ici sur trois d'entre eux: les modes de preuve (**A**), les pouvoirs d'instruction (**B**) et les mesures provisoires (**C**).

A. Les modes de preuve

Les modes de preuves pouvant être produits au cours du litige (ex. écrits, témoignages) et la question de savoir à qui incombe la charge de la preuve (en principe, c'est le demandeur) seront déterminées par la loi de procédure applicable ou par le règlement d'arbitrage en cas d'arbitrage institutionnel et, à défaut, par le tribunal arbitral lui-même.

L'article 1467 al. 3 C. pr. civ. reconnaît sur ce point un large pouvoir au tribunal arbitral. En effet, il pourra en principe déterminer lui-même les modes de preuves admissibles (ex. uniquement des témoignages).

Or, **en la matière, le tribunal arbitral doit respecter les garanties du procès équitable**, énoncées à l'article 6 de la Convention EDH, notamment l'égalité des armes entre les parties. Il devra donc veiller à imposer des exigences probatoires équilibrées à chaque partie, afin de ne pas rompre l'égalité de traitement entre elles. La jurisprudence l'a rappelé à plusieurs reprises (v. CA Paris: 21 mars 2017; n° 15/17234).

B. Les pouvoirs d'instruction

Depuis longtemps, la jurisprudence a reconnu un important pouvoir au tribunal arbitral en matière d'instruction, à savoir celui d'adresser une injonction à une partie, accompagnée éventuellement d'une astreinte. En effet, l'octroi du pouvoir d'injonction sous astreinte au tribunal arbitral caractérise un «*prolongement inhérent et nécessaire à la fonction de juger pour assurer une meilleure efficacité au pouvoir juridictionnel*» (CA Paris : 7 oct. 2004 ; n° 2004/13909).

L'article 1467 al. 3 C. pr. civ., issu de la réforme de 2011, a consacré cette solution dans un domaine spécifique. Ainsi le tribunal arbitral possède désormais le pouvoir d'ordonner, à peine d'astreinte, la production d'une preuve qui serait détenue par une partie récalcitrante à la communiquer.

C. Les mesures provisoires

L'instance arbitrale peut durer plusieurs mois. Or, des mesures urgentes doivent parfois être décidées dès le début de celle-ci. Le tribunal arbitral dispose donc du pouvoir d'ordonner aux parties, ici aussi sous astreinte, «*toute mesure conservatoire ou provisoire qu'il juge opportune*» (art. 1468 al. 1er C. pr. civ.).

Une mesure conservatoire est une disposition urgente par laquelle, dans l'attente de la sentence définitive, le tribunal arbitral ordonne des mesures nécessaires à la bonne marche de l'instance (ex. mesures visant à conserver un élément de preuve qui pourrait disparaître).

Une mesure provisoire est celle que le tribunal arbitral ordonne afin de s'adapter au litige dont il est saisi, notamment dès qu'un fait nouveau est porté à sa connaissance (ex. nommer un expert pour obtenir un avis sur une question technique soulevée par une partie lors de l'instance).

III. Le recours au juge étatique au cours de l'instance

On a déjà vu que le juge étatique pouvait intervenir avant l'instance, en tant que juge d'appui, afin de régler toute difficulté liée à la constitution du tribunal arbitral (v. Fiche 14). Le recours au juge étatique est également possible pendant l'instance arbitrale. Or, sa compétence se limitera ici aux seules questions que le tribunal arbitral ne peut pas traiter lui-même et qui sont justifiées par l'urgence.

Le recours au juge étatique se produira donc dans deux cas : ordonner certaines mesures d'urgence vis-à-vis des parties (**A**) et toute mesure envers les tiers, non parties à l'arbitrage (**B**).

A. Le prononcé de certaines mesures d'urgence vis-à-vis des parties à l'arbitrage

Si l'article 1468 C. pr. civ. permet au tribunal arbitral d'ordonner des mesures d'urgence, conservatoires ou provisoires, éventuellement assorties d'une astreinte, ce texte lui interdit cependant d'ordonner certaines mesures d'urgence, notamment les saisies conservatoires. Ces mesures demeurent donc de la compétence exclusive des juridictions étatiques qui devront être saisies si elles s'imposaient lors d'un litige soumis à l'arbitrage.

Les saisies conservatoires (art. L. 521-1 et s. C. pr. civ. exé) permettent au créancier d'une somme d'argent, qui prouverait que des circonstances menacent son remboursement, d'en obtenir le paiement malgré tout. Le créancier saisira un juge étatique, le juge de l'exécution, d'une demande de saisie conservatoire et ce, par le biais d'une requête. Si le juge de l'exécution accède à sa demande, le créancier disposera alors de trois mois pour la faire exécuter, en s'adressant à un huissier de justice. Ce dernier pourra alors faire saisir tous les meubles corporels du débiteur (ex. machines, véhicule) ou incorporels (ex. argent, parts sociales), mais pas ses immeubles.

B. Le prononcé de toute mesure vis-à-vis des tiers à l'arbitrage

Lors de l'instance arbitrale, une partie peut invoquer un élément nécessaire au règlement du litige tel qu'un contrat auquel elle n'a pas été partie ou une pièce détenue par un tiers.

Or, le tribunal arbitral n'a pas la compétence de convoquer ce tiers à l'instance arbitrale car, en vertu de son effet relatif, la convention d'arbitrage n'engage que les parties (v. Fiche 12). Par conséquent, l'article 1469 C. pr. civ. (dans sa rédaction issue du décr du 20 déc. 2019) prévoit que le tribunal arbitral peut uniquement inviter la partie à faire assigner ce tiers devant le Président du tribunal judiciaire en vue d'obtenir la production de l'acte ou de la pièce qu'il détient.

S'il estime la demande fondée, le Président du tribunal judiciaire rend alors une décision ordonnant la production du document souhaité, en intégralité ou sous forme d'extraits, en original ou en copie.

Enfin, cette décision est susceptible d'appel dans les 15 jours de sa signification au tiers. L'appel suspend alors l'exécution de l'ordonnance (art. 1469 C. pr. civ. al. 4 à 6).

À RETENIR

- En principe, l'instance arbitrale débute dès que tous les arbitres ont accepté leur mission et s'achève dès le prononcé de la sentence arbitrale.
- L'instance arbitrale est encadrée par des règles qualifiées de loi de procédure, laquelle pourra différer de la loi applicable au fond, destinée à trancher les questions litigieuses.
- Lors du déroulement de l'instance, le tribunal arbitral doit observer et faire observer des principes fondamentaux de procédure, notamment le principe du contradictoire, les droits de la défense et l'égalité des parties. Les parties et les arbitres doivent également agir avec célérité dans la conduite de la

procédure. Quant aux délais, l'instance arbitrale en matière d'arbitrage international, n'est pas soumise à une durée maximum. En revanche, pour l'arbitrage interne, la durée de l'instance est de 6 mois maximum.

- Afin d'assurer une bonne direction de l'instance, le tribunal arbitral bénéficie de plusieurs pouvoirs. Ainsi, il dispose d'une grande liberté quant à la fixation des modes de preuve et de pouvoirs d'instruction (pouvoir d'injonction assorti d'une astreinte). Il peut également prononcer des mesures conservatoires et provisoires.
- Enfin, le recours au juge étatique est possible durant l'instance arbitrale. Or, sa compétence se limitera ici aux seules questions que le tribunal arbitral ne peut pas traiter lui-même et qui sont justifiées par l'urgence (ex. ordonner certaines mesures d'urgence vis-à-vis des parties et toute mesure envers les tiers, non parties à l'arbitrage).

POUR ALLER PLUS LOIN

➾ G. Bolard, « Les principes directeurs du procès arbitral », *Rev. arb.* 2004, p. 511.

➾ C. Chénais, « L'arbitre, le droit et la contradiction : l'office du juge arbitral à la recherche de son point d'équilibre », *Rev. arb.* 2010, p. 3.

➾ Th. Clay, « Arbitrage et modes alternatifs de règlement des litiges », *D.* 2020, p. 2484.

➾ D. Mouralis, « L'arbitrage face aux procédures conduites en parallèle », thèse, Aix-Marseille III, 2008.

➾ A. Mourre, « Le droit français de l'arbitrage international face à la Convention EDH », *Cah. arb.* 2002, p. 22.

➾ M. Philippe et P. Blondeau, « Comment se manifestent certaines tactiques dilatoires dans l'arbitrage ? », *D. aff.*, 1999, 10, 97.

POUR S'ENTRAÎNER : QUESTIONS À RÉPONSES COURTES (QRC)

Répondez brièvement aux trois questions suivantes :

1. Le principe du contradictoire : définition et sanctions de sa violation.
2. *Quid* des délais de l'instance arbitrale en matière d'arbitrage interne et d'arbitrage international ?
3. Quel lien a établi la jurisprudence entre le droit au procès équitable (art. 6 Conv. EDH) et les exigences probatoires imposées lors de l'instance arbitrale ?

CORRIGÉ

1. Le principe du contradictoire est une garantie processuelle fondamentale, imposant que tout élément probatoire apporté par l'une des parties puisse être discuté par l'autre et réciproquement. Son respect par les parties et le tribunal arbitral garantit une bonne justice. La violation du principe du contradictoire par un tribunal arbitral pourra entraîner l'annulation de la sentence qu'il a rendue.

   Une telle violation, en cas d'arbitrage institutionnel, peut également entraîner la mise en œuvre de la responsabilité civile contractuelle de l'institution d'arbitrage (v. CA Paris : 19 févr. 2019 ; n° 17/16113).
2. En matière d'arbitrage international, l'instance arbitrale n'est soumise à aucun délai maximum. Un délai ne s'appliquera que si les parties l'ont prévu dans leur convention d'arbitrage ou si l'instance est encadrée par un règlement d'arbitrage qui en fixe un. Pour l'arbitrage interne, la durée de l'instance est de 6 mois maximum, à compter du jour où le tribunal arbitral est saisi, sauf clause contraire des parties (art. 1463 al. 1er C. pr. civ.). Or, le délai d'instance peut être prorogé par accord des parties ou, à défaut, par le juge d'appui (art. 1463 al. 2, C. pr. civ.).
3. Selon la jurisprudence, en matière de production de preuves, le tribunal arbitral doit respecter les garanties du procès équitable (art. 6 Conv. EDH), notamment l'égalité des armes entre les parties. Concrètement, il doit donc veiller à imposer des exigences probatoires équilibrées à chaque partie, afin de ne pas rompre l'égalité de traitement entre elles (v. CA Paris : 21 mars 2017 ; n° 15/17234).

Fiche 17

La sentence arbitrale

DÉFINITIONS

- **Fin de non-recevoir** : Décision entraînant le rejet d'une action en justice, sans examen de l'affaire, car la partie qui agit ne dispose pas ou plus du droit d'agir (art. 122 C. pr. civ.).
- **Sentence d'accord-parties** : Situation dans laquelle les parties trouvent elles-mêmes un accord sur le fond de leur litige, mais souhaitent néanmoins que celui-ci soit entériné par une sentence arbitrale en reprenant les termes exacts (ex. art. 30.2 de la loi-type CNUDCI).
- **Sentence par défaut** : Sentence rendue en cas de non-comparution d'une partie devant le tribunal arbitral. Elle produit les mêmes effets qu'une sentence normale. Or, elle ne sera valable que si le tribunal arbitral respecte le principe de la contradiction en instaurant un débat sur les arguments qu'auraient pu faire valoir la partie qui s'est abstenue de participer à la procédure.

En l'absence de définition légale des sentences arbitrales, la jurisprudence les a définies comme les « *actes des arbitres qui tranchent de manière définitive, en tout ou en partie, le litige qui leur est soumis, que ce soit sur le fond, sur la compétence ou sur un moyen de procédure qui les conduit à mettre fin à l'instance* » (Civ. 1re : 12 oct. 2011 ; n° 09-72.439).

Trois précisions peuvent être apportées à cette définition.

En premier lieu, la sentence arbitrale est un acte juridictionnel, porteur de l'autorité de la chose jugée, au même titre qu'un jugement ou un arrêt rendu par une juridiction étatique. En effet, elle met définitivement fin à un litige, et ce qu'il s'agisse d'une sentence arbitrale classique, d'une sentence d'accord-parties ou d'une sentence par défaut.

En second lieu, elle tranche tout ou partie du litige. Par conséquent, si certains litiges sont intégralement tranchés par une seule sentence arbitrale, d'autres le seront au moyen de sentences partielles avant le prononcé de la sentence finale (ex. une sentence partielle statuera sur la responsabilité contractuelle d'une partie (question de fond) et ordonnera une expertise pour évaluer le montant de dommages et intérêts qu'elle devra verser à l'autre partie (question de procédure). La sentence finale condamnera enfin la partie responsable à indemniser l'autre, en fonction du montant d'indemnisation évalué par l'expert).

En troisième lieu, la sentence arbitrale couvre un large domaine. En effet, elle peut trancher le fond du litige (ex. inexécution par l'une des parties d'un contrat porteur d'une clause compromissoire) ou encore se prononcer sur la compétence ou l'incompétence du tribunal arbitral (ex. incompétence du tribunal arbitral pour prononcer un divorce d'époux car la question relève uniquement du juge étatique).

Dans cette fiche, on s'intéressera respectivement aux formalités encadrant la sentence arbitrale (**I**), puis aux effets de celle-ci (**II**).

I. Les formalités encadrant la sentence

Toute sentence arbitrale doit respecter trois formalités. Avant tout, son prononcé doit comporter un préalable obligatoire : le délibéré du tribunal arbitral (**A**). Ensuite, la sentence prend la forme d'un écrit (**B**). Enfin, cet écrit doit être porteur d'une motivation (**C**).

A. Le délibéré : préalable obligatoire au prononcé de la sentence

Pour la jurisprudence, le délibéré constitue une étape cruciale dans l'élaboration de la sentence arbitrale car il «*garantit la nature juridictionnelle de la décision à laquelle parvient le tribunal arbitral*» (CA Paris : 16 janv. 2003 ; *Rev. arb.* 2004, p. 368). La sentence doit donc faire l'objet d'une délibération effective entre les arbitres ayant siégé au sein du tribunal arbitral. Les formes du délibéré sont cependant libres.

ILLUSTRATION : CIV. 2e, 28 JANV. 1981 (N° 79-12.317)

En l'espèce, une délibération effectuée au moyen d'un échange de correspondances entre les arbitres ayant siégé dans le tribunal arbitral a été considérée comme valable.

L'article 1479 C. pr. civ. impose ensuite que le contenu du délibéré demeure secret avant le prononcé de la sentence. Le fait qu'un arbitre méconnaisse le secret du délibéré en révélant le contenu de la sentence ne constitue pas, en principe, une cause d'annulation de celle-ci. Or, la responsabilité civile de l'arbitre irrespectueux du délibéré pourra être retenue (CA Paris : 22 janv. 2004, *Rev. arb.* 2004, p. 647).

Enfin, si les arbitres sont en désaccord quant à la solution à donner au litige, la sentence sera rendue, soit à la majorité des voix, soit par le seul Président du tribunal arbitral (art. 1513 al. 3 C. pr. civ.). Cette dernière possibilité, concernant uniquement l'arbitrage international, correspond au cas dans lequel les arbitres défendent des positions si opposées que le Président estime ne pouvoir en adopter aucune.

B. La forme écrite de la sentence

Concernant l'arbitrage interne, la forme écrite de la sentence se déduit de l'article 1480 al. 2 C. pr. civ., lequel précise qu'elle doit être signée par tous les arbitres. En revanche, aucun texte n'impose une sentence arbitrale écrite en matière d'arbitrage international.

Or, en pratique, une sentence uniquement verbale ne se rencontre jamais. En effet, elle s'exposerait à des difficultés probatoires insurmontables (ex. comment prouver son contenu ?). De plus, elle serait dénuée de toute efficacité dans la mesure où il est nécessaire de produire l'original de la sentence ou une copie de celle-ci afin obtenir son exécution forcée (v. Fiche 28). La sentence sera donc toujours rédigée par écrit.

En outre, une sentence délivrée sous forme électronique (ex. fichier « PDF ») est considérée comme écrite. Ce type de sentence est prévue expressément, dans le cas de l'arbitrage en ligne, par le nouvel art 4-2 al. 2, loi J-21, dans sa rédaction issue de la loi PRPJ 2018-2022 du 23 mars 2019 (v. Fiche 18).

Cependant, le formalisme entourant la sentence arbitrale est plus souple que celui appliqué aux décisions de justice étatiques car elle ne contient pas obligatoirement de dispositif (v. CA Paris : 15 janv. 2019, n° 17/01106). Le dispositif est la partie d'un jugement ou d'un arrêt, située après l'expression « *Par ces motifs* » et qui contient la décision proprement dite (ex. « par ces motifs, rejette le pourvoi... »). Les motifs devront en revanche obligatoirement figurer dans la sentence (cf. C. de cette fiche).

Enfin, **la sentence doit être signée par les arbitres** (articles 1480 al. 2 C. pr. civ. pour l'arbitrage interne et 1513 al. 1 C. pr. civ. pour l'arbitrage international) afin d'être authentifiée.

Or, un arbitre minoritaire, donc opposé à la solution majoritaire issue du délibéré, peut refuser de la signer. Son refus sera alors mentionné dans la sentence, laquelle produira les mêmes effets que si elle avait été signée par tous les arbitres (art. 1480 al. 3 C. pr. civ. pour l'arbitrage interne et art. 1513 al. 4 C. pr. civ. pr. l'arbitrage international).

C. La motivation de la sentence

Selon l'article 1482 al. 2 C. pr. civ. , toute sentence rendue doit être motivée, c'est-à-dire qu'elle doit expliciter la solution retenue par le tribunal arbitral. En effet, une motivation suffisamment détaillée répond aux attentes des parties qui souhaite connaître les raisons de la solution adoptée et pourront ainsi plus aisément l'admettre. Elle est ensuite utile pour les juges qui connaîtraient d'un recours en annulation contre la sentence et ce, afin de se prononcer (v. Fiche 30).

De par son importance, la jurisprudence assimile explicitement la motivation d'une sentence à une composante du procès équitable (art. 6, Conv EDH). (CA Paris : 20 nov. 2018 ; n° 16/10379) En l'espèce, les juges du fond ont clairement énoncé que « *l'exigence de motivation des décisions de justice est un élément du droit à un procès équitable ; qu'elle est nécessairement comprise dans la mission des arbitres, même si elle ne figure pas dans le règlement d'arbitrage auquel les parties se sont soumises* ».

Or, en matière d'arbitrage international, les parties peuvent être d'accord sur la décision et ne pas vouloir contraindre le tribunal arbitral à motiver sa sentence. Dans ce cas, l'absence de motivation de la sentence ne sera pas contraire à l'Ordre public international (Civ. 1re : 22 nov. 1966 ; *Gerstlé*, Bull. civ. 66, n° 517).

Enfin, pour compléter la motivation, certaines sentences sont assorties d'une opinion dissidente, rédigée par le ou les arbitres minoritaires qui précisent les raisons pour lesquelles ils n'ont pas suivi l'opinion majoritaire (la Cour EDH, utilise régulièrement cette pratique dans ses arrêts). Cette opinion dissidente peut également éclairer les parties et les éventuels juges de contrôle de la sentence.

II. Les effets de la sentence

Toute sentence arbitrale présente deux effets. En premier lieu, elle entraîne le dessaisissement des arbitres dès qu'elle est rendue (**A**). En second lieu, elle est revêtue de l'autorité de la chose jugée (**B**).

A. Le dessaisissement des arbitres

L'article 1485 al. 1er C. pr. civ. énonce que « *la sentence dessaisit le tribunal arbitral de la contestation qu'elle tranche* ». Ainsi, dès le prononcé de la sentence, les arbitres auront en principe achevé leur mission et perdront leur qualité d'arbitre.

Or, l'article 1485 al. 2 C. pr. civ. envisage trois exceptions au dessaisissement des arbitres : lorsqu'il faut interpréter la sentence (ex. préciser sa portée aux parties), réparer ses erreurs (ex. erreur sur la date d'une expertise dans la sentence) ou la compléter en cas d'omission (ex. ajouter une date).

Dans ces trois cas, les parties pourront saisir à nouveau le tribunal arbitral dans les trois mois à compter de la notification de la sentence arbitrale contestée. Le tribunal arbitral disposera alors de trois mois pour rectifier son erreur ou compléter l'omission (art. 1486 C. pr. civ.).

Enfin, même si les arbitres ont été dessaisis, l'article 1502 C. pr. civ. permet aux parties d'exercer un recours en révision contre la sentence arbitrale. Ce recours s'exerce prioritairement devant le tribunal arbitral et, à défaut de pouvoir le réunir à nouveau, devant la cour d'appel, compétente pour connaître des autres recours contre la sentence arbitrale (v. Fiche 30). Le recours en révision tend, pour la partie qui l'exerce, à obtenir le retrait de la sentence arbitrale rendue afin que le tribunal arbitral se prononce à nouveau dans l'affaire (ex. si une partie découvre, après le prononcé de la sentence, que le tribunal arbitral s'est appuyé sur un faux témoignage pour trancher le litige). Le recours en révision s'exerce dans les deux mois à compter du jour où une partie a eu connaissance du cas de révision (art. 596 C. pr. civ.).

B. L'autorité de la chose jugée de la sentence

Dès qu'elle est rendue, la sentence arbitrale bénéficie de l'autorité de la chose jugée (art. 1484 al. 1er C. pr. civ.). Cela signifie que ce qui a été jugé n'a plus à l'être et doit donc s'exécuter car la sentence est définitive.

Par conséquent, si l'une des parties introduisait à nouveau le même litige devant une juridiction étatique ou un autre tribunal arbitral, elle se verrait alors opposer une fin de non-recevoir par la juridiction saisie.

À RETENIR

- La sentence arbitrale est l'acte juridictionnel au moyen duquel un tribunal arbitral tranche un litige en disant le droit.
- Toute sentence arbitrale est précédée obligatoirement d'un délibéré, emprunte la forme écrite et doit être motivée.
- Une fois rendue, la sentence arbitrale entraîne en principe le dessaisissement des arbitres et sera revêtue de l'autorité de chose jugée.

POUR ALLER PLUS LOIN

- Bredin, « Le secret du délibéré arbitral », *Mélanges Bellet*, Litec, 1991, p. 71.
- Delvolvé, « Essai sur la motivation des sentences arbitrales », *Rev. arb.* 1989, p. 149.
- Ch. Jarosson, « L'autorité de la chose jugée des sentences arbitrales », *Procédures* 2007, étude 17.

POUR S'ENTRAÎNER : VRAI OU FAUX

Pour chacun des énoncés suivants, recherchez s'il est vrai ou faux (ex. 1. Vrai, 2. Faux). Vous réécrirez ensuite les énoncés, qui selon vous seraient faux, de manière à ce qu'ils soient exacts.

1. Une sentence arbitrale se limitant à prononcer une mesure provisoire (expertise d'un immeuble) constitue une sentence partielle.
2. Lors d'un arbitrage international, les arbitres composant le tribunal arbitral ont des visions très opposées sur l'issue du litige, si bien que le Président du tribunal arbitral est habilité à rendre seul la sentence.
3. Seule une juridiction étatique a le pouvoir de rectifier une erreur matérielle, telle qu'une erreur de calcul, figurant dans une sentence arbitrale.

CORRIGÉ

1. Vrai.
2. Vrai.
3. Faux. **Le tribunal arbitral a le pouvoir de rectifier lui-même** une erreur matérielle, telle qu'une erreur de calcul, figurant dans une sentence arbitrale (exception au dessaisissement du tribunal arbitral figurant à l'article 1485 al. 2. C. pr. civ.).

Chapitre 3

Les innovations touchant les MARD reposant sur la mobilisation d'un tiers

Deux grands types d'innovations concernent les MARD animés par un tiers.

D'une part, ceux-ci ont été intégrés dans la révolution numérique traversant la société depuis quelques années. Partant, des MARD en ligne (arbitrage, conciliation et médiation) sont désormais proposées aux parties en conflit, désireuses de les utiliser (**Fiche 18**).

D'autre part, une seconde innovation a également concerné les MARD, cependant plus discrète que la précédente. Elle consiste en une hybridation des MARD, destinée à combiner les atouts de plusieurs d'entre eux au sein d'un seul et même processus (**Fiche 19**).

Fiche 18

Les MARD numériques

I. L'état des lieux des techniques existantes et leurs potentialités
II. Les risques liés à l'essor des MARD en ligne
III. Les solutions légales retenues pour éviter ces risques

DÉFINITIONS

- **Blockchain** : Bloc ou base de données, partagée par un réseau d'utilisateurs, qui peuvent alimenter cette base en suivant un protocole informatique sécurisé. Les données peuvent parfois se transmettre ou s'exécuter automatiquement.
- **Justice prédictive** : Ensemble de techniques, reposant sur des algorithmes et qui consistent à utiliser le numérique pour effectuer une analyse massive de décisions de justice afin de prévoir ce qu'un juge déciderait probablement s'il était confronté à tel ou type de litige.
- **Intelligence artificiclle** : Procédé qui vise à reproduire une partie de l'intelligence humaine en créant et en appliquant des algorithmes, c'est-à-dire une suite de règles, au moyen d'outils informatiques.

La loi PRPJ 2018-2022 du 23 mars 2019 vise à développer et à encadrer le recours aux MARD en ligne qui existaient déjà antérieurement : arbitrage, conciliation et médiation. Poursuivant dans cette voie, le rapport Sauvé du 8 juillet 2022, sur les États généraux de la justice, comporte notamment deux mesures de développement des MARD par le biais d'outils numériques. D'une part, il propose la mise en place d'une plateforme étatique de résolution des petits litiges, inspirée du dispositif québécois « PARLe » (Plateforme d'Aide au Règlement des Litiges en ligne). D'autre part, il invite à compléter le site internet officiel « http://www.justice.fr/ » par des informations sur la médiation et par le référencement des professionnels de celle-ci et des plateformes existantes.

Dans cette fiche, on dressera un état des lieux des techniques existantes et de leurs potentialités (**I**), avant d'étudier les risques liés à celles-ci (**II**) et les solutions légales adoptées en vue de les éviter (**III**).

I. L'état des lieux des techniques existantes et leurs potentialités

Des plateformes de résolution des litiges en ligne existent déjà, afin de faciliter et accélérer la recherche d'un accord amiable ou le prononcé d'une sentence arbitrale.

Or, deux tendances se dégagent et s'opposent quant à la fonction assignée au numérique en la matière. Si la première le cantonne à un simple outil destiné à faciliter la prise de décision humaine (**A**), la seconde tend en revanche, par le biais de l'intelligence artificielle, à le substituer purement et simplement à la décision humaine (**B**).

A. Le numérique en tant qu'outil de facilitation de la décision humaine

Dans cette perspective, le numérique constitue un simple outil facilitant les échanges, voire la conclusion d'un accord par les parties au terme d'un MARD (ex. échanges de mails, plateformes d'accès à des documents, visioconférences). De tels systèmes sont utilisés non seulement pour les procédures arbitrales mais aussi pour des médiations conventionnelles, y compris dans le domaine familial.

ILLUSTRATION

le CNB (Conseil national des barreaux) a lancé un portail national dématérialisé des MARD en 2018. D'abord dédié à la seule procédure participative, cet espace d'échange entre avocats et clients vise à simplifier cette procédure et à diminuer son délai de traitement. Il a été étendu à la médiation en janvier 2019.

B. Le numérique en tant qu'outil de substitution à la décision humaine

Selon cette approche, le numérique, en particulier l'intelligence artificielle, aurait vocation à se substituer à l'être humain dans le règlement des litiges et des différends, voire au niveau de l'exécution des accords en résultant.

Ainsi, en lieu et place d'arbitres, de conciliateurs ou de médiateurs de personnes physiques, des algorithmes, autrement dit des programmes informatiques analyseraient les informations délivrées par les parties afin d'élaborer soit une sentence arbitrale, soit un projet d'accord amiable (ex. pour un litige en droit de la consommation, eBay propose un traitement entièrement automatisé des données de celui-ci).

Dans ce contexte, les parties pourraient régler leur différend en l'absence de tout tiers, qu'il soit arbitre, conciliateur ou médiateur, en négociant elles-mêmes leur accord sur la base de la solution générée par l'algorithme, avec l'aide éventuelle de leurs conseils.

En poussant ce raisonnement à son paroxysme, l'accord issu d'un algorithme et accepté par les parties pourrait être intégré à une blockchain celle-ci permettant à la fois le contrôle, l'homologation et l'exécution de l'accord trouvé.

II. Les risques liés à l'essor des MARD en ligne

On peut en relever deux principaux, de nature à se cumuler l'un avec l'autre.

Le premier consisterait en une déshumanisation progressive des MARD. En effet, l'utilisation d'algorithmes réduit l'intervention humaine, voire peut totalement la supprimer. Or, un tel scénario irait totalement à l'encontre de la philosophie des MARD, lesquels se fondent sur des valeurs humaines cruciales, telles que le dialogue, l'écoute ou l'empathie, valeurs pouvant difficilement être appliquées par un traitement purement algorithmique !

Le deuxième risque serait d'accorder la préférence à une résolution technologique des différends à leur règlement par le Droit. Or, ce dernier véhicule de nombreuses valeurs, telles que l'égalité, la protection de la partie la plus faible, voire l'équité. Partant, aussi perfectionnée soit-elle, il est permis de douter qu'une intelligence artificielle soit en capacité d'intégrer et d'appliquer de telles valeurs.

III. Les solutions légales retenues pour éviter ces risques

L'article 4 de la loi PRPJ 2018-2022 a inséré, après l'article 4 de la loi J-21, une série de sept articles afin de développer et de démocratiser les MARD en ligne.

Cependant, le législateur a en même temps fait en sorte de conditionner leur essor au respect de diverses garanties et de limites (**A**). Il a également instauré une certification facultative de ces processus afin de les sécuriser (**B**).

A. Les garanties offertes par les MARD en ligne et leurs limites

L'article 4-1 prévoit ainsi de soumettre les personnes physiques ou morales proposant un service en ligne de conciliation ou de médiation, à l'obligation de protéger les données personnelles des parties et la confidentialité inhérente à ces processus, sauf accord des parties sur son absence. Une sanction pénale a d'ailleurs été expressément prévue en cas de violation de la confidentialité : 1 an d'emprisonnement et 15 000 € d'amende maximum (art. 4-6 al. 2, loi J-21 renvoyant à l'article 226-13 C. pén., lequel sanctionne les atteintes au secret professionnel).

Ce service en ligne doit aussi délivrer une information précise sur les modalités de résolution amiable du différend. Les mêmes obligations s'appliquent aux services d'arbitrage en ligne (art. 4-2 loi J-21).

L'art 4-6 prévoit ensuite que les personnes physiques ou morales concourant aux conciliations, médiations et arbitrages en ligne doivent accomplir leur mission avec impartialité, indépendance, compétence et diligence. Il s'agit donc des mêmes qualités que celles exigées des conciliateurs et médiateurs « en direct » (v. Fiches 4 et 5).

Enfin, l'article 4-3 instaure une limite importante en prévoyant que ces services de conciliation, médiation et arbitrages en ligne « *ne peuvent avoir pour seul fondement un traitement algorithmique ou automatisé de données à caractère personnel* ». L'article interdit donc l'usage exclusif d'algorithmes pour résoudre le différend. Par conséquent, les MARD en ligne ne seront pas entièrement déshumanisés. Le texte ajoute ensuite que si le service repose en partie sur ce type de système « *les parties doivent en être informées par une mention explicite et doivent expressément y consentir* ». Ainsi, en exigeant le consentement exprès des parties à ces techniques en partie automatisées, le législateur s'assure qu'elles pourront mesurer ce à quoi elles s'engagent.

B. La certification facultative des MARD en ligne

Enfin, l'article 4-7 de la loi J-21 prévoit que les MARD en ligne peuvent obtenir une certification facultative, visant notamment à garantir qu'ils respectent bien les qualités énoncées à l'article 4-6 (impartialité, indépendance, compétence et diligence des animateurs des MARD).

Or, plutôt qu'une certification facultative, une certification obligatoire aurait sans doute garanti davantage le sérieux de ces systèmes. Or, cette solution a été écartée pour deux raisons principales. D'une part, elle se serait heurtée à un manque de moyens pour traiter la multitude de demandes de certification. D'autre part, les organismes qui ne demanderaient pas la certification, fusse-t-elle facultative, seraient considérés comme non sérieux et s'excluraient d'eux-mêmes de cette activité.

Concrètement, un décret du 25 oct. 2019 a confié au garde des Sceaux la création d'un référentiel de certification. De plus, la certification est effectuée par des structures accréditées par le COFRAC (Comité français d'accréditation), selon les modalités définies dans un décret du 23 déc. 2020, et pour une durée de 3 ans renouvelable.

À RETENIR

- Les plateformes en ligne de résolution des litiges visent à faciliter et accélérer la recherche d'un accord amiable ou le prononcé d'une sentence arbitrale. Deux tendances s'opposent cependant quant à leur fonction. La première les cantonne à de simples outils facilitant la prise de décision humaine alors que la seconde tend, au moyen de l'intelligence artificielle, à les substituer à l'intervention humaine.
- Si la seconde tendance l'emportait, les MARD subirait alors deux risques : une déshumanisation progressive et une préférence pour une résolution technologique des différends à leur règlement par le Droit.
- Par conséquent, la loi PRPJ 2018-2022 a fait en sorte de conditionner l'essor des MARD en ligne au respect de diverses garanties et de limites : confidentialité des processus, impartialité, indépendance, compétence et diligence des animateurs des MARD en ligne et interdiction de l'usage exclusif d'algorithmes pour résoudre le différend. Elle a également instauré une certification facultative de ces processus afin de les sécuriser.

POUR ALLER PLUS LOIN

- S. Bernheim-Desvaux, « La médiation en ligne est-elle l'avenir de la médiation ? », *Cah. de dr. Entr.* n° 5, sept. 2019, dossier 31.
- A. Biard, « Justice en ligne ou nouveau far www.est ? La difficile régulation des plateformes en lignes de règlement extrajudiciaire des litiges », *RIDE*, 2019/2, p. 165.
- G. Canivet (dir.), « Justice : faites entrer le numérique », rapp. Institut Montaigne, nov. 2017, p. 62.
- Th. Clay, « Arbitrage et MARL », *D.* 2019, p. 2435.
- B. Dondero, « Justice prédictive : la fin de l'aléa judiciaire ? », *D.* 2017, p. 532.
- J.B. Racine, « La résolution amiable des différends en ligne ou la figure de l'algorithme médiateur », *D.* 2018, p. 1700.
- Rapport Sauvé sur les États généraux de la justice, téléchargeable à l'adresse suivante : https://www.vie-publique.fr/rapport/285620-rapport-du-comite-des-etats-generaux-de-la-justice-oct-2021-avril-2022.
- C. Tirvaudey, « MARD et nouvelles technologies, quelles relations ? », *LPA* 2018, n° 179-180, p. 4.

POUR S'ENTRAÎNER : VRAI OU FAUX

Pour chacun des énoncés suivants, recherchez s'il est vrai ou faux (ex. 1. Vrai, 2. Faux). Vous réécrirez ensuite les énoncés, qui selon vous seraient faux, de manière à ce qu'ils soient exacts.

1. Les MARD en ligne sont utilisés non seulement pour les procédures arbitrales mais aussi pour des médiations conventionnelles, y compris dans le domaine familial.

2. La violation de la confidentialité inhérente aux MARD en ligne constitue une infraction pénale. Dans ce cas, l'article 4-6 al. 2 de la loi J-21 renvoie à l'article 226-13 C. pén, lequel sanctionne les atteintes au secret des affaires.

3. L'article 4-7 de la loi J-21 prévoit que les MARD en ligne doivent obtenir une certification obligatoire, visant notamment à garantir qu'ils respectent bien les qualités énoncées à l'article 4-6 (impartialité, indépendance, compétence et diligence des animateurs des MARD).

CORRIGÉ

1. Vrai.

2. Faux. L'article 4-6 al. 2 de la loi J-21 renvoie à l'article 226-13 C. pén., lequel sanctionne les atteintes au secret professionnel.

3. Faux. Les MARD en ligne peuvent obtenir une certification facultative.

Fiche 19

Les MARD hybrides

DÉFINITION

- **Hybridation** : Emprunté à la biologie, ce terme signifie un croisement opéré entre deux variétés d'une même espèce ou entre deux espèces différentes.

Depuis quelques années, outre le développement des MARD numériques, s'observe une seconde innovation, moins visible et moins commentée, à savoir l'hybridation des MARD. Elle consiste en une sorte de croisement entre deux MARD ou entre un MARD et une autre procédure ou institution, en vue de faire émerger un nouveau processus au plus près des attentes des parties.

Concrètement, deux mouvements d'hybridation s'observent. Le premier tend à opérer une combinaison entre des MARD préexistants (**I**) alors que le second vise à combiner des MARD, ou du moins des principes propres à ceux-ci, avec l'expertise (**II.** ; pour une définition de l'expertise judiciaire v. Fiche 1).

I. La combinaison de MARD préexistants

Classiquement, la plupart des MARD amiables tels que la médiation, la conciliation ou la procédure participative, lorsqu'ils débouchent sur un accord entre les parties, peuvent être renforcés d'une transaction lorsque ledit accord conduit les parties à effectuer des concessions réciproques (v. Fiche 21).

Cependant, de façon plus contemporaine, des centres pratiquant l'arbitrage et la médiation ont mis au point des processus combinant l'arbitrage et la médiation, connus sous le nom de « Med-Arb ». Concrètement, la médiation et l'arbitrage peuvent être mis en œuvre de manière successive, le second étant déclenché à la suite de l'échec de la première (**A**), voire de manière simultanée, les deux processus se déroulant en parallèle l'un de l'autre (**B**).

A. Le « Med-Arb » successifs

Cette déclinaison du « Med-arb » permet aux parties de tenter préalablement la résolution amiable de leur différend par une médiation. Toutefois, en cas d'échec de celle-ci, elles pourront alors basculer vers une procédure d'arbitrage, leur différend étant alors tranché par le biais d'une sentence arbitrale, revêtue de l'autorité de la chose jugée.

Le CALIF propose quant à lui un mécanisme inverse, permettant de tenter une médiation au cours d'un arbitrage (art. 22 régl. arbitrage CALIF). Plus précisément, le tribunal arbitral, le Centre d'arbitrage ou une partie peut, à tout moment de la procédure arbitrale, proposer qu'une médiation soit tentée. La proposition doit recevoir l'accord unanime des parties dont elles détermineront les modalités. Partant, l'instance arbitrale est suspendue pendant la durée de la médiation. Si elle ne permet pas d'aboutir à un accord mettant fin au litige, l'instance arbitrale reprendra à la demande de la partie la plus diligente.

B. Le « Med-Arb » simultanés

Le CMAP propose une telle procédure dont les parties conviennent soit dans un contrat, avant la naissance du litige (clause de « med-Arb simultané »), soit après la naissance de celui-ci (art. 2 règl. Med-Arb CMAP).

Ce processus consiste en l'organisation simultanée d'une médiation et d'un arbitrage entre les parties, chacune orchestrée par des arbitres et un médiateur, tous indépendants, impartiaux et neutres. Sauf convention contraire, le Med-Arb simultanés se déroule sur une période de trois mois, à compter de la notification de la constitution du tribunal arbitral et du nom du médiateur aux parties par le CMAP (art. 8.1 règl Med-Arb CMAP).

Chaque MARD doit être mené de manière indépendante l'un par rapport à l'autre, ce qui implique que le CMAP ne communique pas au médiateur le nom du ou des arbitres et réciproquement. En outre, au cas où ils se connaîtraient, le médiateur et les arbitres sont astreints à une interdiction de s'entretenir de l'affaire (art. 9 règl Med-Arb CMAP).

Le caractère simultané des deux MARD augmente ainsi les chances des parties d'aboutir à un accord et ce, qu'il soit amiable par le biais d'une médiation réussie ou juridictionnel par une sentence arbitrale.

Plus précisément, si un accord intervient entre les parties lors de la médiation, il doit faire l'objet d'un écrit signé par les parties. Deux situations sont possibles (art. 10 règl Med-Arb CMAP). D'une part, l'accord peut clore l'intégralité du litige, les parties devant dès lors renoncer à la poursuite de l'arbitrage. D'autre part, cet accord peut n'être que partiel, les parties devant alors indiquer les points restant litigieux et donc toujours soumis à l'arbitrage.

En revanche, à défaut d'accord à l'issue de la médiation le tribunal arbitral accomplit sa mission et rend une sentence (art. 11. règl Med-Arb CMAP).

II. La combinaison de MARD ou de principes propres à ceux-ci avec l'expertise

Deux mécanismes illustrent bien l'hybridation entre un MARD et l'expertise.

Il s'agit respectivement de l'expertise-conciliation, mise notamment en œuvre pour régler des différends dans le domaine du numérique (**A**) et de deux processus proposés par le CMAP, à savoir l'avis technique amiable et l'évaluation juridique indépendante (**B**).

A. L'expertise-conciliation dans le domaine du numérique

Afin de qualifier ce processus, le terme « d'expertise-médiation » serait mieux adapté car le tiers intervenant est rémunéré.

Concrètement, l'« expertise-conciliation », d'origine conventionnelle, consiste en l'intervention d'un tiers, cumulant les compétences et les qualités d'un expert judiciaire et celles d'un médiateur afin de tenter de résoudre les différends survenant dans la conduite de projets numériques. Elle constitue un préalable à toute saisine d'un juge et entraîne la suspension de la prescription (articles 2238 et 2254 C. civ.).

L'« expert-conciliateur » est choisi librement par les parties parmi les membres de la Compagnie nationale des experts en informatique. Sa mission, définie et formalisée avec les parties et leurs conseils, porte en principe sur les points-clés du désaccord.

En tant qu'expert, il maîtrise le domaine technologique du litige qu'il peut donc analyser. En tant que médiateur, il sait écouter les parties et les aidera à se rapprocher sur la base de son analyse technique afin de parvenir à un accord. Sa rémunération est en principe supportée à parts égales par les parties.

Cette procédure n'est pas contradictoire, du moins pas intégralement, car l'usage d'apartés avec l'une des parties est possible, de même que des discussions restreintes avec leurs seuls conseils. Elle se déroule dans un délai rapide de trois mois environ.

Si l'« expertise-conciliation » débouche sur un accord, celui-ci sera formalisé dans un protocole, pouvant prendre la forme d'une transaction si chaque partie effectue des concessions réciproques. L'accord règle les aspects techniques du différend, voire ses effets économiques. L'expert-conciliateur sera alors tenu de constater sa signature.

B. L'avis technique amiable et l'évaluation juridique indépendante proposés par le CMAP

Ces deux MARD sont proposés par le CMAP afin d'éviter une procédure judiciaire à des entreprises rencontrant une divergence d'appréciation technique ou juridique. Il s'agit donc de déclinaisons spécifiques de l'expertise.

L'avis technique amiable consiste en la désignation d'un expert dans trois types de différends opposant des entreprises, et ce avec l'accord de toutes : divergence sur une question technique ou financière, évaluation des aspects techniques d'un litige plus général et détermination du prix d'un bien ou d'une prestation, conformément à l'article 1592 C. civ.

L'expert peut également intervenir dans le cadre d'une médiation ou d'un arbitrage pour répondre à une question technique.

Ce processus est rapide car l'expert dispose de deux mois pour accomplir sa mission, sauf demande conjointe de prolongation de sa mission par les parties (article 8 règl. CMAP). Il est ensuite confidentiel (art. 9 règl. CMAP), l'expert ne devant pas divulguer les propos tenus par les parties devant lui. Cependant, les documents fournis (ex. contrats, plans) ne sont pas couverts par le principe de la confidentialité, sauf volonté contraire de la partie qui les communique.

ATTENTION

À la différence de la médiation, l'expert est tenu au plus strict respect du principe du contradictoire entre les parties, ce qui a pour effet d'exclure tout aparté avec chacune d'elles. Ainsi, tout élément ou document apporté par une partie doit faire l'objet d'une discussion avec l'autre partie devant l'expert.

L'évaluation juridique indépendante se déroule enfin au cours d'une négociation conflictuelle ou d'une médiation. Elle permet aux parties, par un accord unanime entre elles, d'obtenir un avis objectif sur les forces et faiblesses de leurs positions respectives, délivré par un tiers indépendant et impartial.

Ce processus est également encadré par un principe de confidentialité total (art. 9 règl.), le tiers-évaluateur disposant en principe de deux mois pour mener sa mission à son terme (art. 8 règl. CMAP).

À RETENIR

- L'hybridation des MARD consiste en une sorte de croisement entre deux MARD ou entre un MARD et une autre procédure ou institution, en vue de faire émerger un nouveau processus au plus près des attentes des parties. Deux mouvements d'hybridation s'observent.
- Le premier tend à opérer une combinaison entre des MARD préexistants. Ainsi, des centres pratiquant l'arbitrage et la médiation ont mis au point des processus combinant l'arbitrage et la médiation, connus sous le nom de « Med-Arb ». Ces deux MARD peuvent être mis en œuvre de manière successive, le second étant déclenché à la suite de l'échec de la première, voire de manière simultanée, les processus se déroulant en parallèle l'un de l'autre.
- Le second mouvement combine quant à lui des MARD avec l'expertise. D'une part, une expertise-conciliation peut être mise en œuvre pour régler des différends dans le domaine du numérique. Elle consiste en l'intervention d'un tiers, cumulant les compétences et les qualités d'expert judiciaire et de médiateur afin de tenter de résoudre un différend opposant des parties à un projet numérique. D'autre part, deux processus proposés par le CMAP, à savoir l'avis technique amiable et l'évaluation juridique indépendante, sont proposés à des entreprises opposées par une divergence et doivent leur donner des clés en vue d'éviter un procès.

POUR ALLER PLUS LOIN

- A. Adeline, « Arbitrage et médiation : la Thébaïde ou les frères ennemis », *Rev. juristes sciences po*, n° 2, avril 2010, p. 24.
- J.M. Albert et A. Sonnenberg, « Expertise et médiation. Une nouveauté : l'expert médiateur ou initiateur de médiation », *Experts*, n° 136, févr. 2018, p. 1.
- L. Cadiet et Th. Clay, « Les modes alternatifs de règlement des conflits », Dalloz, coll. Connaissance du droit, 3e éd. 2019.
- S. Migayron, « Pratique contentieuse. Accélérer la résolution des litiges du monde numérique : l'expertise-conciliation », *CCE* n° 4, avril 2019, 6.
- Site internet du CMAP pour la consultation des règlements de « Med-Arb » simultanés, de l'avis technique amiable et de l'évaluation juridique indépendante. V. le lien suivant : https://www.cmap.fr/le-cmap/reglements/.

POUR S'ENTRAÎNER : QUESTIONS À RÉPONSES COURTES (QRC)

Répondez assez brièvement aux trois questions suivantes :

1. Quelles sont les deux situations possibles lorsque des parties parviennent à un accord à l'issue de la médiation dans la procédure de « Med-Arb » simultanés ?
2. Quelles sont les principales qualités cumulées par l'expert-conciliateur en tant qu'expert et en tant que médiateur ?
3. Quelle attitude doit adopter l'expert vis-à-vis du principe du contradictoire dans l'avis technique amiable, contrairement à la médiation ?

CORRIGÉ

1. Deux situations sont possibles. D'une part, l'accord peut clore l'intégralité du litige, les parties devant dès lors renoncer à la poursuite de l'arbitrage. D'autre part, cet accord peut n'être que partiel, les parties devant alors indiquer les points restant litigieux et donc toujours soumis à l'arbitrage.
2. L'expert-conciliateur cumule des qualités inhérentes aux experts et aux médiateurs. En tant qu'expert, il maîtrise le domaine technologique du litige qu'il peut donc analyser. En tant que médiateur, il sait écouter les parties et les aidera à se rapprocher sur la base de son analyse technique afin qu'elles puissent parvenir à un accord.
3. À la différence de la médiation, l'expert doit scrupuleusement respecter le principe du contradictoire entre les parties, ce qui a pour effet d'exclure tout aparté avec chacune d'elles. Ainsi, tout élément ou document apporté par une partie devra faire l'objet d'une discussion avec l'autre partie devant l'expert.

Titre 2
Les MARD reposant sur la confrontation directe entre les parties

Chapitre 1 La procédure participative

La procédure participative fait partie des MARD ne mobilisant aucun tiers mais reposant au contraire sur une confrontation directe entre les parties (**Fiche 20**).

Elle permet aux parties d'éviter non seulement le règlement juridictionnel de leur litige, mais aussi la mobilisation d'un tiers, conciliateur de justice ou médiateur, pour tenter de le régler. Partant, elle consiste à tenter d'élaborer une solution amiable au litige opposant les parties, grâce à leur participation active à une négociation, avec l'assistance obligatoire de leurs avocats respectifs.

Elle est avant tout encadrée par le Code de procédure civile (art. 1542 à 1564-7). Le Code civil comporte quant à lui des dispositions relatives à la convention de procédure participative, par laquelle les parties consentent à utiliser ce MARD (art. 2062 à 2068 C. civ.).

Fiche 20

Les divers aspects de la procédure participative

DÉFINITIONS

- **Clause de confidentialité** : Clause insérée dans un contrat et imposant aux parties de garder le silence vis-à-vis des tiers sur un ou plusieurs points indiqués dans la clause (ex. informations financières, une activité, une procédure, une action en justice…).
- **Contrat solennel** : Par opposition au contrat consensuel, valablement formé par le seul échange des consentements entre les parties, le contrat solennel exige l'accomplissement de formalités spécifiques pour assurer sa validité, notamment la rédaction d'un écrit.
- **Mise en état d'un litige** : Phase se déroulant au cours de la procédure écrite. Elle comprend une instruction sous le contrôle d'un juge durant laquelle, les parties partagent leurs pièces et leurs arguments. Elle vise à ce que l'affaire soit prête à être jugée.

La **procédure participative**, réformée par la loi J-21 de 2016, comporte deux piliers lui conférant une nature hybride.

D'une part, elle prend la forme d'un contrat spécial rédigé par les parties avec l'assistance obligatoire de leurs avocats respectifs.

D'autre part, elle est dotée d'une fonction procédurale, en ce qu'elle peut poursuivre deux objectifs distincts. En premier lieu, elle peut permettre d'organiser le déroulement d'un processus amiable de règlement d'un différend opposant des parties.

En second lieu, elle peut être utilisée par les parties, au cours d'une instance, devant toute juridiction de l'ordre judiciaire, en vue de procéder à la mise en état de l'affaire. Ce second usage de la procédure participative résulte du décr. n° 2017-892 du 6 mai 2017, précisé par le décr. n° 2019-1333 du 11 déc. 2019.

Ainsi, après l'étude de l'origine et des aspects contractuels de la procédure participative (**I**), on se penchera sur ses fonctions procédurales (**II**).

I. L'origine et les aspects contractuels de la procédure participative

Comme tout contrat, la convention de procédure participative doit respecter les trois conditions de validité, édictées par la théorie générale des contrats à l'article 1128 C. civ. : le consentement libre et éclairé des parties désireuses d'utiliser ce processus, leur capacité juridique et le contenu licite et certain de leur contrat.

Or, en tant que contrat spécial, la convention de procédure participative sera également encadrée par des règles spécifiques, lesquelles concernent non seulement son formalisme (**A**), mais aussi les obligations mises à la charge des parties (**B**).

A. Le formalisme de la convention de procédure participative

La convention de procédure participative doit être rédigée par écrit et ce, à peine de nullité. Par conséquent, elle constitue un contrat solennel (art. 2063 C. civ.).

En outre, elle doit comporter quatre mentions obligatoires : son terme, l'objet du différend, les pièces nécessaires en vue de le résoudre et les modalités de leur échange entre les parties, ainsi que les éventuels actes contresignés par avocats que les parties accepteront d'établir.

Ces mentions érigent la convention de procédure participative en un règlement obligatoire quant à la conduite de ce processus, à l'instar d'un règlement d'arbitrage ou de médiation.

L'exigence d'un terme montre que la convention de procédure participative est à durée déterminée, ce qu'énonce expressément l'article 2062 al. 2 C. civ. La durée de cette procédure relève cependant de la liberté contractuelle des parties, à défaut de dispositions textuelles précisant sa durée minimale ou maximale.

L'objet du différend doit ensuite être mentionné dans la convention. Il s'agira de l'utiliser soit comme un MARD amiable, soit comme préalable à la saisine du juge en vue d'assurer la mise en état du litige, dispensant ainsi la juridiction d'effectuer cette phase de la procédure (art. 2062 al. 1 C. civ.).

La convention de procédure participative doit également énumérer les pièces nécessaires à la résolution du différend (art. 2063, 3 °C. Civ.), les parties fixant librement les modalités de leur échange. Ainsi, chaque partie pourra choisir les pièces communiquées ou non à l'autre (ex. contrat, mails). Ce choix les contraint donc à élaborer une stratégie quant à la détermination des pièces échangées ou conservées. Or, de telles stratégies peuvent diminuer fortement les chances de parvenir à un accord amiable, transformant la procédure participative en une phase précontentieuse.

Enfin, la convention doit indiquer les éventuels actes contresignés par avocats que les parties s'entendent à établir. Ce type d'actes est défini à l'article 1546-3 C. pr. civ., lequel propose également une liste non exhaustive de ceux-ci. Il s'agit de tout acte, établi conjointement par les avocats des parties à un différend, ayant ou non donné lieu à la saisine d'une juridiction, en dehors ou dans le cadre d'une procédure participative.

De tels actes visent à apporter deux types de précisions. D'une part, ils permettent d'indiquer certaines modalités complémentaires au déroulement du processus (ex. énumérer les faits ou pièces non mentionnés dans la convention, mais sur lesquels existe un accord entre les parties quant à leur existence, leur contenu ou leur interprétation ou déterminer les seuls points de droit qui seront débattus; art. 1546-3 C. pr. civ., 1° et 2°). D'autre part, ils permettent de fixer par écrit certains éléments de nature à faciliter le règlement du différend (ex. consigner par écrit les prétentions et observations formulées par les parties en présence de leurs conseils et les déclarations d'éventuels témoins).

B. Les obligations des parties à la convention de procédure participative

Leur obligation essentielle est fixée à l'article 2062 C. civ. selon lequel, elles « *s'engagent à œuvrer conjointement et de bonne foi à la résolution amiable de leur différend* ».

L'intensité de cette obligation n'est que de moyens car les parties doivent seulement tenter de résoudre leur différend, et non y parvenir absolument, ce qui impliquerait alors un résultat.

ATTENTION

Contrairement à la conciliation et à la médiation judiciaires et conventionnelles, le législateur n'impose pas la confidentialité aux parties à une convention de procédure participative.

Un tel choix présente à la fois des avantages et inconvénients, d'où le caractère ambivalent de cette procédure.

Ainsi, l'absence de confidentialité peut constituer un atout en cas d'échec de la procédure participative. En effet, les propos échangés par les parties, au cours de la procédure, peuvent alors être librement pris en compte par le juge, ce qui lui permettra de trancher l'affaire rapidement.

En revanche, l'absence de confidentialité peut aussi inciter les parties à ne pas trop s'impliquer dans la procédure participative, leurs propos pouvant se retourner ensuite contre elles en cas de saisine éventuelle du juge.

Cependant, les parties pourront sortir de cette ambivalence en restaurant la confidentialité, au moyen d'une clause de confidentialité, insérée dans la convention de procédure participative.

II. Les fonctions procédurales de la procédure participative

La procédure participative, bien qu'amiable, constitue un instrument de procédure, régi par le C. pr. civ.

Ainsi, lorsque les parties ont formé une convention de procédure participative avant la saisine d'un juge et qu'elle n'a pas atteint son terme, tout recours au juge, afin qu'il statue sur le litige, sera irrecevable (art. 2065 al. 1er C. civ.).

Ce principe connaît cependant une exception. Ainsi, l'inexécution de la convention par l'une des parties autorise l'autre à saisir le juge pour qu'il tranche le litige.

Il connaît également un tempérament selon lequel, en cas d'urgence, l'exécution de ce processus n'empêche pas les parties de demander au juge des mesures provisoires ou conservatoires (ex. une expertise sur un point du différend ; art. 2065 al. 2 C. civ.).

En outre, la prescription est suspendue de plein droit, à compter de la formation de la convention de procédure participative. Elle recommence à courir, pour une durée qui ne peut être inférieure à six mois, à compter de la date du terme de la convention (art. 2238 C. civ.).

On se focalisera sur deux autres spécificités procédurales de ce MARD. D'une part, elle repose sur l'assistance obligatoire des avocats des parties comme dans plusieurs procédures judiciaires (**A**). D'autre part, elle possède un large champ d'application (**B**).

A. L'assistance obligatoire des avocats

La bonne exécution de l'obligation des parties, à savoir œuvrer conjointement et de bonne foi à la résolution amiable du différend est garantie par l'assistance obligatoire de leurs avocats respectifs (art. 2064 C. civ.).

Ces derniers ne constituent pas des parties à la convention de procédure participative car ils ne font qu'assister leurs clients, lesquels sont les parties à cette convention. Ils restent donc débiteurs de deux de leurs obligations professionnelles : l'obligation de conseil et le respect du secret professionnel.

Outre son caractère obligatoire, l'assistance des avocats est également exclusive car nul autre professionnel n'est habilité à assister les parties à une convention de procédure participative.

L'assistance obligatoire de l'avocat peut enfin aider à l'émergence d'une solution certes amiable, mais pas forcément rejetée par une juridiction en cas de saisine ultérieure (ex. pour homologuer l'accord issu de la convention de procédure participative, v. Fiche 27), les parties ayant chacune été guidées par un professionnel du Droit.

Or, si la résolution amiable du litige gagne en sécurité juridique avec la présence obligatoire des avocats, ses autres aspects (ex. psychologique, affectif) pourront passer au second plan.

B. Le large champ d'application de la convention de procédure participative

En principe, seules les matières dans lesquels les parties ont la libre disposition de leurs droits peuvent faire l'objet d'une convention de procédure participative (art. 2064 C. civ.) et ce, tant en matière civile que commerciale ou prud'homale.

En matière civile, la procédure participative fait partie des MARD, au même titre que la conciliation et la médiation, que les parties peuvent mobiliser en vue de tenter le règlement amiable d'un différend dont le montant reste modeste.

L'article R. 1471-1 C. trav. permet également une procédure participative en matière prud'homale, quant aux différends résultant de l'application d'un contrat de travail.

En revanche, la procédure participative est interdite en matière de filiation et de délégation de l'autorité parentale. Elle redevient en revanche possible pour fixer les modalités d'exercice de celle-ci.

De plus, deux domaines, bien que relevant de l'Ordre public, à savoir le divorce et la séparation de corps, lorsqu'ils s'avèrent conflictuels, peuvent faire l'objet d'une procédure participative. En effet, il existe une possibilité de divorce sans juge quand les parties sont d'accord (art. 229-1 et s. C. civ.). En revanche, lorsque le divorce donne lieu à un différend entre les futurs ex-époux, il entre dans le champ d'application de la procédure participative (art. 2067 al. 1 C. civ.).

Cependant, l'article 2067, al. 2 C. civ précise que la demande en divorce ou en séparation de corps qui fait suite à une convention de procédure participative relève du droit commun encadrant la matière. Ainsi, en cas de divorce par consentement mutuel judiciaire, le juge homologue la convention et prononce le divorce (art. 250-1 C. civ.), uniquement s'il a la conviction d'une réelle volonté des époux de divorcer et que leur consentement est libre et éclairé (art. 232 C. civ.).

Enfin, lorsque la convention de procédure participative est utilisée aux fins de mise en état, l'article 1546-1 C. pr. civ. (dans sa rédaction issue du décr. n° 2021-1322 du 11 octobre 2021), permet aux parties d'y avoir recours à tout moment de l'instance et à tout stade de la procédure. Ainsi, elle peut même être utilisée devant la Cour d'appel (art. 1546-2 C. pr. civ.).

À RETENIR

- La procédure participative comporte deux piliers lui conférant une nature hybride.
- D'une part, il s'agit d'un contrat spécial rédigé par les parties. Outre le respect des conditions de validité inhérentes à tout contrat (art. 1128 C. civ.), la convention de procédure participative sera également encadrée par des règles spécifiques. En premier lieu, quant à son formalisme, la convention de procédure participative est un contrat solennel (formé par écrit, à peine de nullité), lequel doit comporter plusieurs mentions obligatoires. En second lieu, cette convention met une obligation de moyens à la charge des parties, à savoir œuvrer de bonne foi et conjointement à la résolution de leur différend.
- D'autre part, elle est dotée d'une fonction procédurale, en ce qu'elle peut poursuivre deux objectifs. En premier lieu, elle peut permettre d'organiser le déroulement d'un processus amiable de règlement d'un grand nombre de différends opposant des parties (en matière civile, commerciale ou sociale). En second lieu, elle peut être utilisée par les parties, au cours d'une instance, devant toute juridiction de l'ordre judiciaire, en vue de procéder à la mise en état de l'affaire. Dans les deux cas, elle repose sur l'assistance obligatoire des avocats des parties.

POUR ALLER PLUS LOIN

- S. Amrani-Mekki, « La convention de procédure participative », *D.* 2011, p. 3007.
- L. Junod-Fanget, « La convention de procédure participative aux fins de mise en état, nouvel horizon pour les avocats », *AJ Fam.* 2020, p. 110.
- F. Oudin, « Les avocats à la conquête du règlement amiable des différends », *JCP* G, 2011, doctr., 1097.
- H. Moutardier, « Procédure participative et divorce par consentement mutuel », *AJ Fam.* 2018 p. 155.
- S. Sauphanor, « La convention de procédure participative : aspects pratiques », *Gaz. Pal.*, 18 janv. 2011, p. 10.
- Y. Strickler, « Modes alternatifs de résolution des litiges-Convention de procédure participative assistée par avocat », *Jurisclass. Pr. Civ.*, Fasc. 1700-80, 2020.

POUR S'ENTRAÎNER : QCM

Répondez au QCM suivant en choisissant la/les lettre(s) correspondant à la/les bonnes réponses (ex. selon les cas : 1. a. ou 1. a. et b.). Certaines questions ne comportent donc qu'une seule réponse, d'autres deux. Le nombre des réponses se déduit de l'énoncé de chaque question.

1. Parmi les propositions suivantes quelles sont les deux spécificités de la convention de procédure participative ?

a. Il s'agit d'un contrat consensuel.
b. Il s'agit d'un contrat solennel.
c. Elle est à durée déterminée.
d. Elle est à durée indéterminée.

2. Quid de la confidentialité en matière de procédure participative ?

a. À l'instar de tous les MARD, le législateur l'a expressément prévue.
b. Le législateur est resté silencieux sur cette question.
c. Le législateur l'a expressément exclue de ce processus.
d. Elle peut être mise en œuvre par les parties par le biais d'une clause de confidentialité.

3. Parmi les propositions suivantes, pour des différends relevant de quels domaines une procédure participative peut être tentée ?

a. Un différend de la compétence du tribunal judiciaire d'un montant de 2 500 €.
b. Un différend de la compétence du tribunal judiciaire d'un montant de 9 000 €.
c. Un différend relatif à la filiation.
d. Un différend relatif à un divorce.

CORRIGÉ

1. b. et c.

2. b. et d.

3. a. et d.

Chapitre 2 La transaction

À l'instar de la procédure participative, la transaction évite également aux parties de devoir procéder au règlement juridictionnel de leur litige et de mobiliser un tiers, conciliateur de justice ou médiateur, pour tenter de parvenir à la solution amiable de celui-ci.

C'est le contrat par lequel les parties mettent fin à une contestation déjà née ou à naître entre elles en s'engageant à faire des concessions réciproques, lesquelles seront reportées dans la convention de transaction (**Fiche 21**).

Fiche 21

Le contrat de transaction

DÉFINITIONS

- **Contrat synallagmatique** : Contrat comportant des obligations réciproques, mises à la charge de chacune des parties.
- **Prestation compensatoire** : Somme allouée à un ex-époux dans le cas où un divorce créerait une disparité financière importante à son détriment.

Ce MARD ancien, réformé par la loi J-21 afin de gagner en efficacité, consiste en un contrat écrit, par lequel les parties s'engagent à faire des concessions réciproques pour clore entre elles une contestation déjà née ou éventuelle (art. 2044 C. civ.).

De par son objet, en l'occurrence mettre fin à une contestation de manière amiable, elle prend place parmi les MARD, au sein desquels elle joue un double rôle. D'une part, elle peut constituer le mode amiable, direct et exclusif, de résolution d'un différend (ex. deux personnes opposées par un litige y mettent un terme directement au moyen d'une transaction). D'autre part, elle peut être formée après un autre MARD, telle qu'une médiation ayant abouti à un accord, afin de renforcer celui-ci, à condition bien entendu que l'accord soit porteur de concessions réciproques entre les parties. Le contrat de transaction formalisera ainsi par écrit l'accord des parties à la médiation.

Dans cette fiche, le contrat de transaction sera étudié en deux temps. Après avoir précisé ses éléments constitutifs et son champ d'application (**I**), seront étudiées ses conditions de formation ainsi que ses effets (**II**).

I. Les éléments constitutifs et le champ d'application du contrat de transaction

Le contrat de transaction repose sur trois éléments constitutifs spécifiques (**A**) et possède un large champ d'application (**B**), tant en droit civil que dans d'autres disciplines.

A. Les éléments constitutifs de la transaction

Toute transaction repose sur trois éléments, énumérés par l'article 2044, al. 1er C. civ : une contestation née ou éventuelle, un contrat visant à terminer ou prévenir cette contestation et des concessions réciproques.

En premier lieu, une contestation consiste en un désaccord opposant des personnes quant à un acte juridique déjà formé ou à un fait juridique.

En second lieu, en tant que contrat spécial, c'est-à-dire soumis à des règles qui lui sont propres, la transaction suppose un accord de volontés entre les parties portant sur un objet spécifique : terminer une contestation née ou prévenir une contestation à naître.

Cet objet différencie ainsi la transaction d'autres MARD amiables tels que la conciliation et la médiation, lesquels orchestrent le règlement amiable d'un différend par l'intervention d'un tiers neutre, indépendant et impartial.

En troisième et dernier lieu, la transaction exige des concessions réciproques effectuées par les parties, lesquelles confèrent à celle-ci la nature d'un contrat synallagmatique. La jurisprudence a énoncé depuis longtemps la présence nécessaire de cet élément constitutif (ex. Civ. : 13 mars 1922, DP 1925, I, p. 139 ; Soc. 18 mai 1999, n° 96-44.628 ; Civ. 1re, 3 mai 2000, n° 98-12.819). Or, il a fallu attendre la loi J-21 de 2016, pour que l'exigence de concessions réciproques soit expressément codifiée à l'article 2044 C. civ.

Cependant, si toute transaction nécessite des concessions réciproques, la jurisprudence n'impose pas qu'elles soient strictement équivalentes (v. Civ. 1re, 4 mai 1976, n° 74-12.526).

En l'absence de concessions réciproques, la sanction privilégiée en jurisprudence consiste en la requalification du soi-disant contrat de transaction (v. Civ. 1re, 4 mai 1976, préc., en l'espèce une prétendue transaction a été requalifiée en acte de donation-partage). La nullité peut parfois sanctionner l'absence de concession réciproques (cf. Civ. 1re, 9 juill. 2003, n° 01-11.963).

Enfin, les concessions réciproques constitutives d'une transaction s'avèrent très variées. Il peut s'agir d'une renonciation à une action en justice (ex. Civ. 1re, 20 nov. 2013, n° 12-23.118), voire d'une renonciation réciproque des parties à une part de leur liberté d'expression.

ILLUSTRATION : SOC., 14 JANVIER 2014 (N° 12-27.284)

En l'espèce, un journaliste, salarié de TF1 avait été licencié par la chaîne. Les parties avaient formé une transaction à cette occasion. Au titre des concessions réciproques, il était prévu que chacune d'entre elles s'abstienne de tout propos critiques ou dénigrants envers l'autre et ce, pendant les 18 mois suivant la formation de la transaction. Or, à peine quelques semaines après l'accord, l'ancien salarié a publié un ouvrage dans lequel TF1 avait décelé des propos méconnaissant l'obligation transactionnelle. La chaîne a alors demandé des dommages et intérêts pour réparer le préjudice subi. Devant la Cour de cassation, l'ancien salarié a invoqué la nullité de la clause transactionnelle comme excessivement attentatoire à sa liberté d'expression, au sens de l'article 10, Conv. EDH. Or, elle a rejeté son pourvoi, estimant que l'atteinte alléguée à la liberté d'expression n'était pas excessive et pouvait tout à fait constituer les concessions réciproques exigées des parties à cette transaction.

B. Le champ d'application de la transaction

La transaction ne pourra être formée que sur des droits disponibles. Ainsi, les droits futurs, extrapatrimoniaux ou patrimoniaux, sont exclus de son champ d'application.

Partant, le caractère indisponible de nombreux droits, ainsi que l'Ordre public, constituent les deux freins à l'essor de la transaction en matière familiale. Or, elle est parfois utilisée malgré tout pour clore des litiges relatifs à des droits patrimoniaux.

Ainsi, le droit à aliments est en principe indisponible. Le créancier ne peut donc pas y renoncer par avance en tout ou partie. Il semble donc *a priori* impossible de transiger à ce sujet. Or, une transaction est envisageable sur des aliments déjà dus, l'indisponibilité s'appliquant aux termes à échoir, non pas aux termes échus (Civ. 1re : 15 mai 1973, n° 72-10.447).

La prestation compensatoire fait en revanche partie des droits disponibles (v. Civ. 1re : 11 mars 2009, préc.). Ainsi, une CA a estimé que des ex-époux « *ont la possibilité de modifier conventionnellement la prestation fixée par le juge* » (CA Aix-en-Provence : 2 mars 2006, ; n° 2006/211).

Or, une telle transaction n'est possible que si la décision fixant la prestation compensatoire est définitive, donc si elle n'est plus susceptible d'aucun recours. De même, une prestation compensatoire fixée dans le cadre d'une transaction, sous forme de rente viagère, pourra faire l'objet d'une révision (Civ. 1re : 30 janv. 2013, n° 11-24.632).

Hors du droit civil, lequel constitue le droit commun en la matière, la transaction a prospéré dans de nombreux domaines. Tel est le cas du droit de la concurrence, lequel permet de transiger sur le montant de la sanction pécuniaire prononcée contre l'auteur d'une pratique anticoncurrentielle (v. art. L. 464-2, III, C. com.).

Le droit pénal pratique également la transaction pénale, portant sur le quantum de la peine appliquée à un délit tel qu'une discrimination (v. Fiche 25). Enfin, en droit du travail, elle permet d'envisager les suites d'un licenciement (ex. Soc. : 14 janvier 2014 ; n° 12-27.284, préc.).

II. Les conditions de formation et les effets du contrat de transaction

À la présentation des conditions de formation de ce contrat, succédera l'étude de ses effets (**A**), lesquels présentent une nature procédurale (**B**).

A. Les conditions de formation de ce contrat

Elles se subdivisent en des conditions de forme et de fond.

Quant aux conditions de forme, l'article 2044 al. 2 C. civ. indique que le contrat de transaction « *doit être rédigé par écrit* ». Or, le caractère écrit du contrat de transaction ne constitue pas une condition de validité de celle-ci (formalisme *ad validitatem*), simplement un formalisme destiné à prouver l'existence et le contenu de ce contrat (formalisme *ad probationem*).

Elle ne peut donc pas être annulée à défaut d'avoir été formée par écrit ou si l'écrit est incomplet. Dans ce dernier cas, l'écrit incomplet constituera un commencement de preuve par écrit de la transaction à compléter par des éléments extrinsèques (v. Civ. 1re : 18 mars 1986 ; Bull. civ., I, n° 74).

La jurisprudence cantonne donc le caractère écrit du contrat de transaction à une simple fonction probatoire. L'écrit sera utile si les parties souhaitent ensuite donner force exécutoire à leur transaction, en faisant procéder à son homologation judiciaire ou à l'apposition de la formule exécutoire sur le contrat par le greffe de la juridiction compétente (v. Fiche 27).

Concernant les conditions de fond, la transaction devra se conformer aux conditions de validité de l'article 1128 C. civ., à savoir le consentement libre et éclairé des parties, leur capacité de contracter et un contenu licite et certain. La méconnaissance de ces conditions de fond, appartenant au droit commun des contrats, fait encourir la nullité au contrat de transaction.

B. Les effets de ce contrat

Le contrat de transaction produira deux effets de type procédural ou juridictionnel : un effet déclaratif et un effet extinctif.

L'effet déclaratif signifie qu'en mettant fin ou en prévenant une contestation, la transaction ne crée aucun droit nouveau ou aucune situation nouvelle. Elle se borne à constater un droit préexistant. Par conséquent, même si elle intervient en matière amiable, la transaction produit un effet déclaratif analogue à celui d'une décision de justice, acte par laquelle le juge se cantonne à constater ou à consolider les droits des parties.

L'effet extinctif de la transaction résulte quant à lui de l'article 2052 C. civ., dans sa rédaction issue de la loi J-21. Ce texte dispose en effet que « *la transaction fait obstacle à l'introduction ou à la poursuite entre les parties d'une action en justice ayant le même objet* ».

D'une part, l'effet extinctif empêche l'introduction d'une nouvelle action en justice ayant le même objet que la contestation terminée par la transaction.

ILLUSTRATION : SOC., 4 JUILL. 2018 (N° 16-28.532)

En l'espèce, une demande en justice tendant à la rectification d'un arrêt a été frappée d'irrecevabilité car une transaction avait été formée entre les parties pour préciser les conditions d'exécution dudit arrêt.

D'autre part, l'effet extinctif de la transaction s'oppose à la poursuite d'une action en justice déjà intentée en la matière. Par conséquent, si un juge a été saisi antérieurement à la transaction, l'accord transactionnel intervenu quant à l'objet du litige emporte son dessaisissement à l'égard de l'objet du litige ayant donné lieu à la transaction (v. Civ. 3e : 21 mars 1990, n° 88-18.738, concernant un pourvoi en cassation).

La seule intervention du juge envisageable après la conclusion d'un contrat de transaction consiste donc à le saisir d'une demande d'homologation de celui-ci en vue de lui octroyer la force exécutoire (v. Fiche 27).

À RETENIR

- La transaction, MARD ancien, consiste en un contrat écrit, par lequel les parties s'engagent à faire des concessions réciproques pour clore entre elles une contestation déjà née ou éventuelle.
- Toute transaction repose sur trois éléments constitutifs : une contestation née ou éventuelle, un contrat visant à terminer ou prévenir cette contestation et des concessions réciproques.
- La transaction possède un large champ d'application. Elle ne pourra être formée que sur des droits disponibles mais dans plusieurs domaines du droit civil (ex ; transaction familiale portant sur la révision du montant d'une prestation compensatoire), en droit de la concurrence, en droit pénal ou en droit du travail.
- Quant à ses conditions de formation, la transaction doit être formée par écrit, cette exigence n'étant cependant que probatoire, et elle devra respecter les conditions classiques de validité des contrats.
- Enfin, la transaction présente deux effets processuels. Un effet déclaratif, selon lequel elle ne fait que constater un droit sans en créer de nouveaux et un effet extinctif impliquant qu'une fois qu'elle formée aucune action en justice ne peut être introduite ou poursuivie par rapport au litige qu'elle a réglé.

POUR ALLER PLUS LOIN

- Ch. Dewailly-Houyvet et S. Travade-Lannoy, « La transaction familiale », *JCP* N, 2016, 1334.
- F. Julienne, « Transaction », *JurisClass. Civ. Code,* Fasc. 30, 2021.
- M. Le Bescond de Coatpont, « Le nouveau visage de la transaction », *AJ contrat* 2018, p. 152.
- L. Mayer, « La transaction, un contrat spécial ? », *RTD civ.* 2014, p. 523.
- C. Ventejou, « Le délicat exercice de la transaction en droit du travail », *AJ contrat* 2018, p. 158.

POUR S'ENTRAÎNER : QUESTIONS À RÉPONSES COUTES (QRC)

Répondez assez brièvement aux trois questions suivantes :

1. Quelles sanctions peuvent être appliquées par le juge qui constaterait l'absence de concessions réciproques dans un contrat de transaction ?
2. Quelles sont les utilisations de la transaction en matière de droit de la concurrence et dans le domaine pénal ?
3. En quoi consiste l'effet déclaratif de la transaction ?

CORRIGÉ

1. En l'absence de concessions réciproques, la sanction privilégiée par le juge consiste en la requalification du soi-disant contrat de transaction (v. Civ. 1re, 4 mai 1976 ; une prétendue transaction requalifiée en donation-partage). Cependant, la nullité peut parfois sanctionner également l'absence de concessions réciproques (v. Civ. 1re, 9 juill. 2003, n° 01-11.96).
2. Le droit de la concurrence permet de transiger sur le montant de la sanction pécuniaire prononcée contre l'auteur d'une pratique anticoncurrentielle (v. art. L. 464-2, III, C. com.). Quant au droit pénal, il a instauré une transaction pénale portant sur le quantum de la peine sanctionnant un délit tel qu'une discrimination.
3. Il signifie qu'en mettant fin ou en prévenant une contestation, la transaction ne crée aucun droit nouveau ou aucune situation nouvelle. Elle se borne à constater un droit préexistant. Par conséquent, même si elle intervient en matière amiable, l'effet déclaratif de la transaction est analogue à celui d'une décision de justice, dans laquelle le juge se cantonne à constater ou à consolider les droits des parties.

Partie II
Le régime juridique des MARD, une unité à consolider

Titre 1
Des règles d'encadrement transversales

Chapitre 1

Les principes directeurs communs à tous les MARD

Parmi les principes transversaux, applicables à tous les MARD, la confidentialité figure au premier rang. Elle impose de garder le silence ou de garder secret un certain nombre d'éléments ou l'existence de diverses situations. Elle constitue ainsi le principe matriciel des MARD (**Fiche 22**). Dans le langage courant, une matrice est un moule dans lequel une empreinte spécifique a été formée, en creux et en relief, ce qui permet sa reproduction à plusieurs reprises. Partant, la confidentialité, donc le fait de garder secret l'existence du MARD et les éléments échangés au cours de celui-ci, constitue bien une empreinte, une garantie particulière à plusieurs MARD.

Les autres principes directeurs, assurant le bon fonctionnement des MARD, forment le triptyque suivant : une loyauté entre les divers protagonistes des MARD (les parties, leurs éventuels conseils et les tiers animateurs des MARD), l'efficacité et la rapidité de mise en œuvre de ces processus (**Fiche 23**). Il est enfin à noter que le rapport Sauvé du 8 juillet 2022, sur les États généraux de la justice, a constaté que l'éparpillement des principes directeurs des MARD nuisait à leur efficacité. Partant, il propose d'introduire au sein du Livre V du Code de procédure civile, consacré à la résolution amiable des différends, l'ensemble des principes directeurs de tous les MARD amiables et ce, qu'ils soient judicaires et conventionnels. Sont ainsi concernés : la confidentialité des processus, l'indépendance, l'impartialité et la compétence du tiers ainsi que la loyauté.

Fiche 22

La confidentialité des processus : principe matriciel des MARD

DÉFINITIONS

- **Débats en chambre du conseil** : Audience au cours de laquelle les débats se déroule, à huis clos, dans le bureau du juge, en présence uniquement des parties et de leurs avocats.
- **Champ d'application *ratione personae* d'un principe** : Détermination des personnes auxquelles s'impose le respect de ce principe.
- **Champ d'application *ratione materiae* d'un principe** : Détermination des domaines dans lesquels s'applique ce principe.

La plupart des MARD a été conçue autour du principe de la confidentialité, si bien qu'elle en constitue le principe matriciel.

La confidentialité permet ainsi de différencier les MARD de la justice étatique, devant laquelle prévaut le principe antinomique de la publicité des débats, imposant que tout procès se déroule devant un public et ce, malgré des exceptions (v. art. 22 C. pr. civ. selon lequel, devant les juridictions étatiques : « les débats sont publics, sauf les cas où la loi exige ou permet qu'ils aient lieu en chambre du conseil »).

Dans cette fiche, après l'étude du contenu du principe de confidentialité (**I**), on abordera les sanctions de sa violation (**II**) et les limites dont il sera parfois l'objet (**III**).

I. Le contenu du principe de confidentialité

Ici, on abordera le champ d'application de ce principe pour mieux cerner les personnes qui y sont astreintes ainsi que les éléments sur lesquels il porte (**A**), avant d'effectuer un tour d'horizon des principaux MARD expressément soumis à son respect (**B**).

A. Le champ d'application de la confidentialité

Il faut ici préciser le champ d'application du principe de confidentialité tant *ratione personae*, , que *ratione materiae*, c'est-à-dire quant aux domaines qu'il couvre.

Ratione personae, le respect de la confidentialité s'impose à l'ensemble des protagonistes des MARD, sauf accord de celles-ci pour que le processus y déroge. Ainsi, les parties sont avant tout tenues de se conformer à la confidentialité. Elle doit également être respectée par leurs conseils, lesquels, s'ils sont avocats sont déjà astreints au respect du secret professionnel. Enfin, la confidentialité doit évidemment être prise en compte par le tiers choisi en vue du règlement du différend et ce, qu'il s'agisse d'un arbitre, d'un conciliateur de justice ou d'un médiateur. Vis-à-vis du tiers, la confidentialité constitue une obligation à la fois légale et déontologique.

Ratione materiae, la confidentialité impose à l'ensemble des protagonistes des MARD de garder le silence sur plusieurs éléments. Il leur incombe notamment de ne divulguer, ni l'existence du différend, ni le déroulement d'une procédure en vue de le résoudre. En outre, l'accord éventuel intervenant au terme de la procédure, ou au contraire, son échec, doit également être gardé secrets.

Enfin, en cas d'échec du MARD, sauf accord des parties, les éléments échangés ou discutés ne pourront être transmis au juge.

En définitive, la confidentialité entourant les MARD offre deux avantages. D'une part, elle favorise des échanges reposant sur une confiance réciproque entre les parties, celles-ci étant assurées que rien de ce qui se dit ou de ce qui s'échange ne sortira du cadre de l'arbitrage, de la conciliation ou de la médiation. D'autre part, elle préserve les intérêts personnels des parties en protégeant la réputation des entreprises, la tranquillité des membres d'une même famille ou en préservant des informations relevant du secret des affaires de leur appréhension par des tiers.

B. Les MARD expressément soumis au respect de ce principe

Plusieurs MARD amiables, ainsi que l'arbitrage, doivent respecter le principe de la confidentialité au cours de leur déroulement.

Ainsi la conciliation et la médiation conventionnelles de droit commun sont soumises au respect de la confidentialité (art. 1531 C. pr. civ.). Il en va de même en cas de conciliation judiciaire déléguée à un conciliateur de justice (art. 129-4 al. 2 C. pr. civ.), ou de médiation judiciaire (art. 131-14 C. pr. civ.). Au sujet de la médiation judiciaire, l'injonction de rencontrer un médiateur, axe central du développement de la médiation par les juridictions, débouche régulièrement sur des échanges entre les parties au cours d'une réunion d'information. Ce contexte apparaît donc favorable à un accord entre elles. Or, n'étant pas soumise à la confidentialité, cette réunion peut tourner court. Le rapport Sauvé du 8 juillet 2022, sur les États généraux de la justice, recommande ainsi l'extension du principe de confidentialité aux échanges tenus lors de cette réunion d'information. La confidentialité est également de mise en matière de médiation administrative (art. L. 213-2 CJA).

La confidentialité constitue également la règle pour les médiations institutionnelles telles que celles organisées par le médiateur des entreprises ou par des centres privés d'arbitrage. En effet, ce principe matriciel est inscrit dans les divers règlements encadrant les processus de médiation qu'ils proposent (v. art. 8, règl. médiation de la CAIP; art. 7, règl. médiation du CALIF ou art. 9 règl. médiation du CMAP). En revanche, une spécificité du règlement de médiation du CMAP tient au fait que l'existence de la procédure de médiation n'est en principe pas soumise à la confidentialité, sauf convention contraire des parties.

Enfin, la médiation organisée par le Défenseur des droits s'organise également autour du respect du principe de la confidentialité (art. 26, loi organique n° 2011-333 du 29 mars 2011, relative au Défenseur des droits).

Quant à l'arbitrage, le décret du 13 janv. 2011 a expressément prévu le principe de confidentialité de la procédure d'arbitrage interne (art. 1464 al. 4 C. pr. civ.).

Or, cette disposition ne figure pas dans la liste dressée par l'article 1506 C. pr. civ. des textes de l'arbitrage interne également applicables à l'arbitrage international (v. Fiche 10). Face au silence du C. pr. civ. sur le caractère confidentiel ou non de l'arbitrage international, une partie de la doctrine y voit cependant un usage non-écrit et obligatoire qu'il faut donc respecter, d'autres auteurs estimant au contraire que seule une clause de confidentialité insérée dans la convention d'arbitrage international rédigée par les parties permettait son respect effectif.

Or, pour garantir la confidentialité de l'arbitrage international, la plupart des règlements édictés par les centres d'arbitrage imposent expressément sa confidentialité, sauf accord des parties pour sa publicité (ex. art. 23.7, règl. arbitrage CMAP).

Enfin, l'article 4-1 de la J-21 soumet les personnes physiques ou morales proposant un service en ligne de conciliation ou de médiation, à l'obligation de confidentialité, sauf accord des parties sur son absence. L'article 4-2 impose exactement la même obligation aux services d'arbitrage en ligne.

II. Les sanctions de la violation du principe de confidentialité

Deux types de sanctions sont envisageables. Si certaines sont directement encourues par les auteurs de la violation (**A**), d'autres sanctions procédurales, plus indirectes, seront parfois prononcées en cas d'utilisation d'éléments frappés du sceau de la confidentialité (**B**).

A. Les sanctions directes contre l'auteur de la violation

En cas de violation du principe de confidentialité, le législateur n'a instauré aucune sanction spécifique. La jurisprudence s'est donc orientée vers l'octroi de dommages et intérêts à la partie victime de la violation de la confidentialité par l'auteur de cette faute, sur le fondement d'un manquement à une obligation de ne pas faire, ici à une obligation de ne pas révéler.

ILLUSTRATION : CA PARIS : 22 JANV. 2004, REV. ARB. 2004, P. 647

En l'espèce, la responsabilité civile de l'arbitre irrespectueux du secret du délibéré préalable au prononcé d'une sentence arbitrale a été retenue afin que les parties victimes de ce comportement soient indemnisées du préjudice subi du fait de cette violation.

Or, le montant de l'indemnisation octroyée dans un tel cas de figure s'avère particulièrement délicat à évaluer.

De plus, pour les MARD en ligne, une sanction pénale a été expressément prévue en direction des organismes de conciliation, de médiation ou d'arbitrage irrespectueux de la confidentialité. Celle-ci consiste en une peine d'1 an d'emprisonnement et de 15 000 € d'amende maximum, selon l'article 4-6 al. 2 de la loi J-21, lequel opère un renvoi à l'article 226-13 C. pén, sanctionnant les atteintes au secret professionnel.

Enfin des sanctions disciplinaires peuvent s'appliquer lorsque l'auteur de la violation est le tiers intervenant (ex. non-renouvellement d'un conciliateur de justice ou radiation d'un médiateur judiciaire de la liste des médiateurs tenues par le CA ; v. Fiche 5).

L'avocat encourt lui aussi des sanctions disciplinaires prononcées par son ordre professionnel et il peut mettre en jeu sa responsabilité pénale pour manquement au secret professionnel, auquel il est statutairement soumis.

B. Les sanctions procédurales indirectes de la violation

Sur le plan procédural, la divulgation, lors d'une action en justice, d'éléments soumis à la confidentialité entraînera leur mise à l'écart des débats par le juge.

ILLUSTRATION : CIV. 2e : 9 JUIN 2022 (N° 19-21.798)

En l'espèce la Cour de cassation a clairement énoncé que : « *l'obligation de confidentialité de la médiation impose que les pièces produites [...] soient, au besoin d'office, écartées des débats par le juge* ».

ATTENTION

La question de la mise à l'écart d'un élément fourni en justice en violation du principe de confidentialité doit être combiné avec le droit à la preuve, selon lequel toute partie doit pouvoir produire les éléments dont elle dispose pour faire valoir ses prétentions, même si ces preuves sont déloyales.
Partant, si pour satisfaire l'exercice de son droit à la preuve, une partie n'a d'autre possibilité que de produire un élément en violation de l'obligation de confidentialité, cette production sera soumise au contrôle de proportionnalité opéré par les juges afin de savoir si l'élément peut malgré tout être pris en compte ou au contraire écarté des débats s'il porte une atteinte excessive à la confidentialité (v. Civ. 1re : 5 avr. 2012, n° 11-14.177 et Civ. 1re : 25 févr. 2017, n° 15-12.403).

Enfin, dans des cas spécifiques, la violation du principe de confidentialité peut constituer un cas d'irrecevabilité de l'action. Ainsi, la Cour EDH a estimé qu'une requête portée devant elle devait être déclarée irrecevable car elle était fondée sur des informations obtenues au cours d'une médiation, donc en violation du principe de la confidentialité. Pour la Cour EDH, une telle attitude constituait un abus du droit de recours individuel, au sens de l'article 35 § 3 Conv. EDH. Or, le droit de recours individuel devant la Cour EDH constitue un cas de figure très spécifique (v. Cour EDH : 13 déc. 2011, req. n° 67037/9, François Mandil c/France).

III. Les limites au principe de la confidentialité

Elles sont de deux ordres. D'une part, parmi les MARD effectivement soumis au principe de confidentialité, existent des exceptions pour lesquelles son application sera écartée (**A**). D'autre part, le régime juridique de certains MARD s'illustre de par l'absence de la confidentialité (**B**).

A. Les exceptions à la confidentialité dans les MARD soumis à cette exigence

Celles-ci sont mentionnées à l'article 21-3 de la loi du 8 févr. 1995 et s'appliquent aux conciliations et médiations, tant conventionnelles que judiciaires. Il est possible de les présenter en deux grandes catégories.

D'un côté, les éléments échangés lors de la conciliation ou de la médiation échapperont à la confidentialité pour trois motifs spécifiques. Il s'agit de raisons impérieuses d'ordre public (ex. maladie), des motifs liés à la protection de l'intérêt supérieur de l'enfant ou à l'intégrité physique ou psychologique d'une personne (ex. révélation de maltraitances au cours d'une médiation familiale).

D'un autre côté, la confidentialité sera rompue si la révélation de l'existence d'une conciliation ou d'une médiation, conventionnelle ou judiciaire, et du contenu de l'accord qui en découle, s'avèrent nécessaires. Tel sera le cas, si les parties souhaitent renforcer leur accord, en faisant procéder à son homologation judiciaire (v. Fiche 27).

En outre, lors de la médiation organisée par le Défenseur des droits en matière de discrimination, l'article 26 de la loi organique (préc.) prévoit que l'obligation de confidentialité peut être levée pour des raisons d'ordre public, voire en cas de procédure pénale ultérieure.

Enfin, les règlements d'arbitrage des centres d'arbitrage prévoient également, de manière régulière, l'hypothèse dans laquelle la confidentialité s'effacerait au profit du respect d'une obligation légale de divulgation (ex. art. 2.1 et 2.2, règl. arbitrage CAIP).

B. L'absence de confidentialité dans le régime juridique de certains MARD

ATTENTION

Contrairement aux conciliations et médiations judiciaires ou conventionnelles, ainsi qu'à l'arbitrage, le législateur n'impose pas la confidentialité aux parties à une convention de procédure participative.

Un tel choix apparaît ambivalent, en ce qu'il peut tantôt constituer un atout, tantôt une faiblesse de ce MARD (v. Fiche 20). Ainsi, l'absence de confidentialité sera un avantage en cas d'échec de la procédure participative. En effet, les propos tenus par les parties, au cours de la procédure participative pourront être pris en compte par le juge, ce qui lui permettra de trancher le litige avec davantage de rapidité. En revanche, l'absence de confidentialité peut inciter les parties à rester sur la défensive et à être peu communicatives, par crainte que leurs propos se retournent contre elles en cas de saisine éventuelle du juge.

Cependant, la liberté contractuelle dont jouissent les parties leur permet d'échapper à cette ambivalence en restaurant la confidentialité au moyen d'une clause de confidentialité, insérée dans leur convention de procédure participative.

Enfin, l'article L. 1152-6 C. trav. instaure une médiation en matière de harcèlement moral au travail. Elle peut être déclenchée à l'initiative de toute personne de l'entreprise s'estimant victime de harcèlement moral ou par la personne mise en cause. Or, elle n'est pas encadrée par la confidentialité. Partant, cette médiation s'apparente davantage à une phase précontentieuse qu'à un véritable MARD.

À RETENIR

- La plupart des MARD ont été conçus autour du principe de la confidentialité.
- Quant à son contenu, le respect de la confidentialité s'impose, *ratione personae*, à l'ensemble des protagonistes des MARD (les parties, leurs conseils et le tiers intervenant dans le MARD) Ensuite, la confidentialité leur impose, *ratione materiae*, de garder le silence sur l'existence du différend et le déroulement du MARD. En outre, l'accord éventuel trouvé par les parties ou au contraire, son échec doit également être gardé secrets. Plusieurs MARD amiables tels que la conciliation et la médiation conventionnelles de droit commun, la conciliation et la médiation judiciaires, les médiations institutionnelles, les MARD en ligne, ainsi que l'arbitrage doivent respecter ce principe.
- La sanction de la violation du principe de confidentialité s'opère de deux manières. D'une part, des sanctions directes sont encourues par les auteurs de la violation, notamment l'octroi de dommages et intérêts à la partie qui en est victime. De plus, des sanctions pénales et/ou disciplinaires sont encourues par les arbitres, conciliateurs, médiateurs et les conseils des parties irrespectueux du principe de confidentialité. D'autre part, des sanctions procédurales sont également prononcées en cas d'utilisation d'éléments en principe frappés du sceau de la confidentialité. Ceux-ci seront notamment écartés des débats par le juge.
- Enfin, les limites au principe de confidentialité sont de deux ordres. D'une part, parmi les MARD effectivement soumis au principe de confidentialité, existent des exceptions légales pour lesquelles son application sera écartée. D'autre part, certains MARD s'illustrent de par l'absence de confidentialité dans leur régime juridique. Tel est notamment le cas de la procédure participative.

POUR ALLER PLUS LOIN

- S. Amrani-Mekki, Ch. Butruille-Cardew et C. Denoit-Benteux, « Confidentialité et amiable », Ordre des avocats de Paris, 22 sept. 2021 : https://www.avocatparis.org/sites/bdp/files/2021-09/confidentialite%CC%81%20et%20amiable%20power%20point%20P.%20Amrani-Mekki.pdf.
- L. Cadiet et Th. Clay, « Les modes alternatifs de règlement des conflits » Dalloz, Connaissance du droit, 3e éd., 2019.
- N. Fricero, « Le développement des modes alternatifs de règlement des litiges : progrès ou recul pour les droits du justiciable ? », *RLDC*, n° 164, 1er nov. 2018.
- L. Izac, « La confidentialité, principe directeur du processus de médiation en entreprise », *Lettre des médiations* 2017, n° 4, p. 37.
- F. de Korodi, « La confidentialité de la médiation », *JCP* G 2012, 1320.

- E. Loquin, « Les obligations de confidentialité dans l'arbitrage », *Rev. arb.* 2006, p. 32.
- J.P. Tricoit, « Droit de la médiation et des modes amiables de règlement des différends », préf. Ch. Jarrosson, Gualino, 2e éd. 2022.

POUR S'ENTRAÎNER : VRAI OU FAUX

Pour chacun des énoncés suivants, recherchez s'il est vrai ou faux (ex. 1. Vrai, 2. Faux). Vous réécrirez ensuite les énoncés, qui selon vous seraient faux, de manière à ce qu'ils soient exacts.

1. Devant la justice étatique, les débats sont publics, sans aucune exception admise.
2. Au plan procédural, la divulgation, lors d'une action en justice, d'éléments soumis à la confidentialité entraînera leur mise à l'écart des débats par le juge.
3. Conformément à la plupart des MARD, le législateur impose la confidentialité aux parties à une convention de procédure participative.

CORRIGÉ

1. Faux. Selon l'article 22 C. pr. civ. : « les débats sont publics, sauf les cas où la loi exige ou permet qu'ils aient lieu en chambre du conseil ».
2. Vrai.
3. Faux. Le législateur n'impose pas la confidentialité aux parties à une convention de procédure participative. Cependant, elles pourront appliquer malgré tout ce principe en insérant une clause de confidentialité dans leur convention.

Fiche 23

Les autres principes directeurs des MARD

I. Un principe inhérent aux protagonistes des MARD : la loyauté
II. Deux principes tenant à l'organisation des processus : l'efficacité et la rapidité

DÉFINITION

- **Moyens dilatoires** : Ensemble de procédés qui vise à gagner du temps, à retarder le déclenchement ou l'issue d'une procédure.

Outre la confidentialité, laquelle constitue le principe matriciel de la plupart des MARD (v. Fiche 22), un triptyque de principes directeurs complète celle-ci.

Le premier d'entre eux, à savoir la loyauté, doit être respecté par l'ensemble des protagonistes des MARD (**I**). Les deux autres principes garantissent davantage la bonne organisation des MARD. Il s'agit respectivement de l'efficacité attendue de ces processus et de la rapidité de leur mise en œuvre (**II**).

I. Un principe inhérent aux protagonistes des MARD : la loyauté

De manière générale, la loyauté, quel que soit le contexte dans lequel elle se déploie, consiste à adopter des comportements dignes et respectueux d'autrui.

En matière de MARD, la loyauté constitue à la fois un principe directeur de ceux-ci, mais aussi une vertu, laquelle se doit d'être tripartite.

Autrement dit, la loyauté dans la conduite des MARD est attendue non seulement de la part du tiers animant le MARD (arbitre, conciliateur ou médiateur ; **A**), mais aussi des parties opposées par un différend et de leurs éventuels conseils (**B**).

A. La loyauté du tiers animant le MARD

La loyauté du tiers orchestrant le MARD est de nature à générer et à maintenir la confiance des parties engagées dans ce processus. Celui-ci doit donc apparaître totalement neutre, en évitant de délivrer son sentiment personnel sur le différend qu'il tentera d'aplanir. Il doit, en outre, être tout entier dirigé vers la recherche d'un accord qui soit le plus équitable possible. À l'inverse, il pourrait être condamné.

ILLUSTRATION : CA PARIS, 20 MARS 2002
(*GAZ. PAL.* 8 AVR. 2003, N° 98, P. 27, OBS. A. LE TARNEC)

En l'espèce, les juges du fond ont estimé qu'un médiateur a méconnu les principes de confidentialité et de loyauté devant encadrer le déroulement du processus. En effet, ce dernier avait reproduit dans son rapport, sans l'accord des parties, les déclarations faites par celles-ci tout au long des opérations de médiation lesquelles avaient échoué. Il avait en outre donné son sentiment sur le fond de l'affaire.
La loyauté est donc une qualité du tiers animateur du MARD qui vient s'ajouter aux garanties d'indépendance et d'impartialité qu'il doit posséder.

B. La loyauté des parties et de leurs éventuels conseils

Les parties doivent ensuite se montrer loyales l'une envers l'autre, ce qui implique qu'elles jouent « cartes sur table », en disant la vérité, en ne dissimulant aucun élément de fait ou aucune pièce de nature à éclairer plus précisément leur différend.

Elles doivent en outre tenter d'aboutir à une solution co-construite pour les MARD amiables ou accepter la sentence arbitrale motivée, rendue par le tribunal arbitral pour trancher leur différend.

En matière d'arbitrage, l'article 1464 al. 3 C. pr. civ. leur impose d'ailleurs expressément le respect d'une obligation de loyauté entre elles, c'est-à-dire de bien se comporter et ce, en dépit du litige qui les oppose.

En revanche, la loyauté attendue des parties est actuellement moins prégnante dans les MARD amiables.

Ainsi, le rapport rendu par la cour d'appel de Paris en mars 2021, sur la promotion et l'encadrement des MARD, contient d'intéressantes propositions quant à la loyauté de la médiation. Il vise notamment à ériger le médiateur en garant de la loyauté de la médiation. Partant, il préconise que ce tiers se réfère à la loyauté, tant au démarrage du processus, que lors de son déroulement. Plus précisément, au début de la médiation, le médiateur pourrait refuser de la lancer s'il constatait que l'une des parties instrumentalisait ce MARD à des fins déloyales, pour n'en faire qu'un moyen dilatoire. Ensuite, au cours du processus, le médiateur constatant un comportement déloyal pourrait l'interrompre et en informer le juge, tout en observant le respect de son obligation de confidentialité.

Dans le même ordre d'idées, la procédure participative présente une faiblesse intrinsèque laquelle peut, *in fine* nuire à loyauté attendue des parties. En effet, la convention de procédure participative doit récapituler les pièces nécessaires à la résolution du différend (art. 2063, 3 °C. Civ.), les parties fixant librement les modalités de leur échange. Ainsi, chacune d'entre elles peut choisir les pièces qu'elle souhaitera communiquer ou non à l'autre, d'où la nécessaire élaboration d'une stratégie quant à l'échange de celles-ci. Si cette attitude diminue les chances de parvenir à un accord amiable, elle fait également figure de comportement peu compatible avec l'exigence de loyauté.

Enfin, les conseils des parties, soumis à un code de déontologie s'ils sont avocats, se doivent eux aussi d'adopter un comportement exemplaire en évitant de conseiller à leurs clients d'adopter des comportements critiquables sur le terrain de la loyauté.

II. Deux principes tenant à l'organisation des processus : l'efficacité et la rapidité

D'une part, l'une des garanties du développement des MARD tient à leur efficacité. En effet, les parties se tourneront davantage vers ce type de règlement, soit spontanément, soit à l'initiative de leurs avocats ou d'un magistrat, si ces processus ont démontré leur efficacité (**A**).

D'autre part, l'un des objectifs du développement des MARD en France a consisté à remédier aux lenteurs de la justice. Partant, il est logique que leur déroulement s'effectue avec une certaine rapidité (**B**).

A. L'efficacité des MARD

L'efficacité des MARD accroît les chances de parvenir à un accord. Elle va de pair avec la qualité des MARD, laquelle résulte en grande partie de la compétence de leurs animateurs, couplée à leur expérience, qu'ils soient arbitres, conciliateurs ou médiateurs.

Pour les conciliateurs de justice, l'article 2 du décret du 20 mars 1978, dans sa rédaction issue du décr du 30 août 2019 indique expressément qu'ils doivent disposer « *d'une expérience juridique et que leurs compétences qualifient particulièrement pour exercer ces fonctions* ». De même les médiateurs conventionnels doivent posséder « *par l'exercice présent ou passé d'une activité, la qualification requise eu égard à la nature du différend* » ou justifier « *d'une formation ou d'une expérience adaptée à la pratique de la médiation* » (art. 1533, 2 °C. pr. civ.). Le médiateur judiciaire cumulera quant à lui ces deux qualités (art. 131-5; 3° et 4 °C. pr. civ. ; (v. Fiche 5).

En outre, le notaire-médiateur présente de son côté des compétences professionnelles avec l'obtention d'une formation spécialisée en médiation, le qualifiant donc pour tenter de régler des différends successoraux, parfois très techniques.

Dans le même ordre d'idées, la loi J-21 prévoit que les personnes physiques ou morales proposant des services de conciliations, médiations ou arbitrages en ligne doivent accomplir leur mission en possédant plusieurs qualités dont la compétence. De même, la certification facultative des MARD numériques qu'elle a instauré, constitue un gage supplémentaire de leur efficacité (v. Fiche 18).

L'arbitrage présente enfin une efficacité spécifique (v. Fiche 10). Avant tout, en dehors du recours au juge étatique, il constitue le seul MARD animé par un arbitre, tiers détenteur d'un pouvoir juridictionnel.

ILLUSTRATION : CA PARIS, 7 OCT. 2004 ; N° 2004/13909

Cet arrêt reconnaît au tribunal arbitral le pouvoir d'adresser une injonction à une partie, accompagnée éventuellement d'une astreinte, ce qui caractérise un «*prolongement inhérent et nécessaire à la fonction de juger pour assurer une meilleure efficacité au pouvoir juridictionnel*».

Ensuite, le régime juridique de l'arbitrage interne et international (articles 1442 à 1527 C. pr. civ.) a fait ses preuves. Il offre notamment une importante marge de manœuvre aux arbitres pour trancher les litiges dont ils sont saisis, tout en ne sanctionnant que les abus ou violations flagrantes de diverses règles juridiques, d'où un faible taux d'annulation des sentences arbitrales.

B. La rapidité des MARD

Si l'étude des divers délais pratiqués révèle une rapidité de l'ensemble des MARD, les modes amiables présentent cependant davantage de célérité que l'arbitrage.

Quant aux MARD amiables, qu'ils soient encadrés par le législateur ou mis au point par les règlements de centres d'arbitrage, un délai de 3 mois tend à s'imposer comme leur durée standard. Tel est le cas pour la conciliation judiciaire déléguée (art. 129-2 C. pr. civ.) et la médiation judiciaire (art. 131-4 C. pr. civ.). Ce délai constitue également la norme pour les médiations organisées par le Médiateur des entreprises.

La médiation de la consommation est encadrée par un délai similaire, celle-ci étant sensée se dérouler dans un délai maximum de 90 jours (soit 3 mois environ ; art. R. 612-5 C. conso). Pour la conciliation et la médiation judiciaires, ce délai est renouvelable une fois pour la même durée, à la demande du conciliateur de justice ou du médiateur selon les cas (v. respectivement art. 129-2 et 131-4 C. pr. civ.).

Certains centres d'arbitrage et de médiation appliquent parfois des délais inférieurs. Ainsi, la durée de la médiation mise en place par le CMAP ne peut en principe excéder deux mois, celle-ci pouvant cependant être prolongée (art. 8.4 régl. CMAP).

Concernant l'arbitrage interne, la durée de l'instance est en revanche de 6 mois maximum, à compter du jour où le tribunal arbitral est saisi, sauf clause contraire des parties (art. 1463 al. 1er C. pr. civ.). Or, le délai d'instance «*peut être prorogé par accord des parties ou, à défaut, par le juge d'appui*» (art. 1463 al. 2 C. pr. civ.).

Cette durée plus longue de l'instance arbitrale, par rapport aux MARD amiables apparaît multifactorielle. D'une part, la nature juridictionnelle de l'arbitrage peut contribuer à son ralentissement (ex. nécessité du tribunal arbitral d'observer un respect absolu du principe du contradictoire, tout élément devant faire l'objet d'une discussion entre les parties ou saisine du juge d'appui pendant l'instance pour ordonner une mesure n'entrant pas dans les compétences de l'arbitre). D'autre part la justice arbitrale sera parfois ralentie par des éléments spécifiques au litige, ne se retrouvant pas, ou moins, dans les MARD amiables, tels sa technicité ou la pluralité de parties qu'il implique.

En matière d'arbitrage international, l'instance n'est soumise à aucun délai maximum. Un délai ne s'appliquera que si les parties l'ont prévu dans leur convention d'arbitrage ou si l'instance est encadrée par un règlement d'arbitrage qui en fixerait un.

Quant aux centres d'arbitrages, la pratique est variable. Par exemple, le CALIF prévoit que le tribunal arbitral composé pour tranché un litige familial doit rendre une sentence arbitrale au plus vite pour trancher le différend et plus tard 6 mois après sa constitution (art. 15-2 règl arbitrage CALIF). Enfin la CAIP a mis en place une procédure d'arbitrage rapide (PAR; titre III règl. arbitrage CAIP) pour les litiges d'un montant inférieur ou égal à 100 000 €. Cet arbitrage, dirigé par un arbitre unique, traitera l'affaire dans un délai de 4 mois.

À RETENIR

- Outre la confidentialité, principe matriciel de la plupart des MARD, un triptyque de principes directeurs complètent celle-ci.
- Le premier d'entre eux est la loyauté, consistant à adopter des comportements dignes et respectueux d'autrui. Elle se doit d'être respectée par l'ensemble des protagonistes des MARD. Ainsi, la loyauté de l'arbitre, du conciliateur ou du médiateur génère et maintient la confiance des parties engagées dans ce processus. Celles-ci doivent ensuite se montrer loyales l'une envers l'autre, en

disant la vérité, sans dissimuler d'éléments de fait ou de pièces éclairant leur différend. Enfin, les conseils des parties, se doivent d'adopter un comportement exemplaire.

- Le deuxième principe consiste en l'efficacité que doivent présenter les MARD. Elle accroît les chances de parvenir à un accord et va de pair avec la qualité des MARD, résultant de la compétence de leurs animateurs, couplée à leur expérience et ce, qu'ils soient arbitres conciliateurs ou médiateurs.
- Le troisième principe tient enfin en la rapidité de mise en œuvre des MARD. Ainsi, pour les MARD amiables, un délai de 3 mois tend à s'imposer comme leur durée standard. La durée de l'instance arbitrale est plus longue (6 mois environ) et apparaît multifactorielle (la nature juridictionnelle de l'arbitrage, la technicité du litige et la pluralité de parties qu'il implique).

POUR ALLER PLUS LOIN

- M.-E. Boursier, « Le principe de loyauté en droit processuel », Nvelle bibl. thèses, Dalloz, 2003.
- Th. Clay, « Liberté, égalité, efficacité : la devise du nouveau droit français de l'arbitrage », *JDI* n° 2, 2012, p. 443 (Ire partie) et n° 3, 2012, p. 815 (IIe partie).
- G. Escudey, « La promotion et l'encadrement des MARD », *Gaz. Pal.*, 20 avr. 2021, n° 15, P. 50.
- S. Guinchard et *alii*, « Droit processuel. Droits fondamentaux du procès », 10e éd., coll. Précis, Dalloz, 2019.
- L. Miniato, « L'introuvable principe de loyauté en procédure civile », *D.* 2007, p. 1035.
- M. Reverchon-Billot, « La justice participative : naissance d'un vrai concept », *RTD Civ.* 2021, p. 297.

POUR S'ENTRAÎNER : QUESTIONS À RÉPONSES COURTES (QRC)

Répondez assez brièvement aux trois questions suivantes :

1. Quelles préconisations sont adressées par le rapport de la cour d'appel de Paris (mars 2021) au médiateur concernant la loyauté, tant au démarrage du processus, que lors de son déroulement ?
2. Quelles sont les deux mesures de nature à garantir l'efficacité des MARD numériques ?
3. Quels sont les principaux facteurs qui expliquent que la durée de l'instance arbitrale est plus longue que celle des MARD amiables ?

CORRIGÉ

1. D'une part, ce rapport préconise qu'au début de la médiation, le médiateur refuse son lancement s'il constate que l'une des parties instrumentalise ce MARD à des fins déloyales, pour n'en faire qu'un moyen dilatoire. D'autre part, au cours du déroulement du processus il recommande au médiateur, constatant un comportement déloyal, d'interrompre la médiation et d'en informer le juge, tout en respectant son obligation de confidentialité.
2. Ces deux mesures sont issues de la loi J-21. D'une part, elle prévoit que les personnes physiques ou morales proposant des services de conciliations, médiations ou arbitrages en ligne accomplissent leur mission en possédant plusieurs qualités dont la compétence. D'autre part, la certification facultative des MARD numériques, instaurée par la loi J-21, constitue un gage supplémentaire de leur efficacité.
3. Deux types de facteurs expliquent cette situation. En premier lieu, la nature juridictionnelle de l'arbitrage contribue à son ralentissement. Ainsi, le tribunal arbitral doit observer un respect absolu du principe du contradictoire, tout élément devant faire l'objet d'une discussion entre les parties. De même le recours au juge d'appui pendant l'instance pour ordonner une mesure n'entrant pas dans les compétences de l'arbitre, ralentira l'instance. En second lieu, la justice arbitrale sera parfois ralentie par des éléments spécifiques au litige, ne se retrouvant pas ou moins dans les MARD amiables, tels sa technicité ou la pluralité de parties qu'il implique.

Chapitre 2

La prise en compte des Droits et libertés fondamentaux par les MARD

Face au développement des MARD, se pose inévitablement la question de la place accordée aux droits et libertés fondamentaux dans de tels processus. En effet, constituent-ils une terre irriguée par de telles prérogatives ou demeurent-ils au contraire un territoire aride en la matière ? Certes, une telle problématique n'est pas nouvelle.

Or, elle a très souvent été abordée sous l'angle des seuls droits fondamentaux processuels (**Fiche 24**).

Or, au-delà de la nécessaire prise en compte des droits fondamentaux processuels par les MARD, la question peut également se poser de savoir si, à l'heure actuelle, ceux-ci prennent également en considération les Droits et libertés fondamentaux substantiels des parties et, en cas de réponse positive, s'ils les prennent suffisamment en compte (**Fiche 25**).

Enfin, de plus en plus de litiges ou de différends s'illustrent en raison d'une atteinte aux droits fondamentaux. Partant, les MARD peuvent également être appréhendés comme de potentielles techniques de règlement des atteintes subies par les droits fondamentaux des parties (**Fiche 26**).

Fiche 24

Les droits fondamentaux processuels

DÉFINITION

- **Conseil de l'Europe** : Organisation qui assure la défense des Droits de l'Homme au moyen de la Convention européenne des Droits de l'Homme et de la Cour européenne des Droits de l'homme. Celle-ci peut être saisie sur requête par toute personne s'estimant victime d'une violation de l'un de ses droits fondamentaux, émanant d'un État parie à la Convention EDH.

Les MARD forment des processus structurés, de nature à aplanir un différend et permettre aux parties de parvenir à un accord.

Afin de tenter d'aboutir au résultat le plus légitime et le plus équitable, il est logique qu'ils prennent en compte plusieurs grands principes procéduraux. Partant, plusieurs droits fondamentaux processuels irriguent les MARD.

Certains d'entre eux constituent à la fois des garanties et des qualités attendues du tiers chargé, le cas échéant, d'animer le MARD (**II**). D'autres, complémentaires aux premiers, visent à garantir le bon déroulement du MARD (**III**). Or, la plupart de ces garanties sont énoncées par l'article 6 § 1 Conv. EDH, relatif au droit à un procès équitable se déroulant devant une juridiction étatique. Par conséquent, avant d'étudier les droits fondamentaux processuels applicables aux MARD, se pose préalablement la question de savoir si l'article 6 § 1 de la Convention EDH leur est également applicable (**I**).

I. La question de l'applicabilité de l'article 6 Conv. EDH aux MARD

La majorité de la doctrine estime que les MARD, juridictionnels comme amiables, doivent se dérouler dans le respect de la plupart des garanties processuelles fondamentales énoncées à l'article 6 § 1 Conv. EDH. Or, ces auteurs justifient de diverses manières l'assujettissement des MARD à cette disposition.

Pour certains d'entre eux, l'article 6 § 1 Conv. EDH n'est pas formellement applicable aux MARD, en ce qu'il se cantonne à expliciter les garanties processuelles fondamentales qu'un tribunal étatique se doit de respecter et d'offrir aux justiciables. En effet, les tiers animateurs d'un MARD, tels les conciliateurs ou médiateurs ne constituent pas des tribunaux. De même, si un tribunal arbitral est bien doté d'un pouvoir juridictionnel, il s'agit cependant d'une juridiction privée, donc dénuée de for étatique.

La jurisprudence va d'ailleurs dans le même sens car elle estime que la Convention EDH n'est pas directement applicable en matière d'arbitrage (Civ. 1re : 20 févr. 2001, n° 99-12574). Or, ces auteurs ajoutent que certaines exigences du procès équitable ont vocation à entourer le déroulement des MARD, en étant au besoin adaptées à la spécificité de ces processus et au contexte dans lequel les parties se tournent vers ceux-ci.

Pour d'autres auteurs, le procès équitable constituerait un modèle universel d'organisation des procédures, exportable hors les juridictions, notamment en direction de l'ensemble des MARD.

Quel que soit le fondement auquel on adhère, les prescriptions de l'article 6. Conv. EDH ont donc vocation à être applicables aux MARD et à baliser leur mise en œuvre.

II. Les garanties processuelles fondamentales attendues des tiers intervenant dans les MARD

Le tiers-animateur d'un MARD, qu'il soit arbitre, conciliateur ou médiateur doit notamment se montrer impartial et indépendant au cours de sa mission. Ces garanties processuelles fondamentales sont donc transversales à tous les MARD, physiques comme numériques, animés par un tiers (**A**).

De plus, afin de les rendre totalement concrètes, les tiers orchestrant les MARD sont souvent tenus à une obligation de révélation de toute circonstance ou élément susceptibles d'affecter leur impartialité ou leur indépendance (**B**).

A. L'impartialité et l'indépendance du tiers animateur du MARD

À l'étude de l'impartialité du tiers (**1**), succédera celle de son indépendance (**2**).

1. L'impartialité du tiers

La Cour EDH apprécie l'impartialité sur un double plan : subjectif et objectif.

L'impartialité subjective impose que tout juge, personne physique, ne soit porteur en son for intérieur, d'aucun préjugé envers les parties. L'impartialité objective implique ensuite une totale neutralité du tribunal lui-même. Il faut donc qu'il présente toutes les apparences d'impartialité (sur cette distinction, v. Cour EDH : 1er oct. 1982, Piersack c. Belgique, série A, n° 53 et plus récemment Cour EDH : 22 oct. 2019, Deli c/République de Moldavie, n° 42010/06).

Si l'on transpose ces deux déclinaisons de l'impartialité aux MARD, il importe non seulement que le tiers animant le MARD fasse preuve d'impartialité subjective, mais aussi que le processus qu'il anime présente bien des apparences d'impartialité (impartialité objective).

En matière d'arbitrage, les notions d'impartialité subjective et objective ont été explicitées par la jurisprudence. Ainsi, un arrêt récent (CA Paris : 8 juin 2021, n° 19/02245) énonce que l'impartialité subjective de chaque arbitre suppose « *l'absence de préjugés ou de partis pris susceptibles d'affecter le jugement de l'arbitre, lesquels peuvent résulter de multiples facteurs tels que la nationalité de l'arbitre, son environnement social, culturel ou juridique* ».

Quant à l'impartialité subjective du tribunal arbitral, la jurisprudence estime que celle-ci pourrait être remise en doute par la sentence arbitrale qu'il a rendu. Or, dans ce cas, le doute doit être « *fondé sur des éléments précis quant à la structure de la sentence ou ses termes mêmes, qui laisseraient supposer que l'attitude de l'arbitre a été partiale ou à tout le moins seraient de nature à donner le sentiment qu'elle l'a été* » (CA Paris : 16 févr. 2021, n° 18/16695).

De son côté, le législateur inclut, plus ou moins explicitement, l'impartialité parmi les qualités que les arbitres, conciliateurs et médiateurs doivent posséder. Pour les médiateurs, cet impératif découle de l'article 21-2 de la loi du 8 févr. 1995, applicable tant aux médiateurs conventionnels que judiciaires. Le législateur opère ensuite des rappels de cette règle dans les différents textes encadrant chaque type de médiation. Par exemple, l'article 1530 C. pr. civ. impose aux conciliateurs et médiateurs conventionnels d'accomplir la mission qui leur incombe avec « *impartialité, compétence et diligence* ».

Quant au contrôle du respect de l'impartialité par les conciliateurs et médiateurs, celui-ci s'avère variable. Pour les conciliateurs de justice, leur impartialité est vérifiée par les magistrats et la sanction de leur manque d'impartialité sera leur retrait du tableau des conciliateurs, tenu par chaque cour d'appel.

Pour les médiateurs judiciaires, ces exigences sont également contrôlées par les magistrats, notamment lors de leur inscription sur la liste prévue auprès de chaque cour d'appel (art. 22-1 A de la loi du 8 févr. 1995, v. Fiche 5), avec la sanction du retrait de la liste en cas de méconnaissance de l'impartialité. Pour les médiateurs conventionnels non-inscrits sur la liste, le contrôle est exercé par l'association dont ils sont en général membre, avec comme sanction l'exclusion du groupement, en cas de non-respect de l'impartialité.

Pour les arbitres, l'impartialité et l'indépendance attendue de ceux-ci ressortent de l'article 1456 al. 2 C. pr. civ. Ce texte impose à tout arbitre, avant d'accepter sa mission, de révéler « *toute circonstance susceptible d'affecter son indépendance ou son impartialité* ». Il ajoute que pèse également sur l'arbitre une obligation de « *révéler sans délai toute circonstance de même nature qui pourrait naître après l'acceptation de sa mission* » (v. B de cette fiche).

2. L'indépendance du tiers

L'indépendance implique quant à elle que le tiers animateur du MARD ne soit pas assujetti aux parties par un quelconque lien et ce, qu'un tel lien soit personnel (ex. ne pas arbitrer ou être nommé médiateur pour un différend dans lequel l'une des parties serait un membre de la famille ou un ami de l'arbitre ou du médiateur) ou qu'il consiste en un lien de subordination (ex. ne pas être arbitre ou médiateur d'un différend dans lequel son employeur est partie).

Certes, il est possible de penser que cette exigence s'applique avec moins de rigueur que l'impartialité car, même en l'absence de liens personnels ou de subordination avec les parties, les arbitres ainsi que les conciliateurs ou médiateurs conventionnels sont choisis par les parties. Partant, il peut sembler délicat pour un arbitre, un conciliateur ou un médiateur conventionnel d'être totalement indépendant vis-à-vis des parties qui l'ont nommé.

Or, la mission de juge privé de l'arbitre ou de tiers neutre tentant d'aider des parties à régler leur différend, assurée par le conciliateur et le médiateur, implique une totale indépendance dans leur accomplissement.

Le législateur impose d'ailleurs que le médiateur judiciaire présente des « *garanties d'indépendance nécessaires à l'exercice de la médiation* » (art. 131-5, 5 ° C. pr. civ.).

Partant, l'indépendance et l'impartialité, qualités inhérentes aux tiers qui animent les MARD, vont de pair.

Enfin, l'article 4-6 de la loi J-21 prévoit que les personnes physiques ou morales concourant aux arbitrages, conciliations et médiations en ligne doivent accomplir leur mission avec impartialité, indépendance, compétence et diligence. (v. Fiche 18). Dans le même ordre d'idées, l'article 7.3 du règlement du CMAP rappelle que le médiateur doit être indépendant, neutre et impartial à l'égard des parties.

B. L'obligation de révélation des éléments susceptibles de porter atteinte à ces garanties

Afin que l'indépendance et l'impartialité ne demeurent pas des garanties théoriques mais soient bien concrètes, plusieurs dispositions codifiées, voire des règlements d'arbitrage et de médiation, mettent à la charge des tiers animant les MARD une obligation de révélation de tout fait ou de toute circonstance de nature à remettre en cause leur indépendance ou leur impartialité, si une partie les découvrait une fois le processus engagé.

Ainsi, l'article 1456 al. 2 C. pr. civ. impose à tout arbitre, avant d'accepter sa mission, de révéler « *toute circonstance susceptible d'affecter son indépendance ou son impartialité* ». Ce dernier devra également effectuer une telle révélation sans tarder, si des éléments, de nature à affecter son indépendance ou son impartialité pour traiter l'affaire, se produisaient peu après qu'il ait accepté sa mission.

Or, l'arbitre ne sera pas tenu de révéler les informations potentiellement attentatoires à son indépendance ou à son impartialité et ce, tant avant qu'après avoir accepté sa mission, si elles étaient notoires avant le début de l'arbitrage (sur la notion d'informations notoires ou non, v. Fiche 14).

Pour tout manquement à son obligation de révélation, l'arbitre pourrait être récusé, c'est-à-dire exclu du tribunal arbitral à la demande de la partie victime de la non-révélation. Sa responsabilité civile pourrait également mise en jeu par la partie victime de la situation. Enfin, la sentence rendue par le tribunal arbitral dans lequel a siégé un arbitre ayant méconnu son obligation de révélation pourrait être annulée (CA Paris : 14 oct. 2014, n° 13/13459).

Dans le même ordre d'idées et à titre d'illustrations, l'article 7.3 du règlement du CMAP impose aux médiateurs qui interviennent sous son égide de révéler toute circonstance de nature à faire douter les parties de leur indépendance et/ou de leur impartialité. La même règle figure dans le règlement de médiation du CALIF.

III. Les garanties processuelles fondamentales encadrant le déroulement des MARD

Quant au déroulement des MARD, deux garanties processuelles devront être appliquées de façon certaine par ces processus (**A**). En revanche, le respect du principe du contradictoire entre les parties à un MARD apparaît plus discuté (**B**).

A. Des garanties fondamentales d'application certaine

Les MARD, même s'ils constituent des alternatives au règlement judiciaire d'un différend ne doivent cependant pas empêcher les parties d'accéder au juge, notamment en cas d'échec (**1**). De plus, au cas où ils aboutiraient favorablement, ils doivent permettre aux parties de parvenir à un accord dans un délai raisonnable (**2**).

1. Le droit fondamental d'accès à la justice étatique

Cette prérogative est reconnue au niveau européen, tant par le Conseil de l'Europe que par l'Union européenne (UE).

Ces deux entités défendent une position analogue en matière de MARD, selon laquelle le déclenchement d'un tel processus ne saurait faire échec au droit au juge étatique.

D'une part, la Cour EDH estime qu'une obligation légale, imposée par un État partie à la Convention EDH à des parties, de tenter de parvenir à une solution amiable de leur différend au moyen d'un MARD avant d'agir devant une juridiction civile et ce, sous peine d'irrecevabilité de la demande, ne constitue pas une atteinte substantielle à leur droit d'accès à un tribunal.

Cependant, elle précise que le recours au MARD doit respecter deux conditions : suspendre le cours de la prescription et permettre aux parties de s'adresser au juge étatique compétent au cas où le MARD échouerait. En effet, la Cour de Strasbourg rappelle à cette occasion que le droit d'accès à un juge étatique constitue une composante essentielle du droit à un procès équitable, consacré par l'article 6 § 1 Conv EDH (Cour EDH : 26 mars 2015, Momcilovic c/Croatie, n° 11239/11).

D'autre part, au niveau de l'UE, l'article 5-2 de la directive européenne du 21 mai 2008, relative à la médiation civile et commerciale, énonce que toute législation d'un État membre peut inciter au recours à la médiation, à condition cependant qu'un tel processus « *n'empêche pas les parties d'exercer leur droit d'accès au système judiciaire* ».

De plus, la CJUE (Cour de justice de l'Union européenne) a estimé, dans un arrêt relatif à une conciliation extrajudiciaire obligatoire, que ce processus devait respecter deux conditions pour être conforme au droit de l'UE. Ainsi, ce mécanisme de conciliation ne doit créer aucune entrave à l'accès à la justice et être suffisamment encadré (CJUE : 18 mars 2010, Rosalba Alassini c/Télécom Italia ; n° C-317/08).

2. Le délai raisonnable du processus

L'article 6 § 1 Conv. EDH impose à tout tribunal de statuer dans un délai raisonnable pour éviter les lenteurs de la justice, lesquelles pourraient nuire à son efficacité et à sa crédibilité (Cour EDH : 24 oct. 1989, H. c/France, n° 10073/82).

Or, la Cour EDH a précisé que le délai raisonnable d'une procédure doit s'apprécier en fonction des circonstances propres à chaque affaire (Cour EDH : 6 avril 2000, Comingersoll S.A. c/Portugal n° 35382/97). Un même délai pourra donc être raisonnable dans un cas et déraisonnable dans un autre.

La Cour EDH a toutefois dégagé des critères pour évaluer si, dans un cas donné, le délai apparaît raisonnable ou non. Il faut notamment tenir compte de l'intégralité de la procédure (Cour EDH : 28 juin 1978, König c/Allemagne, 28 juin 1978, série A n° 27) et de la complexité de l'affaire (arrêt Comingersoll S.A. c/Portugal ; préc.).

Le délai raisonnable est en principe garanti dans les MARD puisque ces processus se sont développés et démocratisés de manière à désengorger la justice étatique.

En outre, parmi les principes directeurs des MARD figure la rapidité. En effet, on a déjà vu que le délai standard des processus amiables (médiation et conciliation) était de trois mois environ et qu'il était de six mois maximum en matière d'arbitrage interne (art. 1463 al. 1er C. pr. civ.), avec une prorogation éventuelle par accord des parties (art. 1463 al. 2 C. pr. civ. ; v. Fiche 16).

Par conséquent, le respect de cette garantie ne s'avère pas réellement problématique. Certes l'arbitrage international n'est soumis à aucun délai maximum, mais les centres d'arbitrage qui le pratiquent en prévoient souvent un et la complexité des affaires soumises à ce type d'arbitrage peut expliquer certaines longueurs, sans pour autant constituer des délais déraisonnables de procédure.

B. Une garantie plus discutée : le respect du principe du contradictoire

Le principe du contradictoire impose que toute déclaration ou propos tenu par l'une des parties, tout document ou tout élément probatoire apporté par l'une d'elles, puisse être discuté par l'autre et réciproquement et ce, afin de garantir une bonne justice.

Il constitue ainsi l'un des principes directeurs fondamentaux du procès que le juge se doit de faire respecter par les parties et de respecter lui-même (v. art. 14 à 16 C. pr. civ.). Or, dans le domaine des MARD, le principe du contradictoire apparaît comme une garantie à géométrie variable.

Plus précisément, les pouvoirs publics et les règlements de diverses institutions proposant des MARD prévoient de multiples dérogations à ce principe concernant les MARD amiables, ce qui les singularise de la justice étatique.

Par exemple, l'article R. 612-3 C. conso indique, au sujet de la médiation de la consommation, que *« le médiateur peut recevoir les parties ensemble ou séparément »*. Ce processus peut donc ne pas être intégralement contradictoire. De même, devant le CALIF, le déroulement de la médiation n'est pas soumis au principe du contradictoire. Les parties n'ont pas l'obligation de se communiquer les documents transmis au médiateur. De plus, si les parties y consentent, des séances séparées peuvent se dérouler avec une seule d'entre elles et le médiateur (art. 6 règl. Médiation CALIF). Des règles prévoyant des entorses au principe du contradictoire se retrouvent également dans les règlements de médiation de la CAIP (art. 9) et du CMAP (art. 8.1).

Ces entorses au principe du contradictoire, permettant au médiateur ou au conciliateur de pratiquer des apartés avec l'une des parties et son conseil, s'expliquent notamment par le fait que le tiers animateur d'un MARD amiable est dépourvu de pouvoirs juridictionnels. Il n'est donc pas astreint avec la même intensité que le juge ou l'arbitre à ce principe inhérent au procès.

En outre, des échanges séparés avec le conciliateur ou le médiateur, lorsque le processus connaît des blocages ou que les parties sont récalcitrantes à la discussion, peuvent permettre des prises de conscience chez celles-ci et, *in fine*, garantir la reprise de débats constructifs et plus apaisés.

En revanche, l'arbitrage, en tant que justice privée, est tenu à un strict respect du principe du contradictoire. Ainsi, l'article 1464 al. 2 C. pr. civ. énonce qu'un certain nombre des principes directeurs du procès, applicables aux juridictions étatiques, devront également être mis en œuvre lors de l'instance arbitrale en droit de l'arbitrage interne. Tel est notamment le cas du principe du contradictoire (art. 16 C. pr. civ.). De même, pour l'arbitrage international, l'article 1510 C pr. civ. affirme expressément que « *quelle que soit la procédure choisie, le tribunal arbitral garantit l'égalité des parties et respecte le principe de la contradiction* ». La violation du principe du contradictoire par un tribunal arbitral pourra entraîner l'annulation de la sentence qu'il a rendue (v. Fiche 30).

Une telle violation, en cas d'arbitrage institutionnel, peut également entraîner la mise en œuvre de la responsabilité civile contractuelle de l'institution d'arbitrage (v. CA Paris : 19 févr. 2019 ; n° 17/16113).

Enfin, devant la justice arbitrale, le principe du contradictoire va souvent de pair avec l'égalité des armes, laquelle postule qu'aucune des parties ne doit bénéficier d'un traitement de faveur par rapport à l'autre. Par conséquent, tout tribunal arbitral doit imposer des exigences probatoires équilibrées à chaque partie, afin de ne pas rompre l'égalité de traitement entre elles (v. CA Paris : 21 mars 2017 ; n° 15/17234).

À RETENIR

- Afin que les MARD puissent aboutir au résultat le plus légitime et le plus équitable, leur déroulement prendra en compte plusieurs droits fondamentaux processuels.
- D'emblée, se pose la question de savoir si l'article 6 § 1 Conv. EDH, relatif au procès équitable et qui énonce un ensemble de garanties processuelles leur est applicable. La majorité de la doctrine répond par l'affirmative à cette question.
- Parmi ces garanties, certaines constituent des qualités attendues du tiers chargé d'animer le MARD. Que celui-ci soit arbitre, conciliateur ou médiateur, il devra ainsi se montrer impartial (pas de préjugés envers les parties) et indépendant (pas de lien vis-à-vis des parties) au cours de sa mission. De plus, les tiers orchestrant les MARD sont souvent tenus à une obligation de révélation de toute circonstance susceptible d'affecter leur impartialité ou leur indépendance.
- D'autres garanties processuelles visent à garantir le bon déroulement des MARD. Ainsi, ils ne doivent pas empêcher les parties d'accéder au juge en cas d'échec. De plus, s'ils aboutissent favorablement, ils doivent permettre aux parties de s'accorder dans un délai raisonnable. Enfin, le déroulement des MARD doit respecter le principe du contradictoire. Cependant, si ce principe connaît de multiples dérogations dans les MARD amiables, l'arbitrage assure son respect scrupuleux.

POUR ALLER PLUS LOIN

- L. Cadiet, « Procès équitable et modes alternatifs de règlement des conflits », in « Variations autour d'un droit commun. Premières rencontres de l'UMR de droit comparé de Paris », Société de législation comparée, 2002, p. 89.
- L. Cadiet et Th. Clay, « Les modes alternatifs de règlement des conflits », Dalloz, coll. Connaissance du droit, 3e éd. 2019.
- S. Guinchard et *alii*, « Droit processuel. Droits fondamentaux du procès », 10e éd., coll. Précis, Dalloz, 2019.
- N. Fricero, « Le développement des modes alternatifs de règlement des litiges : progrès ou recul pour les droits du justiciable ? », *RLDC* 2018, n° 164, 1er nov. 2018.
- X. Labbée, « Traiter ou régler n'est pas juger… et c'est peut-être mieux ainsi ! », *Gaz. Pal.*, 15 sept. 2020, n° 31, p. 11.
- A. Mourre, « Le droit français de l'arbitrage international face à la Convention EDH », *Cah. arb.* 2002, p. 22.
- J. Timsit, « La médiation : une alternative à la justice et non une justice alternative », *Gaz. Pal.*, 15 nov. 2001, chron., p. 53.

POUR S'ENTRAÎNER : QUESTION AVEC UNE RÉPONSE DÉVELOPPÉE (QRD)

Répondez à la question suivante en quelques lignes.
Quels sont les apports de la jurisprudence européenne à la question du droit d'accès au juge étatique dans les MARD ?

CORRIGÉ

Ces deux juridictions défendent une position analogue, selon laquelle le déclenchement d'un MARD ne saurait faire échec au droit au juge étatique.
Ainsi, la Cour EDH estime qu'une obligation légale, imposée par un État partie à la Convention EDH à des parties d'utiliser un MARD avant d'agir devant une juridiction civile et ce, sous peine d'irrecevabilité de la demande, ne constitue pas une atteinte substantielle au droit d'accès à un tribunal. Cependant, le recours au MARD doit respecter deux conditions : suspendre le cours de la prescription et permettre aux parties de s'adresser au juge étatique compétent au cas où le MARD échouerait (Cour EDH : 26 mars 2015, Momcilovic c/Croatie, n° 11239/11).
De son côté, la CJUE (Cour de justice de l'Union européenne) a estimé, dans un arrêt relatif à une conciliation extrajudiciaire obligatoire, que ce processus devait respecter deux conditions pour être conforme au droit de l'UE : ne créer aucune entrave à l'accès à la justice et être suffisamment encadré (CJUE : 18 mars 2010, Rosalba Alassini c/Télécom Italia ; n° C-317/08).

Fiche 25

Les droits fondamentaux substantiels

I. La liberté contractuelle des parties à un MARD
II. La confidentialité : vecteur de protection de droits fondamentaux substantiels des parties à un MARD

DÉFINITION

- **Droits fondamentaux substantiels** : Ensemble de prérogatives primordiales dont toute personne peut se prévaloir constamment, donc même en dehors de tout procès (ex. liberté d'expression, droit à la dignité humaine, droit au respect de la vie privée, droit de propriété, liberté contractuelle, etc.), contrairement aux droits fondamentaux processuels.

S'il ne fait aucun doute que les tiers animant les MARD et le déroulement de ces processus sont astreints au respect de droits fondamentaux processuels (v. Fiche 24), la question se pose de savoir si, dans le même temps, ces processus prennent en compte les droits fondamentaux substantiels des parties.

Une réponse affirmative peut être apportée à cette interrogation. Concrètement, deux grandes manifestations de cette orientation des MARD peuvent être relevées.

D'une part, et de manière transversale, la plupart des MARD présente une origine contractuelle. Par conséquent, plusieurs étapes de leur déroulement seront marquées par la mise en œuvre de la liberté contractuelle des parties qui consentent à les utiliser (**I**).

D'autre part, un principe d'organisation commun à tous les MARD, la confidentialité, offre d'intéressantes potentialités dans la prise en compte d'autres droits fondamentaux substantiels des parties (**II**).

I. La liberté contractuelle des parties à un MARD

Aujourd'hui, la liberté contractuelle fait partie des droits et libertés fondamentaux de valeur constitutionnelle (v. C. Const. : 19 décembre 2000; n° 2000-437 DC et C. const. : 13 juin 2013, n° 2013-672 DC).

Or, cette liberté constitue le fondement de la plupart des MARD puisque beaucoup ont une origine contractuelle ou sont mis en œuvre par un accord de volonté entre les parties.

Ainsi, la liberté contractuelle des parties se manifeste à deux niveaux.

En premier lieu, elles disposeront souvent du libre choix de recourir à un MARD, lequel sera alors formalisé dans une convention. Ce libre choix se prolongera parfois quant à la désignation du ou des tiers animateur(s) du processus (**A**).

En second lieu, si une solution a pu émerger du MARD mobilisé, celle-ci pourra alors être formalisée dans un accord contractuel (**B**).

A. Le libre choix d'utiliser un MARD

Dans la plupart des cas, le choix des parties d'utiliser un MARD s'exprime par le biais d'une convention, à laquelle elles devront librement consentir.

Ainsi, en matière d'arbitrage interne ou international, la convention utilisée consistera en une clause compromissoire ou en un compromis d'arbitrage (v. Fiche 11). La clause compromissoire, insérée dans un contrat principal établi entre les parties, a vu son champ d'application considérablement élargi depuis l'entrée en vigueur de la loi J 21 (v. Fiche 11).

Dès lors, un pan de plus en plus important de litiges contractuels pourra trouver une issue par le biais du recours à l'arbitrage, ce qui accroît en conséquence la liberté contractuelle des parties en la matière.

En effet, outre leur libre choix de faire trancher leur litige par le biais de cette justice privée, la liberté des parties se prolongera quant au mode d'arbitrage sélectionné : arbitrage *ad hoc* ou arbitrage institutionnel. Dans l'arbitrage *ad hoc*, les parties bénéficient du libre choix du ou des arbitres qui composeront leur tribunal arbitral.

De même, dans l'arbitrage international, la liberté contractuelle des parties englobe également le libre choix de la loi applicable à leur litige (art. 1511 C. pr. civ.). Elles pourront enfin exercer une option quant à la manière de statuer du tribunal arbitral, soit en droit, soit en vertu de l'amiable composition (art. 1512 C. pr. civ. ; v. Fiche 15).

La liberté contractuelle irrigue également la médiation et la conciliation conventionnelles puisqu'il s'agit d'un choix volontaire des parties de se tourner vers ces MARD. Le recours à ces MARD pourra également être anticipé par les parties, au moyen d'une clause de différend, insérée dans une convention principale. Il s'agira de clauses dites de médiation ou de conciliation prévoyant qu'en cas de survenance d'un litige, les parties auront l'obligation de tenter de le régler préalablement de manière amiable avant toute saisine d'une juridiction (v. Fiche 4).

À l'instar de l'arbitrage, les médiations conventionnelles, qu'elles soient anticipées dans une clause de différend ou mises en œuvre après la survenance d'un litige, offrent également une grande liberté aux parties quant au choix du tiers dont les bons offices seront sollicités (ex. un avocat, un ancien magistrat, un universitaire, un professionnel aguerri par rapport au domaine du différend).

La procédure participative et la transaction présentent également une essence conventionnelle. La mise en œuvre d'une procédure participative résulte ainsi d'une convention de procédure participative, c'est-à-dire d'un contrat spécial encadré par le Code civil (art. 2062 et s. C. civ.). La transaction constitue également un contrat écrit par lequel les parties s'engagent à effectuer des concessions réciproques en vue de remédier à un litige né ou à naître (art. 2044 C. civ., dans sa rédaction issue de la loi J 21). Le recours à la transaction peut également faire l'objet d'une clause de différend insérée dans un contrat principal (v. Fiches 20 et 21).

B. Le libre choix de formaliser dans un accord la décision issue du MARD

Exception faite de l'arbitrage, dans lequel le litige opposant les parties sera tranché par le tribunal arbitral, au moyen d'une sentence arbitrale revêtue de l'autorité de la chose jugée, les MARD amiables peuvent échouer ou réussir.

Autrement dit, les parties seront libres de parvenir ou non à un accord et, en cas de succès, l'accord obtenu sera formalisé par écrit.

Quant à la transaction, des négociations abouties déboucheront obligatoirement sur la rédaction d'un contrat de transaction, dans lequel chaque partie se doit d'effectuer des concessions envers l'autre.

Pour les autres modes amiables, l'accord pourra prendre la forme d'un écrit d'intensité variable. Ainsi, il pourra s'agir, notamment en cas de conciliation ou de procédure participative, d'un simple constat de l'accord trouvé entre les parties (art. 1540, al. 1er C. pr. civ. pour la conciliation et 1555, 3° al. 2 pour la procédure participative). Ce document devra être signé par les parties et le conciliateur. Le constat écrit sera en revanche obligatoire si l'accord issu de la conciliation conduit à renoncer à un droit (art. 1540, al. 2 C. pr. civ.).

Les parties à une médiation, une conciliation ou encore une procédure participative pourront enfin concrétiser leur accord sous la forme d'une transaction, comportant ici aussi des concessions réciproques.

Enfin, l'accord issu d'un MARD amiable pourra être renforcé par les parties en demandant son homologation judiciaire, afin de lui conférer la même valeur qu'un titre exécutoire (V. Fiche 27). Dès lors, l'accord homologué sera doté de la force exécutoire, laquelle autorisera ensuite le recours par l'une des parties aux voies d'exécution si son adversaire ne le respectait pas.

L'accord des parties, en tant qu'acte juridique privé homologué judiciairement, ne pourra cependant prétendre au statut d'un jugement susceptible de voies de recours. L'article 1565 C. pr. civ. pose ainsi le principe de l'homologation de l'accord auquel sont parvenues les parties au terme d'une médiation, d'une conciliation ou d'une procédure participative. L'article 1567 dudit code étend quant à lui cette faculté à l'accord transactionnel qui n'aurait pas été précédé d'un autre MARD. Certaines dispositions spécifiques précisent les modalités de l'homologation selon le MARD concerné (v. Fiche 27).

II. La confidentialité : vecteur de protection de droits fondamentaux substantiels des parties à un MARD

La confidentialité constitue le principe matriciel de la plupart des MARD (conciliation et médiations, conventionnelles comme judiciaire et arbitrage ; v. Fiche 22).

En revanche, ni la procédure participative, ni la transaction n'imposent expressément un devoir de confidentialité à leurs participants. Or, la liberté contractuelle peut utilement pallier le silence du législateur dans ces deux cas en permettant aux parties d'insérer une clause de confidentialité quant au contenu de leurs échanges et de l'accord auquel elles seront parvenues.

Le principal avantage processuel lié à la confidentialité des MARD, est de permettre aux parties, en cas d'échec de ces processus et de saisine ultérieure d'un juge, de ne pas faire état devant lui des propos échangés ou des constatations effectuées au cours du MARD.

Or, la confidentialité des MARD constitue également un standard permettant la protection d'au moins deux droits fondamentaux substantiels des parties opposées par un différend.

Il s'agit respectivement du droit au respect de la vie privée, familiale et interne des protagonistes des MARD, reconnu notamment par l'article 8 Conv. EDH (**1**) et de leur liberté d'expression, consacrée par l'article 10 de l'instrument conventionnel (**2**).

A. La confidentialité : garantie du droit au respect de la vie privée familiale et interne des acteurs des MARD

En premier lieu, dans le cadre des MARD familiaux, la confidentialité permet la préservation concrète de l'intimité de la vie privée des acteurs du différend, en évitant que celui-ci se trouve exposé sur la place publique.

Tel est le cas de différends opposant des parents quant à l'exercice de l'autorité parentale sur leurs enfants (v. art. 373-2-10, al. 2 C. civ.).

Bien évidemment, et à l'instar de la plupart des Droits fondamentaux, la confidentialité, agissant ici tel le vecteur du droit au respect de la vie privée familiale, ne présentera pas un caractère absolu. Ainsi, l'article 21-3 de la loi du 8 févr. 1995 permet de sortir de la confidentialité afin de préserver l'intérêt supérieur de l'enfant ou l'intégrité des personnes, lorsque ceux-ci ont pu subir des maltraitances, révélées à l'occasion d'une médiation familiale.

La même exception est prévue pour les médiations organisées par le Défenseur des Droits. Celles-ci se dérouleront en principe de manière totalement confidentielle, « *sauf si la divulgation de l'accord est nécessaire à sa mise en œuvre ou si des raisons d'ordre public l'imposent* » (art. 26 al. 2, loi organique du 29 mars 2011, relative au Défenseur des droits).

En définitive, tout se passe comme si le droit au respect de la vie privée des protagonistes du MARD subissait une ingérence prévue par la loi, poursuivant un but légitime et proportionnée à ce but, donc respectant le contrôle à triple détente des ingérences, préconisé et suivi par la Cour EDH (art. 8 § 2, Conv. EDH).

La confidentialité est également l'un des critères déterminant dans le choix opéré en faveur de l'arbitrage interne ou international, voire de la médiation par les acteurs de la vie des affaires. En effet, la confidentialité offre en la matière une protection effective du secret des affaires. Or, les informations relevant du secret des affaires, ayant vocation à rester non divulguées, peuvent être appréhendées comme autant d'éléments de la vie privée d'institutions telles que les sociétés commerciales.

De telles structures peuvent en effet être considérées comme titulaires d'un droit au respect de leur vie interne, qualifiable de vie privée sociétaire. Plusieurs décisions émanant de juridictions de l'Union Européenne se sont prononcées en faveur de la reconnaissance d'un droit au respect de la vie privée au profit des personnes morales (v. not. CJCE : 14 février 2008, Varec c/ Belgique ; C-450/06 ; § 48 et TPI : ordonnance du 11 mars 2013 ; Pilkington Group Ltd, T-462/12 ; § 44. Cf. *contra*, se prononçant cependant sur le seul fondement de l'article 9 du Code civil relatif à la vie privée, Civ. 1re : 17 mars 2016, n° 15-14.072).

La Cour EDH n'a pas encore eu l'occasion de se prononcer sur la reconnaissance éventuelle de ce droit substantiel au profit des personnes morales.

Ce droit au respect de la vie privée sociétaire, en construction, apparaît de nature à protéger à la fois les relations qui se nouent au sein des sociétés ou avec des partenaires contractuels, donc leurs relations professionnelles, ainsi que toutes les informations s'échangeant à cette occasion.

De même, la survenance de différends impliquant une société commerciale, qu'ils soient internes (ex. conflit entre un salarié et sa direction) ou externe (conflit d'une société avec un fournisseur) n'auront pas vocation à être connus des tiers à ce différend. Dès lors, la confidentialité, offerte par l'arbitrage interne et international ainsi que la médiation, constituera le vecteur de la protection effective de la vie privée sociétaire.

B. La confidentialité : source d'épanouissement de la liberté d'expression des acteurs des MARD

La confidentialité permet également de favoriser une expression libre entre les protagonistes des MARD. En effet, qu'il s'agisse des MARD en général et de la médiation en particulier, il faut souligner la constance avec laquelle un maître mot tel que « dialogue » est employé pour décrire le déroulement de ce processus.

Ainsi, la médiation, à l'instar des autres MARD, permet des échanges entre les parties, sous l'égide d'un tiers, le médiateur, dont le rôle consiste à la fois à provoquer de tels échanges, à les encadrer et à en éviter les dérives. Il s'agit donc, ni plus ni moins, qu'une mise en œuvre concrète de la liberté d'expression reconnue à chacune des parties. Les MARD offrent ainsi un cadre propice à l'exercice d'un droit à la critique réciproque des parties qui s'opposent, le tiers animateur du MARD et les éventuels conseils des parties veillant à ce qu'il s'exerce dans des limites raisonnables.

En définitive, la confidentialité des MARD en général et de la médiation en particulier libère la parole des parties sans crainte qu'elle soit captée par des tiers, totalement extérieurs au différend. La confidentialité des MARD offre ainsi l'environnement idoine à la mise en œuvre de la liberté d'expression des parties.

En revanche, des limites à la liberté d'expression s'avèrent justifiées au terme de l'accord, en ce qu'elles assureront son caractère durable.

ILLUSTRATION : SOC., 14 JANVIER 2014 (N° 12-27.284)

En l'espèce, la concession réciproque effectuée par les parties à une transaction, et permettant d'aplanir leur différend, consistait à restreindre leur liberté d'expression puisque c'est à ce prix que le litige les opposant pouvait s'éteindre. Une telle restriction s'avère tout à fait possible dès lors qu'elle est prévue par la loi, motivée par un but légitime et qu'elle est proportionnée à celui-ci, ce qui était le cas en l'espèce.

À RETENIR

- Dans une certaine mesure, les MARD prennent en compte les droits fondamentaux substantiels des parties.
- D'une part, la plupart d'entre eux présente une origine contractuelle. Par conséquent, plusieurs étapes de leur déroulement seront marquées par la mise en œuvre de la liberté contractuelle des parties. Celle-ci se manifeste à deux niveaux. En premier lieu, le libre choix des parties de recourir à un MARD sera formalisé dans une convention (ex. clause compromissoire, clause de médiation ou de conciliation, insérées dans des contrats principaux formés entre les parties). En second lieu, si une solution a émergé du MARD, celle-ci pourra alors être inscrite dans un accord contractuel (ex. constat d'accord).
- D'autre part, le principe matriciel de la plupart des MARD, à savoir la confidentialité, permet la prise en compte d'au moins deux droits fondamentaux substantiels des parties opposées par un différend. En premier lieu, elle garantit le droit au respect de la vie privée des parties (art. 8 Conv. EDH), tant familiale (notamment dans le cadre de médiations familiales), qu'interne (protection du secret des affaires des entreprises dans le cadre de l'arbitrage). En second lieu, la confidentialité offre un contexte favorable au développement de leur liberté d'expression, (art. 10 Conv. EDH).

POUR ALLER PLUS LOIN

- L. Cadiet et Th. Clay, « Les modes alternatifs de règlement des conflits », Dalloz, coll. Connaissance du droit, 3e éd. 2019.
- G. Deharo, « Médiation, une justice équitable et durable ? », *Gaz. Pal.*, 22 août 2006, n° 234, p. 2.
- N. Dion, « L'aventure de la médiation », *LPA*, 29 juill. 2003, p. 4.
- R. Dumas, « Les interactions entre le renouvellement des sources et des pratiques encadrées en Droit des affaires », *RRJ*, 2017-3, p. 1029.
- R. Dumas, « Les MARD (modes alternatifs de résolution des différends) au prisme des droits fondamentaux substantiels », *RDLF*, chron. n° 1, 2018.
- N. Fricero, « Médiation et contrat », *AJ contrat* 2017, p. 356.
- P. Garbit, « Liberté contractuelle et modes alternatifs de règlement des conflits », *AJDI* 2014, p. 108.
- B. Mallet-Bricout, « Les modes alternatifs de règlement des différends dans la loi « Justice du XXIe siècle » : un nouveau souffle », *RTD Civ.* 2017, p. 221.

POUR S'ENTRAÎNER : VRAI OU FAUX

Pour chacun des énoncés suivants, recherchez s'il est vrai ou faux (ex. 1. Vrai, 2. Faux). Vous réécrirez ensuite les énoncés qui, selon vous, seraient faux, de manière à ce qu'ils soient exacts.

1. La mise en œuvre d'une procédure participative résulte d'une convention de procédure participative, c'est-à-dire d'un contrat spécial encadré par le code de procédure civile.

2. Si l'accord issu d'une conciliation conduit à renoncer à un droit, il doit faire l'objet d'un constat écrit.

3. La concession réciproque, effectuée par les parties à une transaction, et permettant d'aplanir leur différend, peut consister à restreindre la liberté d'expression de chacune.

CORRIGÉ

1. Faux. Les aspects contractuels de la procédure participative sont encadrés par le Code civil (art. 2062 et s. C. civ.).

2. Vrai.

3. Vrai.

Fiche 26

Les MARD, techniques de règlement d'atteintes aux droits et libertés fondamentaux

I. Les potentialités des MARD comme méthodes de lutte contre les atteintes aux droits et libertés fondamentaux
II. Des méthodes aux résultats limités

DÉFINITIONS

- **Clause de non-réaffiliation** : Insérée dans un contrat de distribution (ex. contrat de franchise), elle interdit au distributeur membre d'un réseau de distribution (ex. un franchisé), d'intégrer un réseau concurrent de celui auquel il appartient, aux termes du contrat. La licéité de cette clause implique le respect de quatre conditions cumulatives (art. L. 341-2, II., C. com.). Elle doit se limiter aux biens ou services concurrençant ceux proposés par le réseau de distribution dont est membre le débiteur de la clause. Elle ne doit ensuite concerner que les locaux dans lesquels ce dernier a exercé son activité pendant la durée du contrat de distribution. De plus, le producteur, créancier de cette clause doit, prouver qu'elle est indispensable à la protection du savoir-faire substantiel, spécifique et secret qu'il a transmis au distributeur. Enfin, elle ne doit pas s'appliquer pendant plus d'un an, à compter de la fin du contrat de distribution.
- **Contrat TPO (Third Party Ownership)** : Convention par laquelle un club sportif professionnel consent à céder, à titre onéreux à une société, une partie des droits financiers qu'il possède sur l'un des joueurs de son effectif.
- **Question préjudicielle** : Mécanisme par lequel des juridictions des États membres de l'Union européenne demandent à la CJUE d'interpréter certaines dispositions du droit européen ou de vérifier la conformité des normes internes à celui-ci.
- **QPC (Question prioritaire de constitutionnalité)** : Mécanisme par lequel une partie à un litige demande au Conseil constitutionnel de se livrer à un contrôle *a posteriori* de la constitutionnalité d'une norme applicable au litige, avec un filtrage préalable par le Conseil d'État ou la Cour de cassation de cette QPC, selon qu'elle est soulevée devant une juridiction de l'ordre administratif ou judiciaire.

L'interrogation soulevée dans cette fiche est de savoir si les MARD constituent une méthode mobilisable et efficace en vue de mettre fin à une atteinte aux droits fondamentaux substantiels des parties, laquelle représenterait sinon le cœur de leur différend, du moins l'un des points importants de celui-ci. La réponse à cette interrogation est affirmative.

Ainsi, les MARD peuvent être envisagés comme un moyen alternatif de lutte contre des atteintes aux droits fondamentaux substantiels, par rapport à la saisine d'une juridiction étatique, s'opérant classiquement en la matière (**I**).

Cependant, leur efficacité en vue de mettre fin à une telle atteinte n'est pas totalement garantie. Partant, le recours aux MARD dans un tel contexte présente des résultats limités (**II**).

I. Les potentialités des MARD comme méthodes de lutte contre les atteintes aux droits et libertés fondamentaux

D'une part, le tribunal arbitral peut être envisagé comme un organe juridictionnel de sanctions des atteintes aux droits et libertés fondamentaux (**A**). D'autre part, des modes amiables, notamment des médiations et transactions spécifiques, constituent des moyens de lutte contre les violations affectant certaines prérogatives fondamentales des parties (**B**).

A. Le tribunal arbitral, organe juridictionnel de sanction des atteintes aux droits et libertés fondamentaux

Tout tribunal arbitral apparaît compétent afin de vérifier qu'un contrat litigieux porte ou non atteinte aux droits fondamentaux substantiels de l'une des parties à cette procédure.

En effet, il pourra contrôler la conformité des conventions litigieuses aux règles nationales et supranationales (CA Paris : 29 mars 1991 ; *Rev. arb.* 1991, p. 478). Parmi celles-ci, figurent ainsi les dispositions protectrices des droits et libertés fondamentaux, issues de la Constitution, de la Convention EDH et du Droit de l'UE. *In fine*, rien ne s'oppose donc à ce qu'il sanctionne l'une des parties pour avoir commis une atteinte excessive à une prérogative substantielle de l'autre.

ILLUSTRATION : COM., 17 JANV. 2006 (N° 03-12.382)

En l'espèce, une sentence arbitrale a considéré la clause de non-réaffiliation figurant dans un contrat de franchise comme conforme à la liberté du commerce et de l'industrie et a sanctionné l'ancien franchisé, ne l'ayant pas respectée, au paiement de dommages et intérêts. Ce dernier a alors exercé un recours en annulation de cette sentence (v. Fiche 30) devant une cour d'appel, laquelle a confirmé la validité de la sentence, d'où un pourvoi en cassation formé par l'ancien franchisé. Ce dernier a notamment contesté la validité de cette clause au regard d'un règlement européen de 2008 et de la loi française de 1791, proclamant la liberté du commerce et de l'industrie. Il a également estimé que la clause apparaissait disproportionnée aux intérêts légitimes qu'elle devait protéger, notamment les droits de propriété industrielle ou intellectuelle du franchiseur et le maintien de la réputation de son réseau. Or, la Cour a rejeté le pourvoi, estimant que : « *c'est à bon droit que la cour d'appel, qui a constaté que la décision arbitrale était motivée, a retenu que cette clause ne violait aucune règle d'ordre public et a rejeté le recours en annulation* ». En définitive, ni la cour d'appel, ni le tribunal arbitral n'ont constaté que la clause litigieuse aurait constitué une atteinte excessive à la liberté du commerce et de l'industrie du franchisé. Si tel avait été le cas, ces juridictions auraient sanctionné une telle atteinte.

Quant à la Convention EDH, un tribunal arbitral ne sera formellement tenu de se conformer ni à ses dispositions, ni aux interprétations jurisprudentielles qu'en délivrent la Cour EDH. En effet, la Cour de cassation a estimé que la Convention EDH s'avérait inapplicable aux tribunaux arbitraux car l'instrument conventionnel « *ne concerne que les États et les juridictions étatiques* » (Civ. 1re : 20 février 2001 ; n° 99-12.574).

Or, la Cour EDH, par le biais de l'interprétation évolutive et dynamique qu'elle délivre des termes de la Convention, n'hésite pas au contraire à rattacher la juridiction arbitrale au tribunal établi par la loi, au sens de l'article 6 § 1 (Cour EDH : 3 avril 2008, Regent compagny c/Ukraine ; aff. n° 773/03).

En définitive, si un tribunal arbitral n'est pas formellement assujetti au respect des dispositions de l'instrument conventionnel, en tant que juge privé extérieur aux ordres juridiques des États membres du Conseil de l'Europe, il est cependant conduit à prendre en compte matériellement les dispositions processuelles, mais également substantielles figurant dans la Convention EDH.

Ainsi, des tribunaux arbitraux spécifiques peuvent vérifier si l'une des parties aurait méconnu certains Droits et libertés fondamentaux de son adversaire.

ILLUSTRATION : TAS (TRIBUNAL ARBITRAL DU SPORT), 9 MARS 2017, RFC SERAING C/FIFA (N° 2016/A/4490)

En l'espèce, un club de football professionnel belge, le RFC Seraing, avait formé un contrat TPO. Or, un règlement de la FIFA (fédération internationale de football association) avait interdit de telles conventions et édicté des sanctions en cas de méconnaissance de cette interdiction. Le club s'est donc vu infliger une amende d'environ 130 000 € et une interdiction temporaire de recrutement. Il a alors contesté la licéité de ce règlement devant le TAS de Lausanne, estimant notamment qu'il allait à l'encontre de plusieurs libertés reconnues par l'UE (liberté de circulation des personnes et des capitaux, liberté de prestation de service) et la Convention EDH (droit au respect de la vie privée et droit au respect des biens), en ce que l'existence de contrats TPO relèverait de celles-ci et sa remise en cause constituerait une atteinte au droit de propriété. Or, le TAS a conclu que l'interdiction des contrats TPO n'était attentatoire à aucun des droits et libertés fondamentaux invoqués. La sanction prononcée contre le club a donc été maintenue.

B. Les dispositifs amiables spécifiques de lutte contre certaines violations de droits fondamentaux substantiels

Certains dispositifs amiables ont été spécifiquement conçus pour mettre fin à des violations de droits fondamentaux subies par les parties.

Tel est le cas de la médiation en droit du travail, en vue de faire cesser des situations de harcèlement moral (art. L. 1152-6 C. trav.), lesquelles constituent des atteintes à la dignité des personnes. L'interdiction du harcèlement moral est précisée par l'article L. 1152-1 C. trav. et constitue un délit défini et sanctionné par l'article 222-33-2 C. pén.

Ce mécanisme, possédant un caractère facultatif (CA Montpellier : 12 septembre 2007, n° 07/00050), poursuit le double objectif de mettre fin à la situation de harcèlement tout en évitant la saisine d'une juridiction. L'article L. 1152-6 al. 1er prévoit, *ratione personae*, une assez large saisine du médiateur. Celle-ci pourra en effet être effectuée par toutes les personnes concernées par le harcèlement moral : le salarié se prétendant victime de celui-ci ou la personne mise en cause, cette dernière pouvant être l'employeur ou un autre salarié. Le médiateur tentera alors de concilier les parties et leur soumettra des propositions écrites en vue d'anéantir la situation si elle lui semble avérée et non contestée (art. L. 1152-6 al. 3 C. trav.). S'il échoue, une obligation d'information pèsera sur lui, à destination des intéressés et consistant à leur indiquer les sanctions encourues en matière de harcèlement moral et les garanties procédurales offertes à la victime (art. L. 1152-6 al. 4 C. trav.).

De même, le Défenseur des Droits peut également mobiliser plusieurs techniques amiables pour tenter de mettre fin à certaines situations litigieuses dont il est saisi, notamment des situations de discrimination, évitant ainsi la saisine d'une juridiction. Ainsi, l'article 26 de la loi organique lui permet d'appréhender un tel différend par le bais de la médiation. Outre la médiation, le Défenseur des droits pourra également tenter de se tourner vers un règlement en équité (art. 25 loi organique) ou encore recommander que la médiation ou le règlement débouchent sur un accord transactionnel et ce, en vertu de l'article 28, I. de la loi organique.

ILLUSTRATION : DÉFENSEUR DES DROITS : DÉC. N° 2016-26 (RAPP. ANNUEL D'ACTIVITÉ 2016, P. 57)

En l'espèce, cette autorité a été saisie par une candidate à un recrutement, sur un poste à pourvoir dans une commune Or, sa candidature a été rejetée en raison de son état de grossesse, la commune lui reprochant d'avoir déclaré tardivement celle-ci, alors que le processus de recrutement était bien avancé. En effet, deux candidatures avaient été présélectionnées, dont celle de la partie ayant agi devant le Défenseur des droits. Or, sa candidature a été écartée le jour même de l'annonce de sa grossesse. Elle s'estimait donc victime d'une discrimination. La collectivité concernée soutenait quant à elle que la grossesse de l'intéressée n'avait pas joué un rôle prépondérant dans le rejet de sa candidature, celui-ci se fondant uniquement sur le manque de sincérité de l'intéressée. Le Défenseur des droits a alors recommandé au maire de la commune d'étudier avec la candidate évincée les modalités de réparation du dommage subi en raison du caractère discriminatoire de la décision. Le 15 déc. 2016, les parties ont alors signé un protocole transactionnel, prévoyant l'octroi d'une indemnité de 13 000 € à la réclamante.

II. Des méthodes aux résultats limités

Si les MARD permettent la prise en compte des atteintes aux droits et libertés fondamentaux des parties, ils auront cependant des résultats limités.

D'une part, les tribunaux arbitraux, juridictions privées, ne disposent pas de certaines compétences, reconnues aux juridictions étatiques, pourtant fort utiles en vue d'assurer la protection des droits et libertés fondamentaux des parties à un litige. Ainsi, la jurisprudence, tant interne qu'européenne, dénie au tribunal arbitral la possibilité d'utiliser la QPC ou la question préjudicielle, alors que de tels mécanismes pourraient l'aider à se prononcer sur de potentielles violations des droits fondamentaux substantiels des parties (**A**).

D'autre part, les médiations spécifiques, tentant de remédier aux violations de droits fondamentaux substantiels des parties s'avèrent peu efficaces et sortent parfois de la sphère des modes purement amiables (**B**).

A. L'impossibilité du tribunal arbitral de transmettre des QPC au Conseil constitutionnel et des questions préjudicielles à la CJUE

La Cour de cassation a explicitement dénié à un tribunal arbitral la possibilité de transmettre une QPC au Conseil constitutionnel au motif que « *l'arbitre investi de son pouvoir juridictionnel par la volonté commune des parties ne constitue pas une juridiction relevant de la Cour de cassation [...]* » (Com. : QPC : 28 juin 2011, n° 11-40.030).

Quant aux questions préjudicielles, la CJCE (Cour de justice des communautés européennes, ancêtre de la CJUE) a également fermé cette voie aux arbitres (CJCE : 23 mars 1982, Nordsee ; aff. 102/81). Or, un tribunal arbitral pourra poser une question préjudicielle à la CJUE seulement s'il peut être assimilé à une « *juridiction d'un des États membres* » (art. 267 TFUE). Autrement dit, il est nécessaire qu'il ait une origine légale, qu'il rende des décisions contraignantes pour les parties et que sa compétence ne résulte pas d'un accord entre elles mais qu'elle soit au contraire obligatoire.

Or, cette mise à l'écart de l'arbitre des usagers de la QPC et de la question préjudicielle apparaît critiquable. En effet, il se trouve privé de la possibilité d'utiliser deux mécanismes qui pourraient pourtant s'avérer très utiles lorsqu'il est confronté à un litige dans lequel une partie estime que l'un de ses droits fondamentaux a été méconnu par son adversaire, lequel se serait appuyé sur une disposition anticonstitutionnelle ou méconnaissant les droits fondamentaux reconnus par l'UE.

Cette double privation apparaît outre génératrice d'insécurité juridique, non seulement quant au contenu, mais aussi quant à la pérennité de la sentence arbitrale. En effet, le tribunal arbitral se trouvera confronté à un choix cornélien : soit substituer sa propre interprétation à celle du Conseil constitutionnel ou de la CJUE, quant à la QPC ou la question préjudicielle soulevée devant lui, soit écarter purement et simplement celles-ci des débats en se déclarant incompétent en la matière.

Or, quel que soit le choix opéré, le tribunal arbitral sera exposé au risque de remise en cause de sa sentence. En effet, l'une des parties pourra exercer un recours en annulation de la sentence arbitrale, soit en reprochant aux arbitres une violation de l'ordre public interne ou international quant à leur appréciation de la constitutionnalité d'une norme interne ou de sa conformité au droit de l'UE, soit en lui faisant grief de s'être déclaré à tort compétent ou incompétent pour se prononcer sur la QPC ou la question préjudicielle (v. Fiche 30). De plus, les mêmes motifs pourront justifier le refus judiciaire de la délivrance de l'*exequatur* à une sentence arbitrale.

Dès lors, pour remédier à ces excès, il semble nécessaire de favoriser l'ouverture de la QPC et de la question préjudicielle aux tribunaux arbitraux, notamment par le biais du juge d'appui (v. Fiche 16). Cette solution permettrait à une juridiction étatique d'opérer un filtrage des QPC et questions préjudicielles.

Sur un plan processuel, il y aurait une analogie avec les QPC transmises par une juridiction administrative ou judiciaire au Conseil constitutionnel avec un premier tri opéré par la Cour de cassation ou le Conseil d'État.

B. Les limites des médiations amiables pour résoudre les atteintes aux droits fondamentaux

Quant aux médiations, elles couvrent un assez faible champ en matière de droits substantiels.

Ainsi, l'article L. 1152-6 C. trav. instaurant une médiation pour régler les situations de harcèlement moral, présente une rédaction laconique. De plus, certains choix qu'il opère, laissent planer des doutes sur les garanties qu'offre cette médiation et *in fine* sur son efficacité.

En effet, cette disposition laisse ainsi aux parties le choix du médiateur. Il peut donc s'agir aussi bien d'un médiateur externe qu'interne (ex. un membre du personnel). Or, dans ce dernier cas, *quid* de l'indépendance et de l'impartialité dont jouira le médiateur, notamment dans le cas où la personne mise en cause serait l'employeur lui-même ?

De même, avant d'essayer de concilier les parties, le médiateur devra s'enquérir de l'état de leurs relations (art. 1152-6 al. 3 C. trav.). Or, le texte demeure silencieux sur les modalités concrètes d'obtention d'une telle information. Partant, le médiateur doit-il se cantonner aux seuls propos rapportés par les parties ou peut-il auditionner d'autres salariés, afin de mieux cerner les rapports entre les parties à la médiation ?

Enfin, puisque cette médiation n'est pas encadrée par la confidentialité, il sera envisageable, en cas d'échec, de fournir au juge l'écrit rédigé par le médiateur, afin que le magistrat puisse établir une présomption de harcèlement ou de non-harcèlement ou disposer d'un commencement de preuve par écrit du harcèlement moral ou du non-harcèlement.

Dès lors, la médiation de l'article 1152-6 du Code du travail s'apparente davantage à une phase précontentieuse qu'à un véritable MARD.

Ensuite, les discriminations portées à la connaissance du Défenseur des droits et qui seront totalement avérées, pourront être réglées par la voie transactionnelle.

Or, il s'agira d'une transaction pénale puisqu'une infraction aura été mise en évidence. Dans ce cas, le médiateur disposera du pouvoir, si ces faits n'ont pas déjà entraîné le déclenchement de l'action publique, de proposer à l'auteur de la discrimination le versement d'une amende transactionnelle de 3 000 € maximum pour une personne physique et 15 000 € maximum pour une personne morale ainsi que l'éventuelle indemnisation de la victime (art. 28, II., de la loi organique, préc.). Cette transaction pénale est encadrée par les dispositions de l'article D. 1-1 C. pr. pén.

Avec ce mécanisme, les frontières de l'amiable sont donc totalement franchies car il s'agit d'un processus, certes décentralisé auprès du Défenseur des droits, mais consistant ni plus ni moins en la mise en œuvre du droit répressif.

ILLUSTRATION : DÉCISION DÉFENSEUR DES DROITS, 7 AVRIL 2015 ; MLD-2015-013 (RAPP. ANNUEL D'ACTIVITÉ 2015, P. 44)

En l'espèce, une transaction pénale a été adoptée dans une affaire concernant la propriétaire d'un logement, refusant de le louer aux candidats portant un nom de famille à consonance maghrébine. Un test téléphonique a permis de prouver le caractère discriminatoire du refus de location. L'avocate de la propriétaire mise en cause a alors accepté la transaction pénale, suggérée par le Défenseur des droits, afin d'éviter des poursuites judiciaires contre sa cliente.

À RETENIR

- Les MARD constituent une méthode mobilisable en vue de mettre fin à une atteinte aux droits fondamentaux substantiels des parties. D'une part, le tribunal arbitral peut être envisagé comme un organe juridictionnel de sanctions des atteintes aux droits et libertés fondamentaux des parties. En effet, s'il n'est pas formellement assujetti au respect des dispositions de la Conv. EDH, en tant que juge privé extérieur aux ordres juridiques des États membres du Conseil de l'Europe, il est cependant conduit à prendre en compte matériellement les dispositions processuelles et substantielles figurant dans celle-ci. D'autre part, des médiations et transactions spécifiques, constituent des moyens de lutte contre les violations affectant certaines prérogatives fondamentales des parties, notamment des atteintes à la dignité humaine. Tel est le cas de la médiation en Droit du travail, en vue de faire cesser des situations de harcèlement moral, ou de la médiation du Défenseur des droits en matière de discrimination.
- Cependant, leur efficacité en la matière n'est pas totalement garantie. D'une part, les tribunaux arbitraux ne disposent pas de certaines compétences, reconnues aux juridictions étatiques, pourtant fort utiles en vue d'assurer la protection des droits et libertés fondamentaux des parties. Ainsi, la jurisprudence interne et européenne, dénie au tribunal arbitral la possibilité d'utiliser la QPC ou la question préjudicielle, alors que ces mécanismes pourraient l'aider à se prononcer sur de potentielles violations des droits fondamentaux substantiels des parties. D'autre part, les médiations en matière de harcèlement moral en droit du travail et les transactions pénales du Défenseur des droits, en matière de discriminations, s'avèrent peu convaincantes et sortent parfois de la sphère des modes purement amiables.

POUR ALLER PLUS LOIN

- E. Cartier (dir.), « La QPC, le procès et ses juges. L'impact sur le procès et l'architecture juridictionnelle », étude réalisée dans le cadre de la Mission de recherche « Droit et Justice », Dalloz, coll. Méthodes du droit, 2013.
- S. Detraz, « Le rôle du Défenseur des droits en matière pénale : un nouveau « tout en un » procédural », *Dr. pénal* 2011, étude 8.
- R. Dumas, « Les MARD (modes alternatifs de résolution des différends) au prisme des droits fondamentaux substantiels », *RDLF*, chron. n° 1, 2018.
- C. Jalicot, « QPC et questions préjudicielles : quel avenir pour l'arbitrage ? », *Journal de l'arbitrage*, Université de Versailles, n° 1, oct. 2015, étude 2.
- Ch. Jarrosson, « L'arbitrage et la Convention européenne des Droits de l'Homme », *Rev. arb.* 1989, p. 573.
- C. Leborgne-Ingelaere, « Harcèlement et stress au travail », *Jurisclass. trav.*, fasc. 20-50.
- C. Minet-Letalle, « La médiation intra-entreprise. L'exemple des conflits de travail », *Cah. Dr. Entr.*, mai 2016, n° 3, dossier 19, spéc. p. 4.
- A. Mourre, « Le droit français de l'arbitrage international face à la Convention européenne des droits de l'homme », *Gaz Pal.*, 02/12/2000, n° 337 p. 16.

POUR S'ENTRAÎNER : QUESTION AVEC UNE RÉPONSE DÉVELOPPÉE (QRD)

Expliquer, en quelques lignes, en quoi le refus opposé aux tribunaux arbitraux de transmettre des QPC au Conseil constitutionnel apparaît critiquable et le remède éventuel à cette situation.

CORRIGÉ

La Cour de cassation dénie explicitement à un tribunal arbitral la possibilité de transmettre une QPC au Conseil constitutionnel (Com. : QPC : 28 juin 2011, n° 11-40.030). Cependant, la mise à l'écart de l'arbitre des usagers de la QPC apparaît critiquable car il se trouve privé de la possibilité d'utiliser un mécanisme très utile lorsqu'il est confronté à un litige dans lequel une partie estime que l'un de ses droits fondamentaux a été méconnu par l'autre, lequel se serait appuyé sur une disposition anticonstitutionnelle.

Cette privation génère une insécurité juridique quant au contenu et à la pérennité de la sentence arbitrale. En effet, le tribunal arbitral devra soit substituer sa propre interprétation à celle du Conseil constitutionnel, soit écarter la QPC des débats en se déclarant incompétent en la matière. Or, quel que soit le choix opéré, le tribunal arbitral sera exposé au risque de remise en cause de sa sentence. En effet, l'une des parties pourra exercer un recours en annulation de la sentence arbitrale, soit en reprochant aux arbitres une violation de l'ordre public interne ou international quant à leur appréciation de la constitutionnalité d'une norme interne, soit en lui faisant grief de s'être déclaré à tort compétent ou incompétent pour se prononcer sur la QPC.

Dès lors, pour remédier à ces excès, il semble nécessaire de favoriser l'ouverture de la QPC aux tribunaux arbitraux, notamment par le biais du juge d'appui. Cette solution permettrait à une juridiction étatique d'opérer un filtrage des QPC. Il y aurait une analogie avec les QPC transmises par une juridiction administrative ou judiciaire au Conseil constitutionnel avec un premier tri opéré par la Cour de cassation ou le Conseil d'État.

Titre 2
Le recours au juge malgré les MARD

Chapitre 1 Le pouvoir de consolidation judiciaire du MARD

Il existe avant tout deux hypothèses de saisine du juge, assez logiques, bien que les parties se soient engagées sur la voie des MARD.

D'une part, en cas d'échec d'une tentative préalable de règlement d'un différend par ce biais, les parties devront alors se tourner vers la juridiction matériellement et territorialement compétente pour le trancher.

D'autre part, même si le MARD se déroule bien, le juge pourra intervenir dans deux hypothèses. En premier lieu, il devra parfois trancher une partie du différend que les parties, ou lui-même, n'ont pas entendues soumettre à un règlement amiable. Tel peut être le cas en matière de conciliation ou de médiation judiciaire ne portant que sur une partie du différend (v. Fiche 5). En second lieu, toujours en cas de bon déroulement du MARD, l'intervention du juge peut s'avérer nécessaire pour exercer des pouvoirs dont le tiers animateur du MARD serait dépourvu. Par exemple, le médiateur judiciaire, comme l'arbitre ne disposent pas du pouvoir de prononcer des mesures provisoires ou conservatoires. Il leur faudra alors se tourner vers le juge compétent ou le juge d'appui pour l'arbitre (v. Fiches 5 et 16).

En dehors de ces hypothèses préalablement étudiées, Deux cas de figure permettent la consolidation judiciaire d'un MARD. D'une part, s'il s'agit d'un accord issu d'un MARD amiable (conciliation, médiation, procédure participative ou contrat de transaction), celui-ci pourra obtenir la force exécutoire, conférée par le juge (**Fiche 27**). D'autre part, s'il s'agit d'une sentence rendue par un tribunal arbitral, celle-ci pourra recevoir l'*exequatur* par le président du tribunal judiciaire (**Fiche 28**).

Fiche 27

L'obtention de la force exécutoire par les accords issus des modes amiables

I. Une voie classique : l'homologation judiciaire de l'accord issu du MARD amiable
II. Une voie nouvelle : l'apposition de la formule exécutoire par le greffe sur l'accord issu du MARD contresigné par avocats

DÉFINITIONS

- **Force exécutoire** : Effet d'un acte revêtu de la formule exécutoire, permettant à une partie d'en demander l'exécution forcée si l'autre partie ne le respecte pas.
- **Homologation** : Décision judiciaire permettant, entre autres, d'octroyer la force exécutoire à tout accord issu d'un MARD amiable.

Lorsque les parties ayant tenté la résolution amiable de leur différend parviennent à un accord, le recours au juge ou à l'autorité judiciaire peut cependant s'avérer judicieux.

En effet, le pouvoir judiciaire pourra conférer la force exécutoire à l'accord qui lui est soumis, après avoir opéré un contrôle de celui-ci, plus ou moins approfondi.

Au cas où il se verrait conférer force exécutoire, cet accord deviendra, à l'instar d'une décision de justice, un titre exécutoire que les parties seront contraintes d'exécuter pendant plusieurs années.

Depuis longtemps, une voie classique permet de conférer la force exécutoire à un accord amiable issu d'un MARD, à savoir son homologation judiciaire (**I**).

Or, depuis à peine une année, cette voie est désormais concurrencée par une autre technique d'obtention de la force exécutoire. En effet, le décret n° 2022-245 du 25 févr. 2022, favorisant le recours à la médiation, portant application de la loi pour la confiance dans l'institution judiciaire et modifiant diverses dispositions, a instauré une voie nouvelle et supplémentaire en ce sens, l'apposition de la formule exécutoire par le greffe sur l'accord issu du MARD, contresigné par avocats (**II**).

I. Une voie classique : l'homologation judiciaire de l'accord issu du MARD amiable

L'article 1566 al. 1 C. pr. civ. prévoit que le juge statue sans débat sur toute requête en homologation d'un accord, issu d'un MARD amiable, qui lui sera présentée. Il pourra, soit accorder soit refuser l'homologation, tout refus d'homologation pouvant en principe faire l'objet d'un appel (art. 1566 al. 3, C. pr. civ.).

Or, une exception concerne la transaction ayant reçu force exécutoire, après dépôt d'une requête par une partie ayant reçu mandat des autres pour agir en ce sens. Dans ce cas, la jurisprudence estime que la décision du juge est insusceptible de recours (Civ. 2e : 1er sept. 2016 ; n° 15-22.915). Quelle que soit la décision rendue quant à l'homologation, celle-ci interviendra après un contrôle judiciaire préalable de l'accord.

On verra d'un côté le contrôle judiciaire de l'accord issu d'une conciliation ou d'une médiation conventionnelle ou judiciaire (**1**) et, d'un autre côté, celui encadrant l'accord conclu à la suite d'une procédure participative ou d'une transaction (**2**).

A. Le contrôle judiciaire de l'accord issu d'une conciliation ou d'une médiation

Pour la conciliation judiciaire (art. 130 C. pr. civ.), l'accord, même partiel est inscrit dans un procès-verbal, signé des parties et du juge ou un constat signé des parties et du conciliateur de justice, en cas de conciliation déléguée (art. 130 C. pr. civ.). Cet acte, lorsqu'il est dressé par le juge ou des extraits de celui-ci valent titre exécutoire (art. 131 al. 1 C. pr. civ.). De plus, tout accord, même partiel sera consigné par écrit dans un procès-verbal. En revanche, le procès-verbal signé des parties et du conciliateur de justice pourra quant à lui être soumis à l'homologation du juge et ce, par l'ensemble des parties ou par la plus diligente d'entre elles, pour se voir conférer la force exécutoire (art. 131 al. 2 C. pr. civ.).

En matière de médiation judiciaire et en cas d'accord entre les parties, la rédaction d'un constat d'accord écrit constitue l'usage, lequel pourra ensuite être soumis à l'homologation du juge en vue de lui conférer la force exécutoire.

Pour la médiation conventionnelle, l'article 1534 C. pr. civ. énonce que « *la demande tendant à l'homologation de l'accord issu de la médiation est présentée au juge par requête de l'ensemble des parties à la médiation ou de l'une d'elles, avec l'accord exprès des autres* ». Pour la conciliation conventionnelle, l'article 1541 C. pr. civ. prévoit la même règle, depuis sa réécriture par le décret du 6 mai 2017.

En vue de prononcer ou non l'homologation de l'accord issu d'une conciliation ou d'une médiation, le juge effectue un contrôle restreint de celui-ci. Ainsi, il se limite à constater l'accord des parties, à vérifier la régularité formelle de l'acte et, sur le fond, sa conformité à l'Ordre public. L'homologation permet *in fine* d'octroyer la force exécutoire à l'accord conclu. Celui-ci devient alors un titre exécutoire (art. L. 111-3, 1., C. pr. civ. éxé), lequel peut alors s'exécuter pendant dix ans (art. L. 111-4 C. pr. civ. éxé).

B. Le contrôle judiciaire des accords conclus à la suite d'une procédure participative ou d'une transaction

Pour ces deux MARD, le principe est que le juge peut homologuer l'accord qui en est issu. En revanche, il n'est pas imposé que la requête en homologation soit déposée par les deux parties (art. 1557 C. pr. civ. pour la procédure participative et art. 1567 C. pr. civ. pour la transaction).

Pour la procédure participative, la requête devra être accompagnée de la convention de procédure participative, sinon elle sera irrecevable.

Quant à l'étendue du contrôle du juge de l'homologation, on distingue, pour l'accord issu d'une procédure participative, selon qu'il apaise un conflit autre qu'un divorce ou une séparation de corps ou s'il porte sur une telle question.

Dès lors, s'il s'agit d'homologuer l'accord issu d'une procédure participative, apaisant un autre différend qu'un divorce ou une séparation de corps, le contrôle judiciaire est restreint. Il portera sur la régularité formelle de l'acte et son respect de l'Ordre public, mais pas sur son contenu. Un contrôle similaire s'applique à la transaction (Civ. 2e : 26 mai 2011 ; n° 06-19.527).

En revanche, l'homologation de l'accord issu d'une procédure participative, portant sur un divorce ou une séparation de corps, sera spécifique. Lorsque les époux seront parvenus à un accord, celui-ci sera présenté au JAF. Ce dernier vérifiera alors le contenu de l'accord par le biais d'un contrôle classique, lié à l'opportunité et à la légalité de celui-ci (articles 232 et 373-2-7 C. civ.).

II. Une voie nouvelle : l'apposition de la formule exécutoire par le greffe sur l'accord issu du MARD contresigné par avocats

Après avoir étudié la procédure permettant l'apposition de la formule exécutoire par le greffe (**A**), on se penchera sur l'articulation entre cette nouvelle voie et la méthode traditionnelle d'homologation judiciaire de l'accord amiable (**B**).

A. La procédure d'apposition de la formule exécutoire par le greffe

Selon l'article L. 111-3, 7 °C. pr. civ. exé, dans sa rédaction issue de la loi du 22 déc. 2021 pour la confiance dans l'institution judiciaire, seront des titres exécutoires « *les transactions et les actes constatant un accord issu d'une médiation, d'une conciliation ou d'une procédure participative, lorsqu'ils sont contresignés par les avocats de chacune des parties et revêtus de la formule exécutoire par le greffe de la juridiction compétente* ».

Ce texte a donc ajouté les transactions et les accords résultant d'autres modes amiables à la liste des titres exécutoires, lorsque ceux-ci comportent la signature des avocats des parties et la formule exécutoire apposée par le greffe.

Ensuite, les articles 1568 à 1571 C. pr. civ., issus du décr. n° 2022-245 du 25 février 2022, indiquent la procédure à suivre afin que les accords résultant d'une médiation, d'une conciliation, d'une procédure participative et les transactions puissent obtenir la formule exécutoire.

En premier lieu, l'article 1568, al. 2 C. pr. civ. indique qu'une telle demande doit être « *formée par écrit, en double exemplaire, auprès du greffe de la juridiction du domicile du demandeur matériellement compétente pour connaître du contentieux de la matière dont relève l'accord* ».

Le troisième alinéa du texte précise que le greffier doit vérifier deux éléments, avant d'apposer la formule exécutoire sur l'acte. D'une part, il doit vérifier sa compétence matérielle et territoriale pour procéder à cette opération. D'autre part, il doit contrôler la nature de l'acte, c'est-à-dire qu'il s'agit bien d'un accord contresigné par avocat, issu d'une conciliation, d'une médiation ou d'une procédure participative, soit qu'il correspond à une transaction.

Cette vérification apparaît très sommaire car elle n'inclut de contrôle, ni de la conformité de l'acte à l'ordre public, ni de sa validité. Si le greffier estime que les conditions requises sont réunies, il appose la formule exécutoire sur l'accord.

Cependant, dans ce cas, « *toute personne intéressée peut former une demande aux fins de suppression de la formule exécutoire devant la juridiction dont le greffe a apposé cette formule* » (art. 1570 C. pr. civ.). En revanche, si le greffier refuse d'apposer la formule exécutoire, aucune voie de recours n'est prévue contre sa décision. *A contrario*, tout refus d'homologation judiciaire d'un accord amiable peut faire l'objet d'un appel (art. 1566, al. 3 C. pr. civ.).

B. L'articulation entre cette nouvelle voie et l'homologation judiciaire de l'accord amiable

Se pose enfin la question de l'articulation entre cette nouvelle procédure d'apposition de la formule exécutoire par le greffe et la classique homologation judiciaire de l'accord amiable ou de la transaction.

Plus précisément, étant donné que ces deux procédures concernent les mêmes accords, les parties ont-elles intérêt à en privilégier une au détriment de l'autre ? La réponse apparaît mitigée, même si, *in fine*, l'homologation l'emporte de peu.

D'un côté, le contrôle opéré par le biais de l'homologation judiciaire, même s'il est restreint (v. I de cette fiche), sera cependant plus poussé que le contrôle sommaire du greffier. Ainsi, les parties peuvent préférer cette seconde voie, plus simple et potentiellement plus rapide.

D'un autre côté, en cas de refus d'apposition de la formule exécutoire, on a vu qu'aucune voie de recours n'était ouverte alors que le refus d'homologation judiciaire est susceptible d'appel. Enfin, l'accord homologué présente davantage d'efficacité dans l'hypothèse de sa circulation internationale.

À RETENIR

- Lorsque les parties à un MARD amiable parviennent à un accord, le recours au juge ou à l'autorité judiciaire permet de conférer la force exécutoire à celui-ci. Il deviendra alors un titre exécutoire que les parties seront contraintes d'exécuter pendant plusieurs années.
- Depuis longtemps, une voie classique permet de conférer la force exécutoire à un accord amiable issu d'un MARD : son homologation judiciaire. En vue d'homologuer l'accord issu d'une conciliation ou d'une médiation, en général un procès-verbal ou un constat d'accord, le juge effectue un contrôle restreint de celui-ci, se limitant à constater l'accord des parties, à vérifier la régularité formelle de l'acte et, sur le fond, sa conformité à l'Ordre public. S'il s'agit d'homologuer l'accord issu d'une procédure participative apaisant un autre différend qu'un divorce ou une séparation de corps, le contrôle judiciaire est restreint. Il portera sur la régularité formelle de l'acte et son respect de l'Ordre public, mais pas sur son contenu. Un contrôle similaire s'applique à la transaction.
- Or, depuis à peine une année, cette voie est désormais concurrencée par une autre technique d'obtention de la force exécutoire : l'apposition de la formule exécutoire par le greffe sur l'accord issu du MARD, contresigné par avocats. La vérification de l'accord opérée par le greffier apparaît très sommaire car elle se limite à vérifier sa compétence et la nature de l'accord. Quant à l'articulation entre cette nouvelle voie et la méthode traditionnelle d'homologation judiciaire de l'accord amiable, les parties ont la liberté de choix entre les deux procédures, chacune présentant des avantages et des inconvénients.

POUR ALLER PLUS LOIN

- A. Boiché, « Quid d'un contexte international ? », *AJ Fam.* 2022, p. 85.
- N. Fricero, « Accord des parties, homologation, octroi de la force exécutoire : quel rôle pour le juge ? », *RJPF* janv. 2010, p. 8.
- L. Mayer, « Les aspects du décret n° 2022-245 du 25 février 2022 relatifs aux modes amiables de résolution des différends », *Gaz. Pal.*, 26 avril 2022, n° 14, p. 60.

➾ Y. Strickler, « Modes alternatifs de résolution des litiges-Généralités », *Jurisclass. Pr. Civ.*, Fasc. 1700-75, 2020.
➾ X. Vuitton, « Quelques réflexions sur l'office du juge de l'homologation dans le livre V du Code de procédure civile », *RTD civ.* 2019, p. 771.

POUR S'ENTRAÎNER : QCM

Répondez au QCM suivant en choisissant la/les lettre(s) correspondant à la/les bonnes réponses (ex. selon les cas : 1. a. ou 1. a. et b.). Certaines questions ne comportent donc qu'une seule réponse, d'autres deux. Le nombre des réponses se déduit de l'énoncé de chaque question.

1. Parmi ces éléments, lesquels sont contrôlés par le juge avant d'homologuer l'accord issu d'une médiation ?
   a. La régularité formelle de l'acte.
   b. Sa fourniture en double exemplaire.
   c. Sa conformité à l'Ordre public.
   d. Sa conformité au principe de confidentialité.

2. Quelles sont, parmi les suivantes, les caractéristiques de l'apposition de la formule exécutoire par le greffe sur l'accord issu du MARD, contresigné par avocats ?
   a. Cette procédure s'applique à tout accord issu d'un MARD et à la transaction.
   b. Cette procédure ne concerne pas la transaction.
   c. La vérification de l'accord est effectuée par le juge de la mise en état.
   d. La vérification de l'accord est effectuée par le greffier de la juridiction compétente.

3. La procédure d'apposition de la formule exécutoire par le greffe sur l'accord issu du MARD, contresigné par avocats est une innovation de quel texte ?
   a. La loi J-21 de 2016.
   b. La loi du 22 décembre 2021 pour la confiance dans l'institution judiciaire.
   c. Le décret n° 2022-245 du 25 février 2022.
   d. D'un futur décret pas encore rédigé.

CORRIGÉ

1. a. et c.

2. a. et d.

3. c.

Fiche 28

L'*exequatur* des sentences arbitrales internes et internationales

I. Le déroulement de la procédure d'*exequatur*
II. Les voies de recours contre l'ordonnance d'*exequatur* du Président du Tribunal judiciaire

DÉFINITIONS

- **Exequatur** : Décision, prenant la forme d'une ordonnance, par laquelle le président du tribunal judiciaire confère la force exécutoire à une sentence arbitrale rendue en France ou à l'étranger, pour que celle-ci s'exécute en France.
- **Force exécutoire** : Décision qui doit être mise en exécution, si besoin avec le concours de la force publique (ex. police).
- **Requête** : Acte par lequel est formée une demande en justice lors de procédures non contradictoires, telle qu'ici la demande d'*exequatur* d'une sentence arbitrale.

En matière d'arbitrage, justice volontairement choisie par les parties, la logique commande que les parties exécutent spontanément la sentence arbitrale rendue. Or, l'inexécution de la sentence par la partie condamnée ne constitue pas un cas d'école.

Afin d'éviter ce risque, la procédure *d'exequatur* vise donc à garantir l'exécution forcée d'une sentence arbitrale.

En premier lieu, l'*exequatur* peut d'abord s'appliquer en vue d'obtenir l'exécution forcée d'une sentence dans le pays du siège de l'arbitrage, c'est-à-dire celui dans lequel elle a été rendue. Ainsi, un juge français, en l'occurrence le Président du Tribunal judiciaire, peut accorder l'*exequatur* à une sentence rendue par un tribunal arbitral ayant siégé en France afin qu'elle soit exécutée en France. En second lieu, l'*exequatur* permet également l'exécution forcée d'une sentence sur le territoire d'un autre État que celui dans lequel elle a été rendue. Ainsi, le juge français peut prononcer l'*exequatur* d'une sentence arbitrale, par exemple rendue par un tribunal arbitral ayant siégé au Brésil pour qu'elle s'applique en France, notamment si la partie condamnée réside dans cet État.

Dans tous les cas, le juge français accordera ou refusera l'*exequatur* à une sentence arbitrale au moyen d'une ordonnance, laquelle est en principe susceptible d'appel.

Dans cette fiche, on étudiera le déroulement de la procédure d'*exequatur* (**I**) avant d'aborder les voies de recours contre l'ordonnance d'*exequatur* du Président du Tribunal judiciaire (**II**).

I. Le déroulement de la procédure d'*exequatur*

Il faut ici se pencher sur les principales étapes de la procédure d'*exequatur* (**A**), avant de se focaliser sur le contrôle de la sentence par le juge lors de cette procédure (**B**).

A. Les principales étapes de la procédure d'*exequatur*

Quant à la détermination de la juridiction compétente, la partie souhaitant obtenir l'*exequatur* de la sentence arbitrale s'adressera, sur le plan matériel, au Tribunal judiciaire, statuant à juge unique, par le biais de son Président. Sur le plan territorial, le tribunal judiciaire compétent sera celui dans le ressort duquel la sentence a été rendue, si elle a été rendue en France (ex. Tribunal judiciaire de Toulouse si la sentence arbitrale a été rendue à Toulouse). En revanche, le Tribunal judiciaire de Paris sera compétent pour accorder l'*exequatur* à une sentence rendue à l'étranger (ex. sentence rendue à Madrid; articles 1487 al. 1er pour l'arbitrage interne et 1516 al. 1er C. pr. civ. pour l'arbitrage international, dans leur rédaction issue du décret du 18 sept. 2019).

Le Tribunal judiciaire sera saisi sur requête de la partie demandant l'*exequatur*, accompagnée d'un exemplaire original de la sentence arbitrale et de la convention d'arbitrage ou d'une copie authentique de ces deux actes (articles 1487 al. 3 C. pr. civ. pour l'arbitrage interne et 1515 al. 3 pour l'arbitrage international). Les articles 1487 al. 2 (arbitrage interne) et 1516 al. 2 C. pr. civ. (arbitrage international) précisent que la procédure d'*exequatur* n'est pas contradictoire. En effet, elle ne vise pas à trancher le litige, avec un échange préalable d'arguments ou de pièces entre les parties, mais seulement à obtenir l'exécution forcée d'une sentence l'ayant déjà tranché. Seule la partie intéressée par *l'exequatur* agira donc ici.

Au terme de la procédure, le Président du Tribunal judiciaire rendra une ordonnance pouvant prendre deux directions opposées. Soit il accorde l'*exequatur* et appose cette mention sur la sentence arbitrale (art. 1487 al. 4 C. pr. civ. pour l'arbitrage interne et 1517 al. 1er C. pour l'arbitrage international). Celle-ci deviendra ainsi un titre exécutoire. Soit, il refuse l'*exequatur*, mais il lui incombe alors de motiver ce refus (art. 1488 al. 2 C. pr. civ. pour l'arbitrage interne et 1517 al. 3 pour l'arbitrage international).

B. Le contrôle de la sentence par le juge lors de la procédure d'*exequatur*

Le Tribunal judiciaire exerce ici un contrôle réduit.

En matière d'arbitrage interne, l'article 1488 al. 1er C. pr. civ. précise qu'il doit uniquement vérifier que la sentence n'apparaît pas manifestement contraire à l'Ordre public.

Pour l'arbitrage international, l'article 1514 C. pr. civ. indique que le Tribunal judiciaire devra seulement contrôler deux éléments : l'existence de la sentence et son absence de contrariété à l'Ordre public international.

Quant à l'existence de la sentence, il suffit au Tribunal judiciaire de vérifier si les originaux de la sentence et de la convention d'arbitrage (ou leurs copies authentiques) lui ont bien été remis (v. A). À défaut de l'un de ces éléments, le Tribunal judiciaire rendra une ordonnance refusant l'*exequatur*.

La vérification de l'absence de contrariété de la sentence à l'Ordre public international, se limitera ensuite à un contrôle de contrariété évident à celui-ci. Partant, toute sentence arbitrale comportant un élément contraire à l'Ordre public international se verra refuser l'*exequatur*.

ILLUSTRATION : CIV. 1re, 28 MARS 2012 (N° 11-10.347)

En l'espèce, la « sentence » arbitrale, objet de la demande d'*exequatur* avait été rendue par un organisme dépourvu de la qualité de tribunal arbitral. Au regard de ce contexte, la Cour de cassation a déduit logiquement une contrariété évidente de la sentence à l'Ordre public international et a confirmé le refus d'*exequatur* de celle-ci.

II. Les voies de recours contre l'ordonnance d'*exequatur* du Président du Tribunal judiciaire

L'ordonnance d'*exequatur*, en tant que décision de justice rendue par le Président du Tribunal judiciaire sera susceptible d'appel, à l'instar de beaucoup de décisions rendues par une juridiction du premier degré. De plus, l'arrêt de la cour d'appel se prononçant sur le sort de la décision d'*exequatur* pourra quant à lui faire l'objet d'un pourvoi en cassation.

Concrètement, l'appel pourra être formé contre deux types d'ordonnance : celle relative à l'*exequatur* d'une sentence arbitrale rendue en France (**A**) et celle concernant l'*exequatur* d'une sentence rendue à l'étranger (**B**).

A. L'appel contre l'ordonnance d'*exequatur* d'une sentence arbitrale rendue en France

ATTENTION

Si l'ordonnance accorde l'*exequatur* à la sentence arbitrale, l'appel est impossible. En effet, on a vu que la procédure d'*exequatur* était exercée uniquement par la partie souhaitant l'exécution forcée d'une sentence et qu'elle n'était donc pas contradictoire (v. I. A. de cette Fiche). Par conséquent, la partie qui demande l'*exequatur* et bénéficie d'une décision en ce sens n'a aucune raison de faire appel car elle a obtenu ce qu'elle souhaitait.
De plus, si le Président du Tribunal judiciaire accorde l'*exequatur*, la partie forcée à s'exécuter ne peut pas non plus faire appel de la décision car elle n'a pas participé à cette procédure non contradictoire. Son seul moyen d'action sera alors de contester directement la sentence arbitrale par le biais d'un recours en annulation (v. Fiche 30).

En revanche, si l'ordonnance refuse l'*exequatur* à la sentence arbitrale, l'appel est tout à fait envisageable (art. 1500 al. 1er C. pr. civ. pour l'arbitrage interne et 1523 al. 1er pour l'arbitrage international). Il sera uniquement ouvert à la partie ayant sollicité l'exécution forcée de la sentence, mais qui en a été privée par la décision de refus d'*exequatur*.

Elle disposera alors d'un mois pour agir, à compter de la signification de l'ordonnance de refus, devant la cour d'appel du même ressort que le Tribunal judiciaire ayant rendu cette décision. La cour d'appel exercera ici un contrôle plus approfondi que celui opéré par le Tribunal judiciaire pour accorder ou non l'*exequatur* à la sentence arbitrale.

B. L'appel contre l'ordonnance d'*exequatur* d'une sentence rendue à l'étranger

ATTENTION

Ici, comme la sentence a été rendue par un tribunal arbitral ayant siégé à l'étranger (ex. au Sénégal), la cour d'appel ne pourra pas connaître d'un recours en annulation contre cette sentence si l'une des parties la contestait. À cette fin, il faudra s'adresser à une juridiction du siège de l'arbitrage (une juridiction sénégalaise dans l'exemple).

En revanche, l'une des parties pourra demander l'*exequatur* de cette sentence rendue à l'étranger sur le territoire français. Par conséquent, le Tribunal judiciaire rendra une décision accordant ou refusant l'*exequatur* à la sentence.

L'article 1525 C. pr. civ. admet l'appel contre ces deux types de décisions. D'une part, si la partie qui demande l'*exequatur,* pour obtenir l'exécution forcée de la sentence en France, ne l'obtient pas, elle a droit à un recours contre cette décision. D'autre part, si la décision accorde l'*exequatur,* la partie tenue à exécuter cette sentence en France peut la contester. Or, elle ne pourra pas former de recours en annulation en France contre la sentence arbitrale, puisque celle-ci a été rendue à l'étranger. Par conséquent, elle ne peut qu'interjeter appel contre la décision accordant l'*exequatur.*

L'appel devra être formé dans le délai d'un mois à compter de la signification de la décision (art. 1525 al. 2 C. pr. civ.). L'alinéa 4 de ce texte prévoit que la cour d'appel ne pourra refuser l'*exequatur* de la sentence arbitrale étrangère que dans cinq cas, énoncés à l'article 1520 C. pr. civ. : si le tribunal arbitral ayant rendu la sentence s'est déclaré à tort compétent ou incompétent, s'il a été irrégulièrement constitué, s'il a statué sans se conformer à la mission confiée par les parties, si le principe du contradictoire n'a pas été respecté lors de l'instance arbitrale et si la sentence arbitrale est contraire à l'Ordre public international. Il s'agit exactement des mêmes cas que ceux pour lesquels la Cour d'appel peut annuler une sentence arbitrale rendue en France en matière d'arbitrage international (v. Fiche 30).

ILLUSTRATION : CA PARIS, 12 SEPT. 2017 (N° 15/24881)

En l'espèce, une sentence arbitrale, dans le domaine du droit des procédures collectives, a été rendue à l'étranger et l'une des parties a demandé qu'elle bénéficie de l'*exequatur* sur le territoire français. Alors que le Tribunal de Grande Instance avait accordé l'*exequatur* à cette sentence, la cour d'appel, saisie d'un recours contre cette décision, a estimé que la procédure collective avait été menée par des organes préservant insuffisamment les intérêts de la partie objet de la procédure. Elle a donc estimé que la sentence arbitrale, validant cette procédure, était incompatible avec la conception française de l'Ordre public international. Elle lui a donc refusé l'*exequatur* en France.

À RETENIR

- La procédure d'*exequatur* d'une sentence arbitrale vise à garantir son exécution forcée.
- En France, le juge compétent pour accorder l'*exequatur* aux sentences rendues en France et à celle rendue à l'étranger, mais dont l'exécution est demandée en France, est le Président du Tribunal judiciaire.
- Dans tous les cas, il sera saisi sur requête de la partie demandant l'*exequatur*. Au terme d'une procédure non contradictoire et d'un contrôle réduit de la sentence arbitrale, il accordera ou refusera l'*exequatur* au moyen d'une ordonnance en principe susceptible d'appel. De plus, l'arrêt de la cour d'appel se prononçant sur le sort de la décision d'*exequatur* pourra quant à lui faire l'objet d'un pourvoi en cassation.
- L'appel pourra être formé contre deux types d'ordonnance : celle refusant l'*exequatur* à une sentence arbitrale rendue en France et celle accordant ou refusant l'*exequatur* à une sentence rendue à l'étranger.

POUR ALLER PLUS LOIN

- J. Béguin et J. Ortscheidt, « La sentence arbitrale est rendue : comment l'exécuter ? », *JCP* éd. G, 2010.
- P. Mayer, « Présentation des recommandations de l'association de droit international sur le recours à l'ordre public en tant que motif de refus de reconnaissance ou d'exécution des sentences arbitrales », *Rev. arb.* 2002, p. 1061.
- J.P. Mignard et B. Huet, « *Exequatur* des sentences arbitrales : pour une procédure contradictoire », *Gaz. Pal.*, 7 sept. 2013, p. 10.
- D. Mouralis, « Le contentieux des sentences arbitrales internationales devant le juge de l'exécution », *Cah. Dr. Arb.* 2017, n° 2, p. 189.

POUR S'ENTRAÎNER : FICHE DE JURISPRUDENCE

Rédigez la fiche de jurisprudence de l'arrêt suivant : Civ. 1re, 28 mars 2012 (n° 11-10.347).

Sur le moyen unique :

Vu l'article 455 du code de procédure civile ;

Attendu, selon l'arrêt attaqué, que, le 24 mai 1999, la société de réalisations et d'études pour les industriels du bois, dite Séribo, a conclu, avec la société Hainan Yangpu Xindadao Industriel Co Ltd, un contrat ayant pour objet de lui fournir une usine de production de parquet flottant et une assistance technique sur site, qu'aux termes de l'article 20 du contrat (dans sa traduction française) leurs litiges, s'ils ne pouvaient se régler par concertation amicale, seraient soumis à la Commission d'arbitrage économique et commercial de Chine « pour mener une médiation et un arbitrage » et que s'il s'avérait « impossible de conclure un arrangement », tous les litiges seraient « réglés de façon définitive selon les règles de conciliation et d'arbitrage de la Chambre de commerce internationale » ; que la société Hainan Yangpu Xindadao Industriel Co Ltd s'étant plainte de l'inexécution des obligations contractuelles de Séribo, et ayant saisi le CIETAC pour mettre en œuvre l'arbitrage, une sentence a été rendue le 22 décembre 2004 à Pékin, par un tribunal arbitral ;

Attendu que, pour dire qu'il n'y a pas lieu de rechercher si la sentence rendue par le CIETAC habilité à mener une tentative de conciliation, est contraire à l'ordre public international, l'arrêt retient que la clause de conciliation invoquée par M. X, ès qualités, n'était pas prescrite à peine d'irrecevabilité ou d'incompétence du tribunal arbitral ;

Qu'en statuant ainsi, sans répondre aux conclusions de M. X, ès qualités, qui soutenait que la reconnaissance de la sentence était contraire à l'ordre public international, en faisant valoir que la sentence litigieuse avait été, en réalité, prononcée par une institution qui n'avait pas la qualité d'arbitre, la cour d'appel n'a pas satisfait aux exigences du texte susvisé ;

PAR CES MOTIFS :

CASSE ET ANNULE, en toutes ses dispositions, l'arrêt rendu le 19 octobre 2010, entre les parties, par la cour d'appel de Paris ; remet, en conséquence, sur ce point, la cause et les parties dans l'état où elles se trouvaient avant ledit arrêt et, pour être fait droit, les renvoie devant la cour d'appel de Paris, autrement composée.

CORRIGÉ

- **Faits** : le 24 mai 1999, une société française a formé, avec une société chinoise, un contrat portant sur la fourniture d'une usine de production de parquet flottant et une assistance technique sur site. Ce contrat comportait une clause prévoyant que tout litige opposant les deux sociétés, s'il ne pouvait se régler par concertation amicale, serait soumis à la Commission d'arbitrage économique et commercial de Chine (CIETAC) « pour mener une médiation et un arbitrage ». De plus, si tout accord s'avérait impossible, le litige serait résolu définitivement « selon les règles de conciliation et d'arbitrage de la Chambre de commerce internationale ».

- **Procédure** : la société chinoise a invoqué l'inexécution de ses obligations contractuelles par la société française, et a saisi le CIETAC pour mettre en œuvre l'arbitrage.
  Une sentence arbitrale a alors été rendue le 22 décembre 2004 à Pékin, par un tribunal arbitral, dont la société chinoise a demandé l'*exequatur* en France. On ignore si le Président du TGI (désormais Président du Tribunal Judiciaire) a accordé ou non l'*exequatur* à cette sentence arbitrale. Un appel a cependant été interjeté contre sa décision. Par arrêt du 19 octobre 2010, la cour d'appel de Paris a estimé qu'elle n'avait pas à rechercher si la sentence arbitrale, rendue par le CIETAC, était contraire à l'ordre public international. M. X, ès qualités (certainement de dirigeant de la société française) forme alors un pourvoi en cassation contre cet arrêt. Il invoque notamment le fait que la sentence litigieuse aurait été prononcée par une institution dépourvue de la qualité d'arbitre et ce, en violation de l'ordre public international.
- **Problème juridique soulevé** : les juges du fond peuvent-ils accorder l'*exequatur* à une sentence arbitrale rendue à l'étranger, sans contrôler au préalable si l'institution l'ayant rendue possédait bien la qualité d'arbitre, de manière à vérifier qu'aucune violation de l'ordre public international n'entache la reconnaissance de cette sentence ?
- **Solution de la Cour de cassation** : par un arrêt du 28 mars 2012, la Cour de cassation casse et annule l'arrêt de la cour d'appel de Paris et renvoie alors les parties devant la même cour d'appel autrement composée. En l'espèce, la Haute juridiction estime qu'avant d'accorder l'*exequatur* à cette sentence arbitrale rendue par un tribunal arbitral ayant siégé en Chine, la cour d'appel aurait dû vérifier si celui-ci avait bien la qualité d'arbitre et ce, afin de ne commettre aucune violation de l'ordre public international. Or, en se dispensant de cette vérification, les juges du fond n'ont pas respecté leur mission, ce qui explique la censure de leur décision.

Chapitre 2 Le pouvoir d'anéantissement judiciaire du MARD

L'anéantissement d'un accord issu d'un MARD peut parfois être prononcé par le juge.

Quant à l'accord issu d'un MARD amiable, l'anéantissement consiste en l'annulation ou la résolution du MARD (**Fiche 29**).

En revanche, la sentence arbitrale ne peut faire que l'objet d'une annulation par le juge étatique, lequel sera saisi en ce sens au moyen d'un recours en annulation (**Fiche 30**).

Fiche 29

L'anéantissement de l'accord issu d'un MARD amiable

I. L'anéantissement de l'accord amiable non homologué
II. La nullité de l'accord homologué

DÉFINITIONS

- **Condition suspensive** : Évènement futur et incertain dont va dépendre l'exécution d'un contrat ou d'une obligation. S'il survient, alors le contrat s'exécute, s'il ne survient pas le contrat ne sera pas en mesure d'être exécuté.
- **Vices du consentement** : Il s'agit respectivement du dol (mensonge ou dol par réticence consistant à dissimuler une information), de l'erreur (mauvaise appréciation de la réalité) et de la violence (physique ou morale) commis par une partie à un contrat pour inciter l'autre partie à s'engager, alors que sans ces circonstances elle n'aurait pas contracté (caractère déterminant du vice du consentement). Tout vice du consentement, prouvé par la partie qui en est la victime, entraîne la nullité du contrat.

Lorsqu'à l'issue d'un MARD, les parties opposées par un différend sont parvenues à un accord, elles seront libres, soit de le faire homologuer, afin qu'il obtienne la force exécutoire, soit de ne pas faire procéder à son homologation (v. Fiche 27).

Or, l'une des parties peut ensuite agir en justice pour demander l'anéantissement (terme générique groupant les demandes en nullité ou en résolution) car elle estime, avec du recul, que cet accord a été mal formé ou bien elle constate que l'autre partie ne l'exécute pas ou pas correctement.

Pour évoquer la question de l'anéantissement d'un MARD amiable, on se focalisera, dans cette fiche, sur l'accord transactionnel, c'est-à-dire résultant d'une transaction et ce, pour deux raisons. D'une part, les illustrations jurisprudentielles de demandes d'anéantissement d'un tel contrat sont assez nombreuses. D'autre part, beaucoup de conciliations, médiations ou procédures participatives réussies débouchent sur la conclusion d'une transaction.

Ainsi, à l'étude de l'anéantissement de l'accord amiable non homologué (**I**), succédera l'examen de la nullité de l'accord homologué (**II**).

I. L'anéantissement de l'accord amiable non homologué

Si le juge n'a pas été sollicité pour homologuer l'accord, ne lui conférant donc pas la force exécutoire, il reste un simple contrat formé entre les parties.

Partant, il peut faire l'objet d'une demande en annulation (**A**), voire en résolution (**B**).

A. La demande en annulation de l'accord

Il pourra être annulé s'il ne respecte pas les conditions de validité applicables à tout contrat.

Ainsi tout accord non homologué auquel une partie aurait consenti alors qu'elle a été victime d'un vice du consentement tel qu'un dol, une erreur ou une violence pourra demander la nullité de l'accord et l'attribution de dommages et intérêts si la situation lui a été préjudiciable.

En la matière, le régime des vices du consentement retenu pour la transaction est quasi-identique à celui en vigueur en droit commun des contrats. Ainsi, la partie à une transaction se prétendant victime d'une violence morale doit fournir une preuve suffisante de sa situation. Partant, le simple constat d'une situation économique difficile ne saurait suffire à établir la réalité d'une contrainte morale (Soc. : 18 déc. 2001, n° 99-40.649).

En outre, lorsque l'accord n'a pas été homologué car il s'est heurté à un refus d'homologation judiciaire, la situation est révélatrice d'une imperfection dont il est porteur.

ILLUSTRATION : CIV. 1re : 10 SEPTEMBRE 2014 (N° 13-11.843)

En l'espèce, la Cour de cassation a suivi des juges du fond ayant justifié leur refus d'homologuer une transaction car la condition suspensive qu'elle comportait ne s'était pas réalisée. Par conséquent, l'accord auquel les parties ont abouti devrait être refait car, à défaut, sa nullité pourrait alors être invoquée par l'une des parties.

B. La demande en résolution de l'accord

Lorsqu'une transaction a été formée, elle se doit d'être correctement exécutée par les parties. Or, si l'une d'entre elles n'exécute pas ou n'exécute qu'imparfaitement l'accord non homologué, l'autre peut en principe en demander la résolution ou bien l'exécution forcée (art. 1224 C. civ., issu de la réforme du droit des contrats par l'ordonnance du 10 fév. 2016).

Cependant, antérieurement à cette réforme, la jurisprudence a estimé qu'au cas où elle est inexécutée par l'une des parties, une transaction devient inopposable.

Par conséquent, la partie victime de l'inexécution n'a pas à en demander la résolution (Civ. 1re : 12 juill. 2012, n° 09-11.582).

II. La nullité de l'accord amiable homologué

Du fait d'avoir obtenu une homologation judiciaire, la question se pose de savoir si un tel accord peut faire l'objet d'une demande en nullité.

La réponse à cette question apparaît affirmative (**A**). Dès lors, il faudra se pencher sur l'exercice de cette action (**B**).

A. La possibilité d'exercer une action en nullité de l'accord

L'art 1565 C. pr. civ. permet au juge d'homologuer l'accord issu d'une médiation, d'une conciliation, d'une procédure participative. Il s'applique également à la transaction par renvoi de l'article 1567 C. pr. civ. Ce texte soumet l'homologation au juge compétent pour trancher le contentieux de la matière concernée (V. Fiche 27).

Si l'accord amiable a été homologué judiciairement, il devient alors un titre exécutoire mais la question se pose de savoir s'il demeure un contrat ou devient un jugement. Cette question est importante car elle comporte des conséquences pratiques quant à la possibilité de demander la nullité du contrat homologué.

Il est possible de considérer que cet acte demeure un contrat, mais auquel le juge aura conféré une nature judiciaire et un caractère exécutoire. Ainsi, une action pourra être exercée malgré tout s'il existe une cause de nullité de celui-ci.

Ceci ne constitue pas une hypothèse d'école car, même si le juge a homologué l'accord, son contrôle, assez allégé (v. Fiche 27) n'aura pas toujours porté sur l'intégralité de son contenu ni sur les conditions de sa formation.

L'homologation judiciaire n'a donc pas pour effet de purger l'accord de tous les vices éventuels pouvant affecter sa validité. La jurisprudence a ainsi rappelé très récemment que « *[…], lorsque le président du tribunal de grande instance statue sur une demande tendant à conférer force exécutoire à une transaction, son contrôle ne porte que sur la nature de la convention qui lui est soumise et sur sa conformité à l'ordre public et aux bonnes mœurs* » Partant, un tel contrôle « *n'exclut pas celui opéré par le juge du fond saisi d'une contestation de la validité de la transaction* » (Civ. 1re : 14 sept. 2022 ; n° 17-15.388).

B. L'exercice de l'action en nullité de l'accord

Face à un accord amiable homologué, mais dont l'une des parties conteste la validité, l'action en nullité conserve toute sa pertinence.

Les difficultés seront cependant de prouver l'origine du vice affectant l'acte et d'obtenir la remise en cause d'une transaction homologuée. Cependant, la jurisprudence a pu reconnaître cette situation.

ILLUSTRATION : CIV. 2e : 26 MAI 2011 (N° 06-19.527)

En l'espèce, la Cour de cassation a validé le raisonnement d'une cour d'appel ayant estimé qu'un accord litigieux constituait bien une transaction, signée par les parties et présentant toutes les apparences de la régularité formelle, de conformité à l'ordre public et aux bonnes mœurs et ayant fait l'objet d'une homologation judiciaire. Or, les juges du fond avaient estimé qu'en dépit de cette homologation, la transaction était susceptible de voir sa validité ultérieurement remise en cause en raison d'un vice antérieur à l'homologation.

Enfin, l'action en nullité d'un accord homologué s'exerce en principe devant le juge matériellement compétent pour statuer sur l'accord (ex. JAF). Or, la demande en nullité sera formée devant le juge de l'exécution, si une voie d'exécution forcée de l'accord homologué a été engagée.

ILLUSTRATION : CIV. 2e : 28 SEPT. 2018 (N° 16-19184)

Cet arrêt énonce sans la moindre ambiguïté que : « *l'homologation d'un accord transactionnel qui a pour seul effet de lui conférer force exécutoire ne fait pas obstacle à* ***une contestation de la validité de cet accord devant le juge de l'exécution*** ».

À RETENIR

- Si, à l'issue d'un MARD, les parties sont parvenues à un accord, elles seront libres de le faire homologuer afin qu'il obtienne la force exécutoire ou de ne pas procéder à son homologation Or, dans les deux cas, l'une des parties peut agir en justice pour demander l'anéantissement de cet accord, notamment lorsqu'il prend la forme d'une transaction.
- L'accord amiable non homologué reste un simple contrat formé entre les parties. Partant, il peut faire l'objet d'une demande en annulation s'il ne respecte pas les conditions de validité applicables à tout contrat. En outre, si l'une des parties n'exécute pas ou n'exécute qu'imparfaitement l'accord non homologué, l'autre peut en principe en demander la résolution.

- Lorsque l'accord a été homologué, il demeure un contrat, mais auquel le juge a conféré une nature judiciaire et un caractère exécutoire. Or, même si le juge a homologué l'accord, son contrôle ne porte pas sur l'intégralité de son contenu. L'action en nullité conserve donc toute sa pertinence. Les difficultés seront cependant de prouver l'origine du vice affectant l'acte et d'obtenir la remise en cause d'une transaction homologuée.

POUR ALLER PLUS LOIN

- S. Cimamonti et J.B. Perrier (dir.), « Les enjeux de la déjudiciarisation », Mission de recherche Droit et Justice (3 mars 2016-3 mars 2018), téléchargeable à l'adresse suivante : http://www.gip-recherche-justice.fr/.
- Y. Desdevises, « Les transactions homologuées : vers des contrats juridictionnalisables ? », *D.* 2000, p. 284.
- N. Fricero, « Accord des parties, homologation, octroi de la force exécutoire : quel rôle pour le juge ? », *RJPF* janv. 2010, p. 8.
- F. Julienne, « Transaction », *JurisClass. Civ. Code*, Fasc. 30, 2021.
- M. Le Bescond de Coatpont, « Le nouveau visage de la transaction », *AJ contrat* 2018, p. 152.

POUR S'ENTRAÎNER : VRAI OU FAUX ?

Pour chacun des énoncés suivants, recherchez s'il est vrai ou faux (ex. 1. Vrai, 2. Faux). Vous réécrirez ensuite les énoncés qui, selon vous, seraient faux, de manière à ce qu'ils soient exacts.

1. Le régime des vices du consentement retenu pour la transaction est dérogatoire à celui en vigueur en droit commun des contrats.
2. L'homologation judiciaire n'a pas pour effet de purger l'accord de tous les vices éventuels pouvant affecter sa validité.
3. La demande en nullité d'un accord homologué sera formée devant le juge de l'exécution, si une voie d'exécution forcée de cet accord a été engagée.

CORRIGÉ

1. Faux. Il est quasi-identique.
2. Vrai.
3. Vrai.

Fiche 30

Le recours en annulation d'une sentence arbitrale rendue en matière d'arbitrage interne et international

DÉFINITIONS

- **Opposition** : Voie de recours ouverte à la partie n'ayant pas reçu personnellement d'avis de comparaître à l'audience (art. 571 et s. C. civ.). En son absence, la juridiction a rendu une décision «*par défaut*». Or, la partie absente peut demander à être entendue en vue d'une éventuelle modification de la décision.
- **Appel** : Voie de recours permettant de critiquer un jugement rendu par une juridiction du premier degré en demandant sa réformation, c'est-à-dire sa modification partielle ou totale, voire son annulation (art. 542 et s. C. pr. civ.).
- **Pourvoi en cassation** : Voie de recours ultime offerte aux parties par la justice étatique (art. 604 et s. C. pr. civ.). Il est traité par une juridiction unique, la Cour de cassation, laquelle ne sera saisie qu'après qu'une cour d'appel ou une juridiction du premier degré statuant en dernier ressort (sans qu'un appel ne soit possible) se soit prononcée. De plus, alors que les juridictions du premier degré et la cour d'appel étudient les faits et le droit, la Cour de cassation n'est qu'un juge du droit et se cantonne donc à vérifier que la décision dont elle est saisie a correctement appliqué les règles de droit.

Pour l'arbitrage interne, l'article 1491 C. pr. civ. prévoit que toute partie à un arbitrage qui contesterait la sentence rendue ne pourra exercer qu'une voie de recours directe contre celle-ci, à savoir un recours en annulation.

Un appel contre cette décision est impossible, sauf clause contraire des parties dans leur convention d'arbitrage (art. 1489 C. pr. civ.). De plus, l'art icle 1503 C. pr. civ. exclut explicitement que les parties puissent former une opposition et un pourvoi en cassation contre une sentence arbitrale rendue lors d'un arbitrage interne.

Pour l'arbitrage international, l'article 1518 du C. pr. civ. énonce clairement que « *la sentence rendue en France en matière d'arbitrage international ne peut faire l'objet que d'un recours en annulation* ». L'emploi de 1 formulation négative (« ne... que... ») ne permet donc d'utiliser que le recours en annulation contre la sentence.

L'appel contre une sentence arbitrale en matière d'arbitrage international est donc interdit (Civ. 1re : 13 mars 2007 ; n° 04-10970). Cette exclusion jurisprudentielle, non remise en cause par le décr. du 13 janv. 2011, tient à deux raisons principales. D'une part, un tribunal arbitral international est une juridiction privée, pas une juridiction étatique du premier degré. D'autre part, il ne rend pas un jugement mais une sentence arbitrale internationale, très délicate à insérer dans l'ordre juridique étatique français.

L'opposition et le pourvoi en cassation contre une sentence arbitrale internationale sont également exclus puisque, l'article 1503 C. pr. civ. interdisant ces deux voies de recours pour l'arbitrage interne, s'applique également à l'arbitrage international, selon l'article 1506 C. pr. civ. L'exclusion de l'opposition, tant pour l'arbitrage interne qu'international, tient au fait qu'elle cadre mal avec l'origine contractuelle de l'arbitrage. En effet, le règlement d'un litige par un tribunal arbitral résulte d'un choix volontaire des parties. Il est donc rare que l'une d'elles ne soit pas avertie des audiences du tribunal arbitral. En outre, si l'une des parties ne participait pas aux audiences, le tribunal arbitral rendrait alors une sentence par défaut, pourvue des mêmes effets qu'une sentence classique.

Enfin, le pourvoi en cassation contre une sentence arbitrale interne comme internationale est impossible car le tribunal arbitral ne constitue ni une juridiction du premier degré statuant en dernier ressort, ni une cour d'appel.

Dans cette fiche, on abordera les caractères généraux du recours en annulation de la sentence arbitrale (**I**), avant d'étudier les cas dans lesquels il est ouvert (**II**). Il faut cependant préciser que l'article 1522 C. pr. civ. admet, en matière d'arbitrage international, que « *par convention spéciale, les parties peuvent à tout moment renoncer expressément au recours en annulation* ».

I. Les principaux caractères du recours en annulation d'une sentence arbitrale

L'exercice victorieux d'un recours en annulation contre une sentence arbitrale ne constitue pas une denrée rare. En effet, une analyse statistique de 2018 a révélé que le taux d'annulation des sentences arbitrales s'élevait à presque 25 %, soit environ une sentence sur quatre. On étudiera la juridiction compétente pour connaître de ce recours, à savoir la cour d'appel (**A**) et les suites de son exercice (**B**).

A. La cour d'appel : juridiction compétente pour connaître du recours en annulation

Le recours en annulation d'une sentence arbitrale rendue en matière d'arbitrage interne ou international sera formé devant une seule et unique juridiction : la cour d'appel. Plus précisément, il sera exercé devant la cour d'appel du même ressort que celui de la sentence (art. 1494 C. pr. civ. pour l'arbitrage interne et 1519 al. 1er pour l'arbitrage international). La cour d'appel de Paris possède désormais deux formations spéciales pour traiter les recours en annulation en matière d'arbitrage. Ainsi, la chambre commerciale internationale de la cour d'appel de Paris, en activité depuis début 2020, connaît des recours contre les sentences rendues en matière d'arbitrage international. En revanche, le contentieux de l'arbitrage interne, reste traité par une autre chambre de la cour d'appel de Paris.

Dans les deux cas, ce recours s'exercera dans le mois suivant la notification de la sentence aux parties. Passé ce délai, il ne sera plus recevable.

Enfin, l'article 1526 C. pr. civ. précise que, pour l'arbitrage international, le recours en annulation de la sentence n'a pas d'effet suspensif. Ainsi, la partie condamnée par la sentence arbitrale ne doit pas se dispenser de s'exécuter.

B. Les suites du recours en annulation

Si, au terme du recours, la cour d'appel estime que la sentence doit être annulée, elle prononcera cette sanction. Or, après le prononcé de l'annulation, la cour d'appel ne peut pas statuer sur le fond de l'affaire à la place du tribunal arbitral et trancher le litige. Il faut donc constituer un nouveau tribunal arbitral pour statuer sur le fond de l'affaire, sauf si la sentence a été annulée au motif que les arbitres s'étaient déclarés à tort compétents pour résoudre le litige (v. II de cette fiche).

Cependant, la constitution d'un nouveau tribunal arbitral n'aura pas toujours lieu dès la fin du recours en annulation devant la cour d'appel. En effet, dès qu'une cour d'appel, donc une juridiction étatique, aura rendu un arrêt concernant une sentence arbitrale, la partie insatisfaite par l'arrêt pourra former un pourvoi en cassation contre cet arrêt.

II. La typologie des cas de recours en annulation

Ils sont au nombre de six pour l'arbitrage interne (art. 1492 C. pr. civ.). Ainsi, le recours en annulation d'une sentence arbitrale sera possible en la matière si le tribunal arbitral s'est déclaré à tort compétent ou incompétent, s'il a été irrégulièrement constitué, s'il a statué sans se conformer à la mission confiée par les parties, si le principe du contradictoire n'a pas été respecté lors de l'instance arbitrale, si la sentence arbitrale est contraire à l'ordre public ou encore si elle comporte un vice de forme (ex. absence de mention du nom d'un arbitre).

En revanche, cinq cas d'annulation ont été édictés en matière d'arbitrage international (art. 1520 C. pr. civ.). Les quatre premiers cas sont rigoureusement identiques à ceux prévus pour l'arbitrage interne. Le cinquième cas prévoit en revanche l'annulation de la sentence si sa reconnaissance ou son exécution apparaît non-conforme à l'Ordre public international. Enfin, le sixième cas de recours en annulation (vice de forme) n'existe pas pour l'arbitrage international.

On évoquera donc ici les quatre cas de recours en annulation valables tant pour l'arbitrage interne qu'international, ainsi que la contrariété à l'ordre public interne ou international de la sentence arbitrale.

A. La décision erronée de compétence ou d'incompétence du tribunal arbitral

Afin de comprendre ce cas de nullité, il faut préciser qu'au cours de l'instance arbitrale, le tribunal arbitral détient le pouvoir de se prononcer sur sa propre compétence. Il s'agit du principe de compétence-compétence. Autrement dit, le tribunal arbitral saisi par les parties sera en principe le seul compétent pour dire s'il est compétent ou pas pour statuer sur le litige qu'elles lui ont soumis.

Par conséquent, si une juridiction étatique était saisie du litige avant que le tribunal arbitral ne se soit lui-même prononcé sur la question de sa compétence, elle devra en principe se déclarer incompétente pour statuer. Il s'agit de l'effet négatif de la compétence-compétence.

Or, la jurisprudence a estimé qu'une juridiction étatique pouvait exceptionnellement se prononcer avant que le tribunal arbitral n'ait statué sur la question de sa compétence et ce, dans deux cas : si la clause compromissoire permettant la saisine de cette juridiction privée était manifestement nulle ou inapplicable ou si elle apparaissait abusive (Civ. 1re : 30 sept. 2020, n° 18-19.241).

Or, une fois la sentence arbitrale rendue, qu'elle tranche le litige car le tribunal s'est déclaré compétent ou qu'elle se borne à déclarer le tribunal arbitral incompétent pour statuer, l'une des parties pourra utiliser le recours en annulation pour savoir si le tribunal arbitral a eu tort ou raison de se déclarer soit compétent, soit incompétent.

Au terme du recours, trois situations peuvent apparaître.

- Soit le tribunal arbitral a eu raison de se déclarer compétent ou incompétent, selon le cas étudié par la cour d'appel, et elle n'annulera donc pas sa sentence.
- Soit, le tribunal arbitral peut se déclarer à tort compétent, donc s'arroger le pouvoir de trancher un litige, bien qu'il n'en dispose pas. Sa sentence sera donc annulée et comme un tribunal arbitral n'est pas compétent

pour traiter ce litige, les parties devront saisir la juridiction étatique compétente pour le trancher. Or, elles pourront former préalablement un pourvoi en cassation contre la décision de la cour d'appel.
- Le tribunal arbitral peut enfin se déclarer à tort incompétent. Dans ce cas, la cour d'appel annulera sa sentence et un nouveau tribunal arbitral devra se constituer pour trancher le litige avec la possibilité d'un pourvoi préalable en cassation contre l'arrêt de la cour d'appel.

La jurisprudence estime que le contrôle de la cour d'appel au sujet de la compétence du tribunal arbitral doit être total (Civ. 1re : 6 oct. 2010, Abella ; n° 08-20.563). Elle a en effet énoncé que la cour d'appel devait rechercher en la matière « *tous les éléments de droit ou de fait permettant d'apprécier la portée de la convention d'arbitrage* [...] ». Cette solution, offrant aux parties un contrôle très poussé de la cour d'appel sur le pouvoir du tribunal arbitral de se prononcer ou pas dans leur affaire, a été maintenue par le décr. du 13 janv. de 2011.

B. La constitution irrégulière du tribunal arbitral

Ce cas permet notamment d'annuler une sentence rendue alors que l'un des membres du tribunal arbitral n'a pas fait preuve de l'indépendance ou de l'impartialité normalement exigées de sa part (v. Fiches 14 et 15).

ATTENTION

Il est nécessaire que la partie exerçant ce cas de recours en annulation ait ignoré le manquement à cette règle lors de l'instance arbitrale. En revanche, si elle a connu cette violation dès l'instance arbitrale, sans la contester immédiatement, elle sera présumée avoir renoncé à s'en prévaloir (art. 1466 C. pr. civ.).

Cependant lorsqu'une partie à un arbitrage subit le rejet de son recours en annulation d'une sentence pour défaut d'indépendance d'un arbitre, elle peut saisir la Cour EDH.

ILLUSTRATION : COUR EDH : 20 MAI 2021, ENEL C/ITALIE (N° 5312/11)

En l'espèce, un arbitre n'avait pas révélé d'une part qu'il avait été membre du Conseil d'administration de la société Enel, dont une filiale était partie à l'arbitrage, et d'autre part, il n'avait pas indiqué non plus qu'il agissait en tant qu'avocat d'Enel dans d'autres litiges. Exercé devant des juridictions italiennes, le recours en annulation contre la sentence a été rejeté. Après épuisement des voies de recours internes, une requête devant la Cour EDH a été introduite. Celle-ci a alors estimé que le droit au procès équitable, énoncé à l'article 6 de la Conv. EDH, avait été violé en l'espèce, du fait de la dissimulation par l'arbitre de ses liens avec une partie, donc pour absence d'indépendance. La Cour EDH a donc prononcé l'indemnisation du préjudice moral subi par la partie et le remboursement de ses frais d'arbitrage.

C. Le non-respect de sa mission par le tribunal arbitral

Ici, la cour d'appel vérifiera que le tribunal arbitral a bien respecté la mission que lui ont confiée les parties.

Cette vérification est aisée si les parties et arbitres ont rédigé un acte de mission, au début de l'instance arbitrale, précisant exactement la mission du tribunal arbitral (v. Fiche 16). Par conséquent, il suffira aux juges de comparer les éléments indiqués dans l'acte de mission et les questions abordées ou pas dans la sentence pour conclure si la mission a été respectée ou non.

Trois situations peuvent apparaître à l'issue de ce contrôle.

- Dans la première, le tribunal arbitral aura statué *omnia petita*, c'est-à-dire conformément à la mission qui lui a été confiée. Ainsi, ayant traité tout le litige, mais rien que le litige, sa sentence sera maintenue.
- Dans la deuxième, le tribunal arbitral aura statué *infra petita*, c'est-à-dire qu'il aura traité moins de questions que prévu. Or, cette situation n'est pas une cause de nullité de la sentence. Les parties doivent donc saisir à nouveau le tribunal arbitral pour qu'il achève sa mission en tranchant les questions non traitées (articles 1485 et 1486 du C. pr. civ.).
- Dans la troisième situation, le tribunal arbitral aura enfin statué *ultra petita*, c'est-à-dire sur davantage de questions que prévu. Il s'agit d'un motif de nullité de la sentence, laquelle pourra cependant n'être que partielle, donc limitée aux seules questions que le tribunal arbitral n'avait pas à traiter.

En définitive, la nullité de la sentence pour non-respect de sa mission par le tribunal arbitral ne sera prononcée que s'il a statué *ultra petita* et sous forme de nullité partielle. Ces restrictions tiennent au fait qu'il n'est pas souhaitable que les juridictions étatiques disposent d'une sorte de pouvoir indirect de révision des sentences arbitrales.

D. Le non-respect du principe du contradictoire par le tribunal arbitral

Les articles 1464 C. pr. civ. (arbitrage interne) et 1510 (arbitrage international), imposent le respect de cette garantie fondamentale de procédure devant le tribunal arbitral. Ainsi, le tribunal arbitral ne peut prendre en compte, dans sa sentence, que des arguments ou des pièces que les parties auront eu le loisir de discuter et sur lesquels elles auront présenté leurs observations (v. Fiche 15).

ILLUSTRATION : CIV. 1re : 18 MARS 2015 (N° 14-13336)

En l'espèce, la jurisprudence a affirmé pour la première fois que le non-respect de la langue de l'arbitrage constituait un motif d'annulation d'une sentence pour violation du principe du contradictoire. Un litige opposait une société tunisienne à une société allemande. Elles avaient convenu dans une clause compromissoire, insérée dans un contrat formé entre elles, de soumettre tout litige les opposant à un tribunal arbitral siégeant en France, avec le français comme langue de l'arbitrage. Or, la société allemande a produit à l'instance des documents n'étant que partiellement traduits en français, laissant le soin à la société tunisienne de traduire elle-même le reste. Le tribunal arbitral a admis cette situation et a prononcé une sentence condamnant la société tunisienne à indemniser la société allemande. La société tunisienne a alors formé un recours en annulation. La Cour de cassation, confirmant l'arrêt de la cour d'appel, a estimé que le tribunal arbitral avait violé le principe du contradictoire. En effet, en prenant en compte des pièces non intégralement traduites en français, la juridiction privée a empêché la société tunisienne de discuter l'intégralité des pièces apportées. Sa sentence a donc été annulée.

ATTENTION

Le recours en annulation de la sentence, fondée sur la violation du principe du contradictoire, n'aboutira que si la partie qui l'exerce ignorait cette violation lors de l'instance. Il s'agit de la même limite que le recours en annulation pour défaut d'indépendance ou d'impartialité de l'arbitre. Partant, si la partie a connu la violation dès l'instance arbitrale, sans la contester tout de suite, elle est présumée avoir renoncé à s'en prévaloir (art. 1466 C. pr. civ.).

E. La contrariété de la sentence à l'Ordre public interne ou international

Ici, la cour d'appel vérifiera que la sentence ne porte pas atteinte à une règle d'Ordre public pour l'arbitrage interne ou d'Ordre public international pour l'arbitrage international (ex. l'absence de motivation d'une sentence est contraire à l'Ordre public et à l'Ordre public international en ce qu'elle méconnaît un principe fondamental de procédure).

Quant à l'intensité du contrôle effectué par la cour d'appel, la Cour de cassation indique qu'il doit permettre de vérifier l'existence ou non d'une violation effective et concrète de l'ordre public international en l'espèce (Civ. 1re : 2 déc. 2015 ; n° 14-25147).

À RETENIR

- Pour l'arbitrage interne, une seule voie de recours directe peut être exercée contre une sentence arbitrale : le recours en annulation. Pour l'arbitrage international, la seule voie de recours envisageable est également le recours en annulation.
- Ce recours s'exerce devant la cour d'appel du même ressort que celui de la sentence pour l'arbitrage interne et devant la cour d'appel de Paris pour l'arbitrage international, et dans le mois suivant la notification de la sentence aux parties dans les deux cas. Pour l'arbitrage international, le recours en annulation est dénué d'effet suspensif.
- Si, au terme du recours, la cour d'appel annule la sentence, il faut en principe constituer un nouveau tribunal arbitral pour statuer sur le fond de l'affaire. Or, la partie insatisfaite de l'arrêt d'appel peut préalablement former un pourvoi en cassation contre celui-ci.
- Six cas de recours en annulation existent pour l'arbitrage interne : si le tribunal arbitral s'est déclaré à tort compétent ou incompétent, s'il a été irrégulièrement constitué, s'il a statué sans respecter sa mission, si l'instance arbitrale a méconnu le principe du contradictoire, si la sentence arbitrale est contraire à l'ordre public et si elle comporte un vice de forme. En revanche, cinq cas d'annulation sont prévus en matière d'arbitrage international. Les quatre premiers sont identiques à ceux prévus pour l'arbitrage interne. Le cinquième envisage l'annulation de la sentence si sa reconnaissance ou son exécution est non-conforme à l'ordre international. Enfin, le sixième cas de recours en annulation (vice de forme) n'existe pas.

POUR ALLER PLUS LOIN

- J. Béguin et J. Ortscheidt, « Comment limiter les voies de recours postérieures à la sentence dans l'arbitrage ? », *JCP* G 2010, 271.
- Th. Clay, « Le fabuleux régime du recours en révision contre les sentences arbitrales », *Mélanges en l'honneur de S. Guinchard*, Dalloz 2010, p. 651.
- B. Moreau, « Les effets de la nullité de la sentence arbitrale », *Études offertes à P. Bellet*, Litec, 1991, p. 403.
- J.B. Racine, « L'affaire Abela ou les vicissitudes du contrôle de la compétence arbitrale », *Gaz. Pal.* 2009, 2321.

POUR S'ENTRAÎNER : CAS PRATIQUE

Résoudre le cas pratique suivant :

La société A, de nationalité espagnole et spécialisée dans la fabrication de matériaux de construction, a formé un contrat d'approvisionnement de matières premières avec la société française B, qui exerce une activité de construction de bâtiments, en décembre 2018. Le contrat, applicable pour une durée de 3 ans, a prévu que A livre en France à B une certaine quantité de matériaux tous les deux mois (début janvier, début mars, etc.) et ce, à compter de janvier 2019. De plus, il comporte une clause compromissoire prévoyant que tout litige entre les parties, lié à l'exécution du contrat, soit porté devant un tribunal arbitral dont le siège est situé à Paris. Or, en janvier 2021, A n'a pas honoré sa livraison de matériaux, empêchant B d'avancer dans ses chantiers en cours et prenant du retard.

Pour s'exonérer de sa responsabilité contractuelle, A a prétendu que la livraison n'avait pu être effectuée en raison de la survenance d'un cas de force majeure et qu'elle effectuerait en mars 2021 une double livraison pour remédier à la situation. B a alors saisi le tribunal arbitral début février 2021, en vertu de la clause compromissoire, afin qu'il tranche le litige l'opposant à A. Un acte de mission, signé par les deux sociétés, soumet deux questions au tribunal arbitral : savoir si A peut s'exonérer ou non de sa responsabilité en invoquant un cas de force majeure et, au cas où sa responsabilité serait établie, quel serait le montant de l'indemnisation octroyée à B en raison du préjudice subi. Par une sentence rendue le 7 mai 2021, le tribunal arbitral a estimé que A était responsable du retard de livraison en rejetant le cas de force majeure invoqué. Elle a en outre condamné A à verser à B des dommages et intérêts s'élevant à 50 000 € pour couvrir l'ensemble du préjudice subi et à continuer à exécuter le contrat, prorogé d'une année supplémentaire, soit jusqu'en décembre 2022. La sentence a été notifiée aux parties le 12 mai 2021. Or, contestant cette sentence arbitrale, A souhaite exercer un recours en annulation à son encontre.

Questions :

1. Au regard des faits, quelle juridiction devra être saisie et selon quelles modalités ?
2. La société A souhaiterait exercer son recours en annulation sur le fondement du non-respect de sa mission par le tribunal arbitral. Que devra-t-elle invoquer et que pourrait être la solution de la juridiction saisie ?

CORRIGÉ

1. Il s'agit ici d'un arbitrage international car le litige oppose deux sociétés de nationalité différentes et implique des livraisons de l'Espagne vers la France (mise en jeu des intérêts du commerce international). De plus, la clause compromissoire figurant au contrat entre les deux sociétés qui s'opposent prévoit la saisine d'un tribunal arbitral siégeant à Paris. Par conséquent A devra exercer son recours en annulation devant la cour d'appel de Paris. En effet, c'est la juridiction compétence pour ce type de recours, située dans le même ressort que le tribunal arbitral. L'arbitrage étant international, le recours devra être exercé devant la chambre commerciale internationale de la cour d'appel de Paris. A devra enfin agir au plus tard avant le 12 juin 2021 (mois suivant la notification de la sentence aux parties), sous peine d'irrecevabilité de son recours.

2. A pourra invoquer que le tribunal arbitral a statué *ultra petita*, donc sur davantage de questions que prévu, en devant honorer pendant une année supplémentaire l'exécution du contrat (prorogation d'un an). La cour d'appel de Paris pourra effectuer une comparaison entre l'acte de mission et la sentence arbitrale. L'acte de mission prévoyait que deux questions soient tranchées : la responsabilité contractuelle de A et le versement d'éventuels dommages et intérêts à B. Or, la sentence traite trois questions : la responsabilité contractuelle de A, sa condamnation au versement de dommages et intérêts à B et une prorogation d'un an du contrat, non demandée par les parties. Elle pourrait donc décider que le tribunal arbitral a statué *ultra petita* et prononcer la nullité partielle de la sentence arbitrale (nullité de la prorogation contractuelle).

Liste des abréviations

§	Paragraphe
AJ contrat	Actualité juridique contrat
AJDA	Actualité juridique Droit administratif
AJ Fam.	Actualité juridique famille
AMF	Autorité des marchés financiers
Art.	Article
Bull. civ.	Bulletin civil des arrêts de la Cour de cassation
Cah. Arb.	Cahiers de l'Arbitrage
CA	Cour d'appel
Cah. Dr. Entr.	Cahiers de Droit de l'Entreprise
CAIP	Chambre arbitrale internationale de Paris
CALIF	Centre d'arbitrage des litiges familiaux
CCC	Contrats, concurrence, consommation
CCE	Communication, commerce électronique
CCI	Chambre de commerce et d'industrie
C. civ.	Code civil
C. conso	Code de la consommation
C. const.	Conseil constitutionnel
CE	Conseil d'État
CECMC	Commission d'évaluation et de contrôle de la médiation de la consommation
Cf.	Confère
Chron.	Chronique
Civ. 1re, 2e et 3e	Première, deuxième et troisième chambres civiles de la Cour de cassation
CJA	Code de la justice administrative
CJUE	Cour de justice de l'Union européenne
COJ	Code de l'organisation judiciaire
Coll.	Collection
Com.	Chambre commerciale de la Cour de cassation
CMAP	Centre de médiation et d'arbitrage de Paris
C. marchés fin.	Code des marchés financiers
CNB	Conseil national des barreaux
CNMA	Centre national de médiation des avocats
CNUDCI	Commission des Nations unies pour le droit commercial international
Conv. EDH	Convention européenne des droits de l'Homme
Cour EDH	Cour européenne des droits de l'Homme

C. pén.	Code pénal
C. poste comm. électr.	Code de la poste et des communications électroniques
C. pr. civ.	Code de procédure civile
C. pr. civ. exé.	Code des procédures civiles d'exécution
C. santé publ.	Code de la santé publique
CSN	Conseil supérieur du notariat
C. trav.	Code du travail
D.	Recueil Dalloz
D. actu	Dalloz actualités
Décr.	Décr.
DIP	Droit international privé
Doc. fr.	La Documentation française
Dr. et patr.	Droit et patrimoine
Dr. fam.	Droit de la famille
Dr. pén.	Droit pénal
Dr. soc.	Droit social
Fasc.	Fascicule
Gaz. Pal.	Gazette du Palais
INPI	Institut national de la propriété industrielle
J-21	Loi pour la justice du XXIe siècle
JAF	Juge aux affaires familiales
JDI	Journal de droit international Clunet
JO	Journal officiel
JCP G, E, N	Jurisclasseur édition générale, édition entreprise et édition notariale
Jurisclass. civ., pr. civ., trav.	Jurisclasseur droit civil, procédure civile et droit du travail
LPA	Les petites affiches
Not.	Notamment
Nvelle bibl. thèses	Nouvelle bibliothèque des thèses Dalloz
OHADA	Organisation pour l'harmonisation en Afrique du droit des affaires
Préc.	Précité
PRPJ	Loi de programmation et de réforme pour la justice 2018-2022
QPC	Question prioritaire de constitutionnalité
Rapp.	Rapport
RDLF	Revue des droits et libertés fondamentaux
Règl.	Règlement
Rev. arb.	Revue de l'arbitrage
RJPF	Revue juridique personnes et famille
RLDA	Revue Lamy de droit des affaires
RLDC	Revue Lamy de droit civil

RRJ	Revue de la recherche juridique-Droit prospectif
RTD civ.	Revue trimestrielle de droit civil
Soc.	Chambre sociale de la Cour de cassation
TAS	Tribunal arbitral du sport
Unidroit	Institut international pour l'unification du droit privé
V.	Voir

Index

Les numéros indiqués renvoient aux numéros des fiches

Made in the USA
Monee, IL
18 October 2026

66039179R10164